## 权威·前沿·原创

皮书系列为
"十二五""十三五""十四五"国家重点图书出版规划项目

BLUE BOOK

智库成果出版与传播平台

河北蓝皮书

BLUE BOOK OF HEBEI

# 河北人才发展报告（2022）

TALENT DEVELOPMENT REPORT OF HEBEI (2022)

## 人才助推经济高质量发展

主　编／康振海
执行主编／王建强
副主编／姜　兴　赵　萌

社会科学文献出版社
SOCIAL SCIENCES ACADEMIC PRESS (CHINA)

## 图书在版编目（CIP）数据

河北人才发展报告.2022：人才助推经济高质量发展/康振海主编.--北京：社会科学文献出版社，2022.5
（河北蓝皮书）
ISBN 978-7-5201-9924-7

Ⅰ.①河… Ⅱ.①康… Ⅲ.①人才-发展战略-研究报告-河北-2022 Ⅳ.①C964.2

中国版本图书馆CIP数据核字（2022）第047132号

### 河北蓝皮书
### 河北人才发展报告（2022）
——人才助推经济高质量发展

主　　编／康振海
执行主编／王建强
副 主 编／姜　兴　赵　萌

出 版 人／王利民
组稿编辑／高振华
责任编辑／李艳芳
文稿编辑／刘　燕
责任印制／王京美

出　　版／社会科学文献出版社·城市和绿色发展分社（010）59367143
　　　　　地址：北京市北三环中路甲29号院华龙大厦　邮编：100029
　　　　　网址：www.ssap.com.cn
发　　行／社会科学文献出版社（010）59367028
印　　装／天津千鹤文化传播有限公司

规　　格／开　本：787mm×1092mm　1/16
　　　　　印　张：19　字　数：283千字
版　　次／2022年5月第1版　2022年5月第1次印刷
书　　号／ISBN 978-7-5201-9924-7
定　　价／128.00元

读者服务电话：4008918866

版权所有 翻印必究

# 河北蓝皮书（2022）编辑委员会

主　　任　康振海

副 主 任　彭建强　张福兴　焦新旗　肖立峰　孟庆凯

委　　员　（按姓氏笔画排序）

　　　　　王建强　王亭亭　史广峰　李　靖　李鉴修
　　　　　张　芸　张　波　陈　璐　黄军毅　樊雅丽

# 主编简介

**康振海** 中共党员，1982年毕业于河北大学哲学系，获哲学学士学位；1987年9月至1990年7月在中共中央党校理论部中国现代哲学专业学习，获哲学硕士学位。

三十多年来，康振海同志长期工作在思想理论战线。曾任河北省委宣传部副部长；2016年3月至2017年6月任河北省作家协会党组书记、副主席；2017年6月至今任河北省社会科学院党组书记、院长，河北省社科联第一副主席。

康振海同志著述较多，在《人民日报》《光明日报》《经济日报》《中国社会科学报》《河北日报》《河北学刊》等重要报刊和社会科学文献出版社、河北人民出版社等发表、出版论著多篇（部），主持完成多项国家级、省部级课题。主要代表作有：《中国共产党思想政治工作九十年》《雄安新区经济社会发展报告》《让历史昭示未来——河北改革开放四十年》等著作；发表了《从百年党史中汲取奋进新征程的强大力量》《殷切期望指方向 燕赵大地结硕果》《传承中华优秀传统文化 推进文化强国建设》《以优势互补、区域协同促进高质量脱贫》《在推进高质量发展中育新机开新局》《构建京津冀协同发展新机制》《认识中国发展进入新阶段的历史和现实依据》《准确把握推进国家治理体系和治理能力现代化的目标任务》《奋力开启全面建设社会主义现代化国家新征程》等多篇理论调研文章；主持"新时代生态文明和党的建设阶段性特征及其发展规律研究""《宣传干部行为规范》可行性研究和草案初拟研究"等多项国家级、省部级立项课题。

# 摘　要

《河北人才发展报告（2022）》是河北省社会科学院深入贯彻党的十九大和十九届二中、三中、四中、五中、六中全会精神，全面落实中央和省委人才工作会议精神以及河北省委十届一次全会精神，紧紧围绕为加快建设现代化经济强省、美丽河北提供有力人才支撑，对坚持和加强党对人才工作的全面领导，深入实施科教兴冀战略、人才强冀战略和创新驱动发展战略的重点、难点和热点问题进行深入调查研究的年度报告，展现了河北人才工作和人才发展的总体情况，分析了加快建设人才强省面临的机遇挑战和重点任务。全书由河北省社会科学院人力资源与劳动经济研究所组织院内外专家学者撰写，分为总报告、产业人才篇、人才培养篇、人才引进篇、年度热点篇五个板块，包括1篇总报告和16篇专题报告。全书注重研究的前瞻性、原创性、实用性和可操作性，力求把党中央、省委省政府确定的新时代人才工作指导思想、战略目标、重点任务、政策措施转化为发展思路、对策建议，为各级党委、政府决策提供参考，为社会各界提供有价值的信息资讯。

总报告对2020年以来河北省人才工作取得的新成效、加快建设现代化人才强省面临的新挑战以及加快建设现代化人才强省的对策建议进行了系统阐述。从人才数量、人才质量、人才结构、人才对经济发展和科技进步的贡献、人才投入力度、人才对"三件大事"的支撑能力、人才发展体制机制改革等方面全面总结了河北省人才工作的新成效，同时从人才对实现创新发展的支撑能力仍待提高、人才"库存"流失严重且自主培养难度较大、人才发展体制机制改革创新仍需深化、人才工作基础性建设亟待加强等四个方面解析了加快建设现代化人才强省面临的新挑战，在此基础上，提出了培养大批创新型科技人才，坚持全方位培养、引进、用好人才，抓好完善人才评价制度等体制机制改革，夯实人才基础性工作的对策建议。

产业人才篇提出，加快确立人才链与产业链融合发展的战略布局，打好产业基础高级化、产业链现代化攻坚战，为经济高质量发展注入强劲动能，是河北省推动高质量发展、加快构建新发展格局的内在要求和必然选择。深入分析了河北省人才链与产业链融合发展的基础优势与人才链建设的短板，重点调研了钢铁产业、家政服务业和战略性新兴产业人才发展的基础、需求以及存在的问题，并进行了相应的发展路径研究。

人才培养篇围绕教育资源配置、党政人才培养、创新型科技人才培养以及企业家人才培养进行深入研究，指出教育发展不平衡不充分的矛盾突出，已成为制约河北人才培养水平整体提高的关键因素，较为全面地阐述了各类人才培养的现状、面临的形势和存在的问题，并提出了促进教育资源均衡配置以及三类人才培养的对策建议。

人才引进篇面对全国范围内愈演愈烈的人才争夺战，以省会石家庄市人才引进、青年人才以及人才引进政策为焦点，立足于城市人才竞争力、自主创新活力以及人才吸引力三个层面，分析了当前政策的实施成效，并与发达省市进行了系统性对比，阐明了人才引进政策的不足之处，并针对河北省人才引进政策存在的发展空间，进一步提出了加强人才引进、提升人才吸引力的具体建议，为推动河北省在"十四五"期间完善人才政策体系提供依据。

年度热点篇聚焦当前河北省人才发展中的难点，包括人才评价制度改革、激发人才创新创造活力、深化人才激励体制改革，以及第七次全国人口普查劳动年龄人口变化及其对经济发展的影响等热点问题，提出了切实可行的对策措施，助力河北深化人才制度改革，以及更好地应对人口老龄化趋势对经济的不利影响。

本书立足新时代背景下加快建设现代化经济强省、美丽河北的新发展要求，展现河北省坚持党管人才原则，坚持"四个面向"，坚持"三六八九"

## 摘 要

工作思路，科学判断河北人才工作面临的新形势新任务新挑战并提出科学系统的发展对策，对促进河北人才工作不断提高，全方位培养、引进、用好人才，加快建设新时代人才强省将产生积极影响。

**关键词：** 产业人才　人才培养　人才引进

# Abstract

*Talent Development Report of Hebei* (2022) is the Hebei Academy of Social Sciences to thoroughly implements the spirit of the 19th National Congress of the Communist Party of China and the 2nd, 3rd, 4th, 5th and 6th plenary sessions of the 19th CPC Central Committee, and fully implement the talent work conference of the central and provincial party committees spirit and the spirit of the 1st Plenary Session of the 10th Hebei Provincial Party Committee, closely focus on providing strong talent support for accelerating the construction of a strong modern economy and a beautiful Hebei, adhering to and strengthening the party's overall leadership over talent work, and in-depth implementation of the strategy of revitalizing Hebei through science and education. The annual report of in-depth investigation and research on the key, difficult and hot issues of Hebei strategy and innovation-driven development strategy shows the overall situation of Hebei's talent work and talent development, as well as opportunities, challenges and key tasks to accelerate the construction of a talent-strong province in the new era. This book was written by experts and scholars inside and outside the institute organized by the Institute of Human Resources and Labor Economics of Hebei Academy of Social Sciences. It is divided into five sections: general report, industrial talent, talent cultivation, talent introduction, and hot spots of the year, including 1 general report and 16 special reports. The book pays attention to the prospective, original, practical and operable of research, and strives to transform the guiding ideology, strategic goals, key tasks, and policy measures of talent work in the new era, determined by the Party Central Committee, the Provincial Party Committee and the Provincial Government into development ideas, countermeasures and suggestions to provide reference for the decision-making of party committees and

# Abstract

governments at all levels, and to provide valuable information for all sectors of society.

The general report systematically expounds the new achievements of Hebei Province's talent work since 2020, the new challenges faced by accelerating the construction of a modernized talent-strong province, and the countermeasures and suggestions for accelerating the construction of a modernized talent-strong province in the new era. From the aspects of talent quantity, talent quality, talent structure, talent's contribution to economic development and scientific and technological progress, talent investment, talent's ability to support "three major events", talent development system and mechanism reform, etc. new achievements, at the same time, the ability of talents to support innovation and development still needs to be improved, the loss of talent "inventory" is serious and it is difficult to cultivate independently, the reform and innovation of talent development system and mechanism still needs to be deepened, and the basic construction of talent work needs to be strengthened urgently. In terms of analyzing the new challenges faced by speeding up the construction of a modernized talent-strength province, on this basis, it proposes to cultivate large number of innovative scientific and technological talents, adhere to all-round training, introduce and good use of talents, and do a good job in improving the talent evaluation system and other institutional reforms, consolidate the basic work of talents.

The industrial talents chapter puts forward the inherent requirements and inevitable choices for promoting the high-quality development of Hebei Province and accelerating the construction of a new development pattern. It is necessary to speed up the establishment of the strategic layout of the integrated development of the talent chain and the industrial chain, to fight for the advanced industrial foundation and the modernization of the industrial chain, and to inject strong momentum into the high-quality economic development. In-depth analysis of the basic advantages of the integrated development of talent chain and industrial chain in Hebei Province and the shortcomings of talent chain construction, focusing on the basis, needs and existing problems of talent development in the steel industry, domestic service industry and strategic emerging industries corresponding development path research.

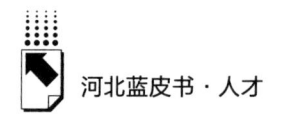

The talent cultivation chapter conducts in-depth research on the allocation of education resources, the cultivation of party and government talents, the cultivation of innovative scientific and technological talents, and the cultivation of entrepreneurial talents. The reports point out that the contradiction between unbalanced and insufficient education development is prominent, and it has become a key factor restricting the overall improvement of the talent training level in Hebei put forward the reference countermeasures and suggestions to promote the balanced allocation of resources and the cultivation of three types of talents.

The part of talent introduction proposes that facing the increasingly fierce competition for talents nationwide, Hebei Province focuses on the introduction of innovative talents, young talents and talent introduction policies in Shijiazhuang (the provincial capital) based on the competitiveness of urban talents, the vitality of independent innovation and the attraction of talents analyzes the implementation effect of the current policy, makes a systematic comparison with developed provinces and cities, clarifies the shortcomings of the talent introduction policy, and puts forward specific suggestions to strengthen the introduction of talents and enhance the attraction of talents according to the development space of the talent introduction policy, to provide a basis for promoting Hebei Province to improve the talent policy system during the "14th Five-Year Plan" period.

The part of annual hot spots focuses on the current difficulties in the development of talents in Hebei Province, including the reform of the talent evaluation system, stimulating the innovation and creativity of talents, deepening the reform of the talent incentive system, strengthen and improving the innovation of talent work policies in the new era, and the hot issue of the impact of working-age population changes on economic development caused by the seventh national census data, then puts forward practical countermeasures to help Hebei Province deepen the reform of the talent system and better cope with the adverse impact of population aging on the economy.

This book is based on the new development requirements of accelerating the construction of a strong modern economic province and a beautiful Hebei under the background of the new era. The new measures of the strong Hebei strategy, scientifically judge the new situation, new tasks and new challenges faced by

## Abstract

Hebei's talent work and put forward scientific and systematic development countermeasures, to promote the continuous improvement of Hebei's talent work, to cultivate, introduce and make good use of talents in an all-round way, and accelerate the construction of a new era talented province will have a positive impact.

**Keywords**: Industrial Talents; Talent Cultivation; Talent Introduction

# 目 录

## Ⅰ 总报告

**B.1** 加快建设现代化人才强省面临的挑战与对策
………………………………… 王建强 赵 萌 王彦君 / 001

## Ⅱ 产业人才篇

**B.2** 河北省人才链与产业链融合发展研究………… 姜 兴 / 024

**B.3** 河北省钢铁产业人才活力开发路径研究………… 周爱军 / 038

**B.4** 河北省家政服务从业人员调查分析研究……… 陈伟娜 张贝妹 / 058

**B.5** 河北省战略性新兴产业高层次人才需求及其实现路径研究
………………………………………… 王建强 王宇杨 / 072

## Ⅲ 人才培养篇

**B.6** 河北省教育资源均衡配置有效路径研究
——基于教育基尼系数……………………… 张亚宁 / 086

B.7 河北省党政人才培养调查研究
　　——以石家庄党政人才培养为例 ………………………… 王丽锟 / 105
B.8 河北省创新型科技人才培养路径研究
　　……………………………………… 曹　鹏　杨　帆　刘　洋 / 118
B.9 新发展格局下河北省企业家人才培养问题研究
　　——行业协会发展视角 ………………………… 罗振洲　罗必佳 / 136

## Ⅳ 人才引进篇

B.10 石家庄市人才引进战略研究
　　——基于建设现代化、国际化美丽省会城市的背景
　　……………………………………………………………… 鲍志伦 / 150
B.11 完善青年人才政策　实施人才强冀战略
　　——河北省"三三三人才工程"政策评估研究报告
　　………………………… 房保国　申　博　张宏玥　邢明强 / 167
B.12 河北省人才引进政策与发达省市比较研究 …………… 罗　坤 / 181

## Ⅴ 年度热点篇

B.13 河北省人才评价制度改革实践探索与展望 …………… 赵砚文 / 195
B.14 河北省激发人才创新创造活力的对策研究 …………… 王小玲 / 209
B.15 河北省深化人才激励体制改革研究 ………… 岳国震　张秀岩 / 225
B.16 河北省劳动年龄人口现状分析及未来变动趋势研究
　　……………………………………………………………… 赵　萌 / 243
B.17 河北省劳动年龄人口变化对经济发展的影响研究
　　……………………………………………………………… 王彦君 / 263

皮书数据库阅读使用指南

# CONTENTS

## Ⅰ  General Report

**B**.1  Challenges and Countermeasures for Accelerating the Construction of a Modern Talented Province
*Wang Jianqiang, Zhao Meng and Wang Yanjun* / 001

## Ⅱ  Industrial Talents

**B**.2  Research on the Integration and Development of Talent Chain and Industry Chain in Hebei Province
*Jiang Xing* / 024

**B**.3  Research on the Development Path of Talent Vitality in Hebei Iron and Steel Industry
*Zhou Aijun* / 038

**B**.4  Investigation and Analysis of Domestic Service Practitioners in Hebei Province
*Chen Weina, Zhang Beimei* / 058

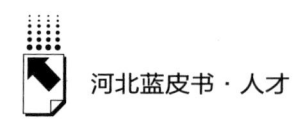

**B**.5　Research on High-level Talent Demand and Realization Path of Strategic Emerging Industries in Hebei Province

*Wang Jianqiang, Wang Yuyang* / 072

## Ⅲ　Talent Cultivation

**B**.6　Research on the Effective Path of Equilibrium Allocation of Educational Resources in Hebei Province

— *Based on the Education Gini Coefficient*

*Zhang Yaning* / 086

**B**.7　Investigation and Research on Cultivation of Party and Government Talents in Hebei Province

—*Taking Shijiazhuang Party and Government Talent Cultivation as an Example*

*Wang Likun* / 105

**B**.8　Research on the Cultivation Path of Innovative Science and Technology Talents in Hebei Province

*Cao Peng, Yang Fan and Liu Yang* / 118

**B**.9　Research on the Cultivation of Entrepreneurial Talents in Hebei Province under the New Development Pattern

—*The Development Perspective of Industry Associations*

*Luo Zhenzhou, Luo Bijia* / 136

## Ⅳ　Talent Introduction

**B**.10　Research on Talent Introduction Strategy in Shijiazhuang City

—*Based on the Background of Building a Modern and International Beautiful Provincial Capital*

*Bao Zhilun* / 150

# CONTENTS

**B.11** Improve the Youth Talent Policy and Implement the Talent Strengthening Strategy

—*Report on Policy Evaluation of "Three Three Three Talents Project" in Hebei Province*

*Fang Baoguo, Shen Bo, Zhang Hongyue and Xing Mingqiang* / 167

**B.12** A Comparative Study on the Talent Introduction Policy of Hebei Province and Developed Provinces and Cities  *Luo Kun* / 181

## V  Annual Hot Spots

**B.13** Exploration and Prospect of the Reform of Talent Evaluation System in Hebei Province

*Zhao Yanwen* / 195

**B.14** Research on Countermeasures to Stimulate Talent Innovation and Creation in Hebei Province

*Wang Xiaoling* / 209

**B.15** Research on Deepening the Reform of Talent Incentive System in Hebei Province

*Yue Guozhen, Zhang Xiuyan* / 225

**B.16** Current Situation Analysis of Working Age Population in Hebei Province and Research on Future Trends

*Zhao Meng* / 243

**B.17** Research on the Impact of Changes in Working Age Population on Economic Development in Hebei Province

*Wang Yanjun* / 263

# 总 报 告
General Report

## B.1
## 加快建设现代化人才强省面临的挑战与对策

王建强 赵萌 王彦君[*]

**摘 要：** 2020年以来，河北省深入实施人才强冀战略，全省人才工作取得重要阶段性成效，人才数量稳步增长，人才质量稳步提高，人才结构逐步优化，人才对经济发展和科技进步的贡献更为突出，但仍面临人才对实现创新发展的支撑能力有待提高、人才"库存"流失严重且自主培养难度较大等问题，需要在培养造就大批创新型科技人才，坚持全方位培养、引进、用好人才，抓好完善人才评价制度等体制机制改革，夯实人才基础性工作等方面持续发力，加快建设现代化人才强省。

---

[*] 王建强，河北省社会科学院人力资源与劳动经济研究所所长、研究员，主要研究方向为人才制度与人才开发；赵萌，河北省社会科学院人力资源与劳动经济研究所研究实习员，主要研究方向为劳动经济；王彦君，河北省社会科学院人力资源与劳动经济研究所研究实习员，主要研究方向为人力资源管理与创新。

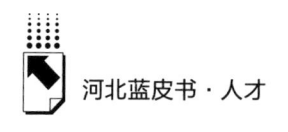

**关键词：** 人才强省　人才结构　河北

## 一　河北省人才工作取得的新成效

2020年以来，河北省坚持深入贯彻习近平总书记对河北工作的一系列重要指示批示和党中央决策部署，人才工作主要取得了以下成效。

### （一）人才数量稳步增长

**1. 六类人才队伍数量情况**

《河北省中长期人才发展规划纲要（2010—2020年）》数据显示，到2020年人才总量要达到1247万人左右，其中，党政人才稳定在35万人左右，国有企业经营管理人才达到9万人左右，非公企业经营管理人才达到180万人左右，专业技术人才达到223万人左右，技能人才达到500万人左右，农村实用人才达到300万人左右。经过近年来的发展，2020年底，河北专业技术人才数量已达302万人，社会工作人才总量已突破5万人，由此推断，全省人才资源总量已达1331万人左右，其中技能人才达到500万人（见图1）。

**2. 后备人才培养情况**

《河北省2020年国民经济和社会发展统计公报》显示，2020年河北全年研究生教育招生2.53万人，比2019年增长25.5%；在学研究生6.41万人，增长16.1%；毕业生1.59万人，增长14.7%。普通高等学校125所，招生52.62万人，增长5.3%；在校生160.48万人，增长8.9%；毕业生38.51万人，增长7.6%。中等职业学校在校生83.79万人（见图2）。后备人才总体规模呈扩大趋势。

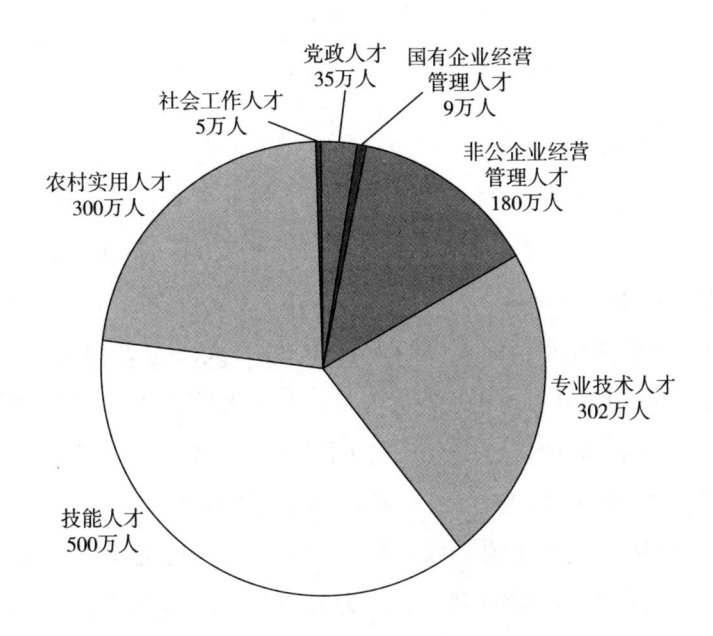

**图 1　2020 年河北省人才队伍构成情况**

资料来源：根据《河北省中长期人才发展规划纲要（2010—2020 年）》、2015 年河北省中长期人才发展规划评估情况得出。

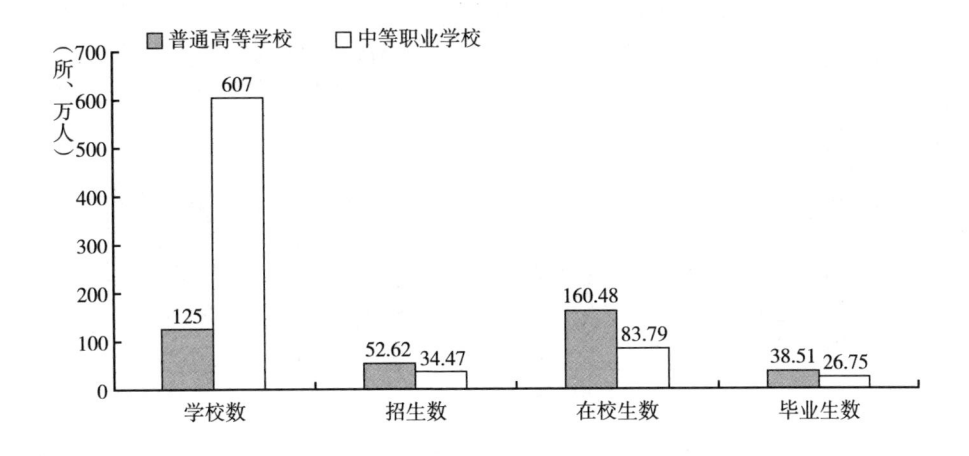

**图 2　2020 年河北省普通高等学校和中等职业学校及学生数统计**

资料来源：《河北省 2020 年国民经济和社会发展统计公报》。

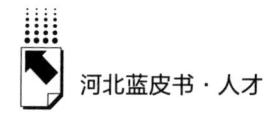

## （二）人才质量稳步提高

### 1. 人才学历情况

河北省第七次全国人口普查数据显示，河北省常住人口中，拥有大学（指大专及以上）文化程度的人口约为926.49万人，拥有高中（含中专）文化程度的人口约为1034.15万人，拥有初中文化程度的人口约为2980.70万人，拥有小学文化程度的人口约为1840.20万人。与2010年第六次全国人口普查相比，每10万人中拥有大专及以上文化程度的人口由7296人增加到12418人，拥有高中（含中专）文化程度的人口由12709人增加到13861人，拥有初中文化程度的人口由44400人减少到39950人，拥有小学文化程度的人口由24661人增加到24664人（见图3）。按比例计算，河北省文盲人口（15岁及以上不识字人口）占比为1.51%，比2010年文盲人口占比下降了1.10个百分点。劳动年龄人口（15~64岁）中有18.85%拥有大学（指大专及以上）文化程度，有21.05%拥有高中（含中专）文化程度。与2010年相比人口受教育程度普遍提高。

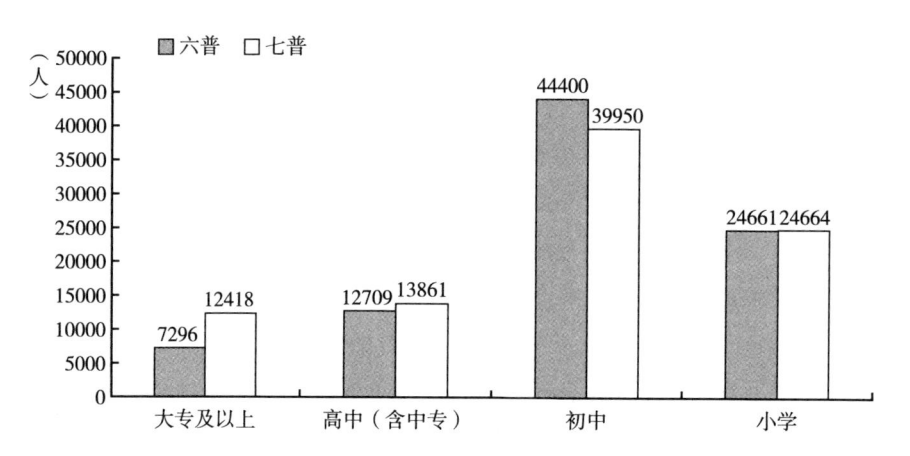

图3 河北省第六次全国人口普查和河北省第七次全国人口普查每10万人中不同文化程度人数对比

资料来源：河北省第六次、第七次全国人口普查。

**2. 人才获得专家称号情况**

河北省积极响应国家人才战略。截至 2020 年底，河北省共有院士 19 人、省高端人才 63 人、省管优秀专家 523 人、国家有突出贡献专家 61 人、享受国务院政府特殊津贴人员 2564 人、享受省政府特殊津贴人员 2327 人、河北省"巨人计划"创新创业团队领军人才 150 人、省青年拔尖人才 369 人、农村青年拔尖人才 329 人、省有突出贡献技师 400 人。①

## （三）人才结构逐步优化

**1. 三次产业就业人员结构情况**

2020 年，河北省 GDP 达到 36206.9 亿元，比 2019 年增长 3.9%。其中，第一产业增加值为 3880.1 亿元，增长 3.2%；第二产业增加值为 13597.2 亿元，增长 4.8%；第三产业增加值为 18729.6 亿元，增长 3.3%。2020 年全省城镇新增就业 85.9 万人，城镇下岗失业人员再就业 25.89 万人，就业困难人员就业 10.57 万人。年末城镇登记失业率为 3.46%，控制在 4.5% 的预期目标以内。②

据《河北经济年鉴 2020》，2019 年河北省就业人员总数为 4182.46 万人，比 2018 年减少了 13.63 万人，较 2014 年减少了 20.20 万人。三次产业就业人员从"二一三"产业结构转变为"三二一"产业结构，较 2014 年第三产业就业人员增长 6.92%。具体数据及三次产业就业人员变化趋势如图 4 所示。

**2. 城镇单位就业人员分布情况**

2019 年，河北省城镇单位就业人员总量达到 576.0 万人，较 2018 年提高 4.7%。其中，公共管理、社会保障和社会组织城镇单位就业人员为 99.2 万人，较 2018 年提高 8.53%；制造业城镇单位就业人员为 95.1 万人，较 2018 年减少 3.35%；卫生和社会工作城镇单位就业人员为 45.3 万人，较

---

① 中共河北省委组织部人才处。
② 《河北省 2020 年国民经济和社会发展统计公报》。

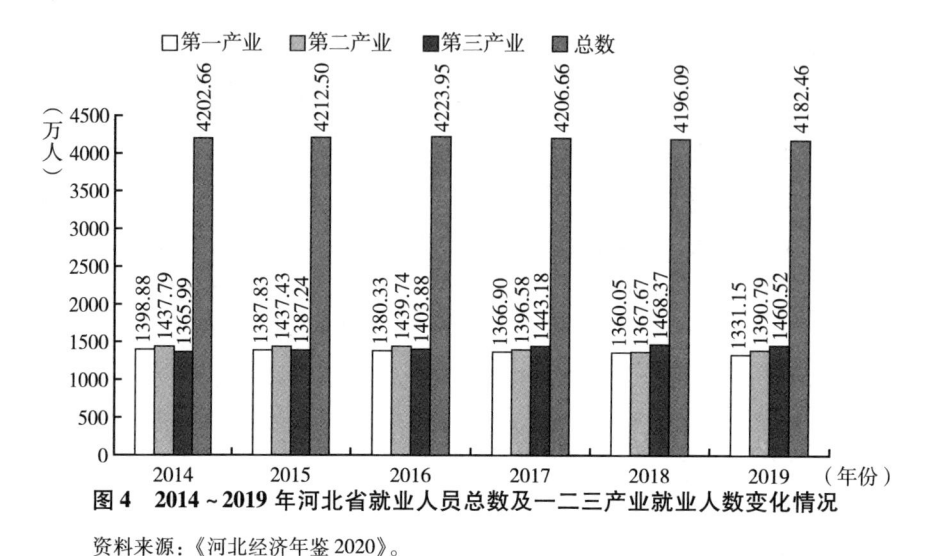

图4 2014~2019年河北省就业人员总数及一二三产业就业人数变化情况

资料来源：《河北经济年鉴2020》。

2018年提高14.39%；科学研究和技术服务业城镇单位就业人员为16.4万人，较2018年提高3.14%（见图5）。

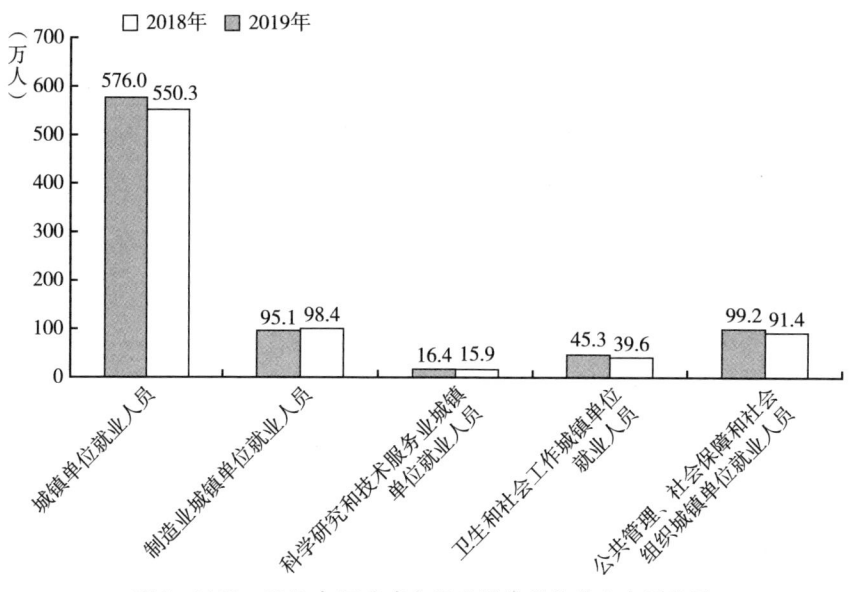

图5 2018~2019年河北省各行业城镇单位就业人员数量

资料来源：《河北经济年鉴2019》和《河北经济年鉴2020》。

从图 5 可以看出，与 2018 年相比，制造业城镇单位就业人员及公共管理、社会保障和社会组织城镇单位就业人员所占比例仍居前两位，分别为 16.51% 和 17.22%。

### （四）人才对经济发展和科技进步的贡献更为突出

**1. 人才对经济的贡献基本稳定**

据测算，河北省 2020 年人均 GDP 为 4.90 万元，[①] 比 2019 年增加了 0.30 万元；2020 年人才效能为 3.44 人/百万元，比 2019 年增长 6.17%（见图 6）。2020 年人才经济贡献弹性为 0.36，比 2019 年降低 0.15。

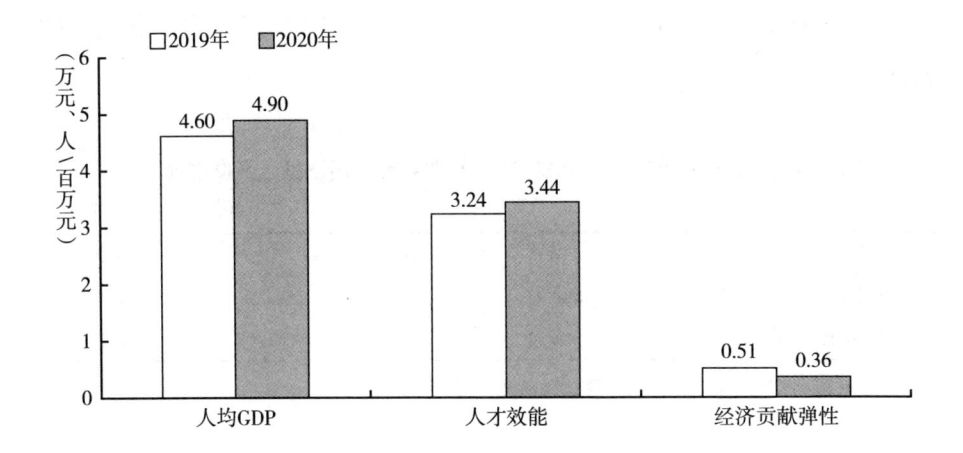

**图 6　2019~2020 年河北省人才对经济增长贡献情况**

资料来源：国家统计局。

**2. 人才对科技的贡献较为突出**

"十三五"期间，河北省专利申请量、专利授权量分别为 40.35 万件、25.3 万件，较"十二五"期间分别增长 183.2%、166.6%；万人发明专利拥有量达到 4.5 件，是"十二五"期末的 2.7 倍；万人高价值发明专利拥有量达 1.48 件；两个专利项目获中国专利金奖。商标申请量、注册量和年

---

① 国家统计局。

末有效注册量稳居全国前十,河北省入选全国第一批地理标志产品专用标志使用核准改革试点。全省累计有效注册商标83.8万件、驰名商标358件、地理标志商标226件、地理标志产品70件,分别是"十二五"期末的3.5倍、1.3倍、5.8倍、1.3倍。

### (五)人才投入力度不断加大

**1. 科研经费投入逐年增多**

2020年,河北省R&D经费内部支出为634.4亿元,比2019年的566.7亿元提高了11.95%;R&D投入强度为1.75%,比2019年提高了0.14个百分点(见表1)。表2为2020年河北省R&D经费内部支出分类情况。

表1 2016~2020年河北省R&D经费内部支出及投入强度情况

单位:亿元,%

| 年份 | 2016 | 2017 | 2018 | 2019 | 2020 |
| --- | --- | --- | --- | --- | --- |
| 内部支出 | 383.4 | 452.0 | 499.7 | 566.7 | 634.4 |
| 投入强度 | 1.2 | 1.33 | 1.39 | 1.61 | 1.75 |

资料来源:2016~2020年《全国科技经费投入统计公报》。

表2 2020年河北省R&D经费内部支出分类情况

单位:亿元,%,个百分点

| | 经费类别 | 金额 | 所占比重 | 与2019年相比 |
| --- | --- | --- | --- | --- |
| 按活动类型分类 | 基础研究 | 15.6 | 2.5 | 4.5 |
| | 应用研究 | 56.2 | 8.9 | -3.1 |
| | 试验发展 | 562.6 | 88.7 | 13.9 |

资料来源:《2020年河北省科技经费投入统计公报》。

**2. 科技创新平台及科技产出成果稳步上升**

截至2020年底,全省有省级及以上企业技术中心759家、技术创新中心(工程技术研究中心)797家、重点实验室273家。专利申请授权量为 92196 件，比 2019 年增长 59.5%。有效发明专利为 34147 件，比 2019 年增长 18.3%。2020 年共签订技术合同 7486 项，技术合同成交金额为 558.55 亿元，比 2019 年增长 46.1%。2020 年末全省共有产品检测实验室 2368 个，省级及以上检测中心 13 个，产品、体系和服务认证机构 13 个。

## （六）人才对"三件大事"的支撑能力不断提升

### 1. 京津冀重点人才合作不断推进

三地共同签署《关于共同推进京津冀协同创新共同体建设合作协议（2018—2020 年）》的目的是推动资源共享和成果转化。2020 年省科技厅申报的河北省协同创新中心（科技大厦）获批，成为首个国家技术转移人才培养基地，这标志着河北省专业化技术转移人才培养进入了快车道，后续将通过创新支持方式加快专业化技术转移人才队伍的培养壮大，为技术成果的转化提供支持。同时三地通过加强人才交流，进一步提升了各自的人才水平。"京津冀招才引智大会网络引才活动""京津冀燕赵医学研究中心成立大会暨首届燕赵医学高峰论坛""2020 京津冀产业链协同发展对接活动"等多项人才活动在河北举行，通过多种方式集聚各个领域的人才，通过搭建学术研究、产业发展等方面的平台，分享最前沿的领域信息，合力打造有竞争力的产业集群，形成多领域新发展格局。

### 2. 人才助力冬奥行动稳步实施

科技冬奥工作顺利开展。举办"第三届京津冀冰上项目专业技术人才发展研讨活动"，根据冰上专业人才需求完善人才队伍类型。"2020 年冬奥冰雪产业人才交流大会"吸引了 100 余家单位，提供了 3500 多个岗位，致力于促进冰雪产业人才交流合作、助力冬奥会。《关于支持冰雪产业发展的政策措施》将支持冰雪人才引进作为一项重要内容，对引进冰雪产业创意、规划、经营、管理等高层次人才，国外优秀冰雪教师和教练员，按照"一事一议、特事特办"原则办理。将滑雪场教练员、压雪设备和索道缆车操作检修员等专业人才纳入人才引进政策范围。从 2019 年起，已连续 3 年编制发布《冬奥冰雪产业急需紧缺人才目录》，为用人单位提供人才需求指引。制定出台冬奥急需紧缺人才培养引进目录编制工作实施方案、冰雪职业技能人才多元化评价实施办法等 17 个实施细则，及时制定、发布各项配套政策并顺利实施，为冬奥人才队伍建设营造了良好环境。《高层次人才和团队引进"雄鹰计划"科研经费补贴一事一议办法（试行）》《冰雪产业技能人才培养储备计划实施方案（2019—2020 年)》相继出台，建起了由 1.5 万余名高校学生组成的冬奥赛会志愿者储备培养人才库，这些都为冬奥成功举办奠定了坚实的人才基础。

**3. 雄安新区人才工作初见成效**

雄安新区制定的《关于加快实现"五新"目标 高标准高质量推进雄安新区建设发展的指导意见》将聚集新人才作为五新目标之一，提出要深入实施人才优先发展战略，聚天下英才而用之，逐步形成国际高端人才聚集区和人才特区。

一是要加大新人才引进力度。提出要实施"雄才计划"，编制雄安新区"十四五"人才发展规划；实施雄安新区与京津、长三角、珠三角等发达地区干部常态化交流计划；吸引高层次青年人才到雄安新区创新创业。

二是要加大新人才培育力度。提出要加快培养选拔一批"70 后""80 后""90 后"优秀年轻干部，打造精准高效的培训项目体系，推进雄安新区人才实训基地建设。

三是要加大新人才保障力度。提出要健全完善人才全程服务制度，为各类人才提供安居保障，优化人才子女入学政策，推动建立京津冀就医绿色通道；完善人才优先落户制度，打破人才流动制约。为了落实以上指导意见中提出的目标，出台相关实施方案，提出具体任务目标和 3 年推进步骤：2021 年，"新人才"工作全面铺开；2022 年，"新人才"工作基本成熟，2023 年，"新人才"工作形成品牌。根据以上方案，雄安新区于 2021 年 7 月编制完成发布《河北雄安新区人才发展"十四五"规划》，从宏观上擘画了雄安新区"十四五"人才发展蓝图，对雄安新区人才发展基础及"十四五"面临的形势进行了分析研判，提出了"十四五"期间人才发展主要目标。

其一，支撑疏解工作取得突破性进展。到2025年，有序有效承接北京非首都功能疏解和人才转移，基本实现承接产业落地、人才集聚、示范效应初显。其二，人才战略梯队初步形成。到2025年，雄安新区人才资源总量达54万人，人才密度达46.2%，人才贡献率达60%，主要劳动年龄人口受教育（含职业教育）年限达12.7年；引进15名战略科学家，引进100名顶尖科技领军人才，引进培养800名优秀青年科技人才。其三，人才发展体制机制比较优势凸显。到2025年，体现"雄安质量"的人才"引育留用"政策体系基本建立，在人才发展"难堵断卡"的制度改革上取得突破性进展，形成较为明显的比较优势。

四是京津冀人才一体化发展战略落实成效初显。到2025年，京津冀高端高新产业、高端服务业、公共服务等领域人才加速集聚，系统集成、协同高效、区域联动的人才载体平台和合作共同体建成并作用初显，高端创新创业人才示范区基本建成。

五是现代化人才工作体系基本建立。到2025年，"一局一院一集团"的人才工作格局基本形成，人才投入持续保障，全区人才发展专项资金投入占雄安新区一般性财政预算收入的比重不低于1%，人力资本投入超前系数年均增长不低于3%。提出了未来六大目标任务：支撑北京非首都功能疏解集中承载地建设；服务打造新时代推动高质量发展全国样板；建设系统集成一体化发展人才载体平台；构筑协同高效区域联动人才合作共同体；营造一流国际化、市场化、法治化营商环境；构建具有雄安特色的现代化人才治理体系。同时，河北省人力资源市场、中国华北家庭服务业人力资源市场等在雄安设立分市场，通过整合河北省、雄安新区、安新县三级人社资源优势，建设统一规范灵活的人力资源市场体系，充分发挥人力资源市场配置资源的重要作用，为雄安新区人才服务和就业创业工作提质增效夯实基础。"雄安区块链实验室"揭牌和"区块链与区域经济创新发展高峰论坛"的举办，有利于人才链与区块链相结合，打造雄安区块链专业人才集聚高地，为把雄安新区建设成全球第一座区块链城市提供技术支撑与人才保障。

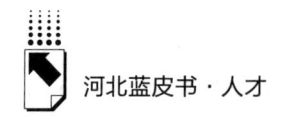

## （七）人才发展体制机制改革不断深化

### 1. 加强教师人才培养

省教育厅出台《河北省智慧教育行动计划（2020—2022年)》，旨在通过运用现代智能技术促进优质教育资源开放共享，培养大量懂教育的教师团队，提升整体教育质量，促进教育公平。到2022年，培训基层中小学教师17000名、中小学骨干教师1200名、中小学骨干校长600名。《河北省深化"双师双证"推进职业教育改革创新工作方案》侧重重塑专业结构，旨在形成有河北特色的现代职教体系。加强高职教育，两年内全省高职院校将增设新兴专业93个、改造升级和撤销专业153个，到2022年"双师型"教师占比达六成以上，建成50个校企深度合作的高水平产教融合实训基地、120所国内一流的中职学校、10所国家"双高计划"立项院校，重点培育建设4所高水平高职学校和30个高水平专业群。

### 2. 创新更具吸引力的人才引进机制

健全完善高层次人才引进的若干措施，积极引进院士等国家高层次创新人才，对引进特殊人才和团队可采取"一事一议"方式给予特殊支持。2020~2021年，河北省申报引进国家高层次创新人才资助人数达240余人次，获得资助人数达31人。

### 3. 促进人才合理顺畅流动

通过着力深化劳动力和人才社会性流动体制机制改革，促进各类人才合理顺畅流动。2020年河北出台《关于促进劳动力和人才社会性流动体制机制改革的实施意见》，大力推动人才跨城乡、跨区域、跨单位、跨所有制有序流动，引导人才向基层合理流动，为进一步促进人才社会性流动提供了条件。

### 4. 市场配置人才的决定性作用得到有效发挥

健全完善人才市场体系，构建了以河北人才大厦为龙头、以各市人才市场为依托、以县（市、区）人才市场为基础的全省人才市场网络，定期举办全省毕业生就业市场春夏秋冬四季交流会、行业专业交流会及特色专场招聘会等，形成了现场交流、网络互动、平面传播"三位一体"的人才交流模式。截至2020年底，全省共有人力资源服务机构1947家，从业人员近1.7万人，年营业收入为321.3亿元，建成了石家庄市国家级人力资源服务产业园。

**5. 加大技能人才激励力度**

面对技能人才数量不足、供需矛盾突出、技能人才素质不高等问题，从2019年起实施职业技能提升三年行动，对技能人才增加各类补贴，提高标准扩大范围。同时鼓励企业加强人才培训，支持高技能人才参与重大决策、生产科研攻关等，推广"互联网+职业培训"模式，提高培训的针对性、有效性。

**6. 继续深化职称制度改革**

扩大用人单位自主评审范围，教育、卫生系列职称评审权下放至省内所有普通高校和17所三甲医院，在6家国有企业和4家民营企业开展自主评审试点，已经完成对27个系列中25个系列的职称评审条件的修订完善。

## 二 加快建设现代化人才强省面临的新挑战

### （一）人才对实现创新发展的支撑能力仍待提高

河北作为以资源型产业为主的省份，加快建设现代化经济强省、美丽河北是今后发展的必由之路。"加快建设'两翼'带动、协同发展的现代化河北，加快建设创新驱动、跨越赶超的现代化河北"是河北省第十次党代会提出的今后五年的奋斗目标之一。中央人才工作会议提出要加快建设世界重要人才中心和创新高地，河北省委人才工作会议提出要全面贯彻落实中央重大决策部署，这些都对科技创新人才提出了更高的要求。习近平总书记指出："发展是第一要务，人才是第一资源，创新是第一动力。""中国如果不走创新驱动发展道路，新旧动能不能顺利转换，是不可能真正强大起来的，

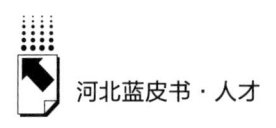

只能是大而不强。强起来要靠创新，创新要靠人才。"① "创新驱动实质上是人才驱动。"②

目前，河北省正处于转变发展方式、优化经济结构、转换增长动力的关键阶段，传统发展方式难以为继，建设现代化经济强省、美丽河北，迫切需要提高创新能力、加快创新步伐。R&D人员是科技人才最重要的组成部分，代表着科技人才的基本水平。截至2019年底，河北省R&D人员为183151人，北京为464178人，上海为293346人，山东为442233人，河南为296349人，江苏为897701人，而广东则达1091544人，河北在全国31个省区市中排第13位，低于全国平均水平（229976人）；2019年河北R&D人员全时当量为111799人年，而同期北京为313986人年，浙江为534724人年，上海为198646人年，河南为191570人年，广东高达803208人年，河北在全国排第14位，低于全国平均水平（154863人年）。近几年，随着科技人才规模的不断扩大，河北省科技人才的成果产出不断增加，专利有效数2019年为28868件，低于北京的284288件、辽宁的42282件、天津的34726件、河南的37311件，在全国排第17位。2018年国外主要检索工具SCI收录河北科技论文篇数为4637篇，远低于北京的59229篇、天津的11411篇、辽宁的13833篇、吉林的9134篇等，在全国排第20位。

由以上内容可以看出，河北科技人才成果产出远低于全国平均水平。同时河北的高层次人才相对短缺，与北京、上海、广东等发达城市相比差距较大，与全国东部发达省份相比差距更为明显。如江苏省2013年拥有的院士、首席科学家、各类专家以及省级以上技术能手等高层次人才已达13898人，而2021年河北省各类高层次人才仅7000人左右，约为江苏省2013年的一半。2019年，全国共有两院院士1738人，而河北到2021年仅有19人，只占全国总数的1.09%，直接反映出河北省高层次人才总量偏低的问题较为

---

① 习近平在2018年全国两会参加广东代表团审议时的讲话。
② 习近平在参加十二届全国人大三次会议上海代表团审议时的讲话。

突出。这些从侧面反映出河北的高层次人才总量与当前河北省高质量发展形势极不适应。由此可见，虽然科技人才数量处于不断增长趋势，增长速度较快，但其总量居全国中游水平，区域综合创新能力不高，综合科技水平长期在全国处于中游位置。由于以上事实的存在，对于河北实现创新发展、绿色发展、高质量发展目标，科技人才肩负的任务还很沉重，这是河北需要重点解决的一个问题。

## （二）人才"库存"流失严重且自主培养难度较大

党的十九大报告指出："要坚持党管人才原则，聚天下英才而用之，加快建设人才强国。实行更加积极、更加开放、更加有效的人才政策，以识才的慧眼、爱才的诚意、用才的胆识、容才的雅量、聚才的良方，把党内和党外、国内和国外各方面优秀人才集聚到党和人民的伟大奋斗中来。"吸引人才，就是想尽一切办法集聚人才为我所用，用人才支撑经济社会发展，其宗旨和目的都是与"人才流失"相对立的。

河北省社会科学院人力资源与劳动经济研究所调研数据统计结果显示：河北省人才总流失率约为6%，其中事业单位人才流失率约为0.47%，国有企业（不含僵尸、破产企业）人才流失率约为0.71%，非公企业人才流失率约为6.17%。2013～2015年，河北省高层次人才最为集中的高校、医院的人才流失率均在2%以下，且多在省内流转；人员流动较为活跃的非公企业人才流失率也在合理值（15%以下）范围内，人才流失总体趋稳。但是河北人才流失在趋稳的前提下，还存在明显的"趋高性"，即流失人才一般属于高学历、高职称、高技能、高荣誉、高职位群体（简称"高端人才"），对比人才引进情况，人才流失还呈现明显的"相对趋高性"，即"人才流失引进比"趋高。如国有企业高层管理人才流失引进比为1.67；工程师以上高层专业技术人才流失引进比为7.55，为一般人才的4.7倍；高级工以上高层技能人才流失引进比高达18.25，为一般人才的11.4倍。这种"趋高性"绝对与相对交织的现象映射出一个十分严峻的问题：尽管河北省高端人才流出的绝对数量较小，但补充相对更少，即使补充也是中低端人才占多数，从性质上来讲这是一种高端智力的净流失。

俗语云："致天下之治者在人才，成天下之才者在教化。"这说明了教育的重要性，中央人才工作会议特别强调了人才自主培养的重要性和自信力，河北虽然培养了大量人才"苗子"，但同时成为输送人才的"摇篮"。河北的衡水中学、石家庄二中虽说不属于高等教育资源，但其教育质量在全国名列前茅，令人瞩目。特别是高中学生作为河北省潜在的人才后备力量，应受到河北的高度关注。衡水中学、石家庄二中之所以在全国的名气很大，主要是因为这两所学校云集了兼具多重优秀品质的生源。然而，河北培养的人才，多半流失省外，特别是"衡中人才"的整体性流失尤其严重。对于河北省而言，无论是石家庄二中还是衡水中学，在某种程度上说，既是河北省人才诞生的摇篮，也是河北未来经济发展后续人才的储备库。但事实是，这两个名牌中学毕业的学生大都上的是全国一本名校，毕业后不仅就业率高，而且择业的范围较广，基本"散落"于全国各地，学成归来的人寥若晨星。主要原因是河北缺乏优质的高等教育资源和可供选择的发展平台，如近邻京津地区与省外发达的沿海地区，因良好的教育条件、经济实力与发展环境，以及理想的择业机会与发展理念，成为河北省争夺人才潜在的强劲对手。雄安新区虽是河北和北京的"重要一翼"，但由于处于规划建设阶段，还不足以吸引高端人才。尽管这些人才源于河北"本土"，但"人往高处走"的传统观念，使这些优质的人才资源根本"沉淀"不下来。

另外，河北"名校"教育资源档次低，吸纳人才缺乏国内竞争优势。从目前河北省的人才来源看，以普通高校为例，截至2020年6月，河北普通高校的数量在全国排第8位，位列江苏、广东、山东、河南、四川、湖北、湖南之后，但从层次和地位来看并不高。在全国112所"211"[①] 大学中，河北只有1所，与西藏、甘肃、宁夏、青海、海南、贵州、云南、广西、河南、江西、浙江、内蒙古、山西同属全国最低层次，与排在前5位的

---

① 尽管现在不再强调"211""985"而代之以"双一流"，但它在很长一段时间内仍是一个重要衡量指标。

北京（23所）、江苏（11所）、上海（9所）、湖北（7所）、陕西（6所）差距较大。由此可见，河北省普通高等院校的总量虽不少，但质量与全国相比差距很大，直接表现为河北的名校如燕山大学、河北工业大学、华北电力大学和河北大学，在全国名校资源中缺乏比较优势与区域竞争力。以目前河北名校的地位看，其既不能与沿海发达地区（如浙江大学排在全国前3位）相比，也不能与周边较发达的省份（如山东大学居国内前10位）相比，还不能与欠发达的西北地区（如西安交通大学排在全国第16位）相比。另外，河北现有的"211"院校只有1所且建在天津，而"985"院校为空白，教育资源的匮乏，进一步放大了河北省人才开发起点低的缺陷与不足。

（三）人才发展体制机制改革创新仍需深化

近年来，人才发展体制机制改革创新备受青睐。2016年《关于深化人才发展体制机制改革的意见》出台以来，河北出台了具体的实施意见，在体制机制方面有了很大的突破，特别是在下放单位用人自主权、为科研人员松绑、职称制度改革方面力度很大，释放人才活力效果也较明显。之后人才评价体制改革更加深入，增加了以知识价值为导向的分配政策，极大地调动了人才的积极性。这些政策如果能够持续，必将产生好的效果，特别是2016年河北省出台的"1+16系列"政策文件，在当时备受科技人才欢迎，但随着时间的推移，有些政策又在逐步收紧。

政策本身和执行过程存在诸多弊端。如在人才使用方面，一些部门对用好现有人才重视不够。如有些部门为了显示政绩，在做规划、上课题、搞合作方面不从实际出发，热衷于搞"高大上"，高薪聘请北京、天津、上海等地的名校、名师、名机构、名人作为合作伙伴，对于河北本地的专家、学者则视而不见，实际效果却不尽如人意。公平竞争的人才使用机制尚未形成，长期形成的计划经济管理观念、论资排辈等弊端仍在部分部门和地方存在，使得优秀人才难以崭露头角，缺乏发挥才能的机会，不利于个体成长。人才弹性聘用机制还未建立，"能高不能低、能进不能退"的人才聘用机制，不利于实现用人机制的科学化、规范化和公平性、动态性原则，不利于有效激发和保持人才的创新活力。在人才评价方面,目前只是大力推行"破四唯",但如何"立"却缺乏标准,可能会造成人才评价主观随意性强,客观性不足,在一定程度上挫伤人才的积极性。在职称评定方面,尽管已经有了较大的改革,如下放职称评审权,不以论文等为必要条件,但由于没有了论文等硬性条件,而代之以教案、年终报告等,更加缺乏可评价性及可操作性,大部分区域还难以具体实施。在人才激励方面,许多政府发放的资金或资助经费需要交税,人才实际得到的支持少、琐事多,还不如都用税后资助办法,或者可以在服务期满(项目做完)后返税。在人才流动机制方面,由于缺乏全省范围的人才信息库,高层次人才的搜寻成本很高,而用人单位引进人才的渠道和视野也很狭窄,劳资双方都不能做到按需选择、各得其所等。

(四)人才工作基础性建设亟待加强

人才工作基础性建设主要指开展人才理论研究,探索人才资源开发规律,加强人才学科和研究机构建设,建立健全人才统计和定期发布制度等。人才工作的基础性建设如果做到位就能促进人才事业发展。2021年中央人才工作会议上,习近平总书记特别强调"八个坚持",指出这是对我国人才事业发展规律性认识的深化。坚持和深化对人才事业发展规律性的认识,必须高度重视人才基础性工作,而其中的人才统计发布制度和人才理论研究、人才学科建设和研究机构建设方面的短板较为明显,必须更加重视。

在人才统计方面,2004年中组部发过文件,2010年中组部、人社部、国家统计局又联合下发通知,对进一步加强和改进人才统计工作提出五点要求。一是明确国家人才发展主要指标、人才队伍建设指标、重点领域人才资源指标和国家人才发展监测与评价主要指标,构建人才统计指标体系。二是完善人才统计调查方法,各部门可根据实际需要,采取全面统计、抽样调查、专题调查和数据测算相结合的方式进行。其中,党政人才、公有制经济领域的企业经营管理人才和企事业单位专业技术人才统计,可采取全面统计调查方式,实行年度统计;非公有制经济领域人才、高技能人才、农村实用人才统计,可采取抽样调查方式,每两三年进行一次。在此基础上,全口径的全国人才统计调查,每五年开展两次。三是明确责任分工,由中组部、人社部、国家统计局会同各有关部门共同开展,各级党委组织部门、政府人社部门、统计部门及其他相关部门,分别按照上级主管部门的要求,开展相应的人才统计调查工作。四是建立人才资源信息定期发布制度,国家人才资源信息发布每两三年按全口径发布一次。其中,党政人才、公有制经济领域的企业经营管理人才、公有制经济领域的企业和事业单位专业技术人才相关信息每年发布一次;国家人才资源信息的发布,可根据实际情况通过文件、统计公报、新闻发布会或新闻报道等形式进行。五是加强组织领导,提出要加强人才统计工作的统筹协调并对人才统计工作队伍加强业务培训。但是,从全国和河北的实际情况来看,人才统计工作仍然非常薄弱,2012年后连仅有的人才总量和人才密度指数也不再统计,数据缺失。

在人才理论研究方面,全国性的专业人才研究机构只有中国人事科学研究院,在全国,除了《中国人才》一个专业核心期刊外,没有其他该专业核心刊物供研究人员进行学术交流,三大核心学术文摘和《人大复印报刊资料》没有人才学的立足之地,各省以下组织部门设立人才研究所的寥寥无几,河北连一般性的人才学期刊都没有。在国家和省级层面,国家社会科学基金和省社会科学基金项目课题指南中以人才为主题的项目也很少,国家社会科学基金没有人才学项目会评专家。这些问题不解决,将会严重制约河北人才工作发展。

## 三 加快建设现代化人才强省的对策建议

"行到水穷处,坐看云起时",河北贯彻中央人才工作会议精神和党中央决策部署已经迈出了坚实的步伐,必须大力推动发展。俗话说,"观滴水可知沧海""窥一斑而见全豹",人才发展战略是一个系统的复合型战略,涵盖面极其广泛,以上分析可以帮助我们了解河北人才工作的概略及加快建设现代化人才强省的主要制约,从而找到下一步顺利破解的相应对策。

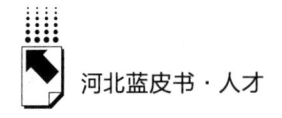

## （一）培养大批创新型科技人才

要把大力培养创新型科技人才作为加快建设现代化人才强省的重中之重。要深入实施河北省各类人才工程，加快集聚一批战略科学家，大力培养更多具有战略科学家潜质的创新人才，形成科学家后备人才。充分发挥河北省国家实验室等重大国家平台育才作用，围绕河北省战略性新兴产业、现代服务业和数字经济、12个省级主导产业和107个县域特色产业，在组织产学研协同攻关的同时培养打造大批一流科技领军人才和创新团队及青年科技人才队伍，要着重围绕提高创新型科技人才创新能力、提高创新型科技人才对河北省经济发展的贡献施策，努力形成优质创新型科技人才资源会聚河北的良好局面。

要在创新实践中培养大批创新人才。确立企业创新主体地位，充分利用河北产业发展基础和既有优势，推动创新链、产业链与人才链融合，不断增强企业创新动力，不断提高科技成果转化率。面向国家和河北省迫切所需，在高档数控机床、机器人、航空航天装备、大数据等产业领域全力攻坚，争取获得突破性进展。在省内建设一批跨领域、大协作、高强度的试点创新基地和创新联合体，开展产业共性关键技术研发、科技成果转化及产业化科技资源共享服务，通过企业创新实践培育大批创新人才。鼓励引导创新人才向企业流动、与企业融合，促进技术创新、模式创新、业态创新，在融合发展中培育创新人才。紧跟世界科技发展大势，抢抓京津冀协同发展机遇，利用京津国家科研机构、高水平研究型大学，在重大项目和科技攻关合作中培养大批创新人才。争建国家重点发展的各类科技创新中心，将其打造成培养创新人才的重要平台。根据已有基础，可在燕山大学、河北工业大学基础之上大力发展高水平研究型大学，为培养更多创新人才提供有力保障。

## （二）坚持全方位培养、引进、用好人才

坚定不移服务"三件大事"。要抓住时机加快推进京津冀人才一体

化发展步伐，抓紧建设雄安人才特区、雄安国家级人力资源服务产业园区和国际高端人才集聚区；全面实施"雄才计划"，构建具有雄安特色的现代化人才治理体系；大力发展冰雪产业，壮大冰雪人才队伍。加大和坚持人才自主培养，充分利用河北省高校大力发展之机培养大批高素质人才。落实《关于推动职业教育高质量发展加快建设技能型人才强省的实施意见》，充分发挥各职业院校比较优势，努力培养高素质产业大军。发挥企业市场主体作用，培养大批优秀企业家。要广纳天下英才，积极引进两院院士、一流科技领军人才和创新团队等，充分利用京津冀协同发展机遇，在不断提升曹妃甸区、渤海新区等承接平台能级和水平基础上适时引进京津人才，充分利用雄安新区建设发展之机，扎实做好北京人才疏解工作。要切实用好用活各类人才，允许和宽容人才失败。要为各类人才搭建干事创业的平台，充分发挥创新人才、哲学社会科学人才、乡村振兴人才的作用，造就一流自立自强人才方阵，努力形成人才集聚效应。

## （三）抓好完善人才评价制度等体制机制改革

建立健全符合科研实际的人才评价制度，完善项目分类评价制度，建立新的评价机制。坚持以质量、绩效、贡献为核心的评价导向，全面准确反映科技人才的能力和业绩。坚决破除"四唯"倾向，坚持破立并行，全面建立以创新价值、能力、贡献为导向的人才评价体系。要着重发挥多元评价主体的作用，形成有利于人才充分发挥作用和潜能的评价制度。根据不同人才类型，在实行分类评价基础之上设置科学的评价考核周期，以支持科技人才潜心研究，避免其急功近利。

深化人才管理制度改革。坚决推行"揭榜挂帅"制度，让有才能的人"挂帅"，成就"帅"才。在科研经费使用和报销方面进一步放宽条件，实行经费包干，加强诚信建设，使创新人才大展宏图。人才管理改革要注重做"减法"，要坚持"抓大放小"，注重宏观，切实转变作风，不断提升管理能力。进一步下放和扩大科研单位用人自主权，发挥科研单位和创新人才的主

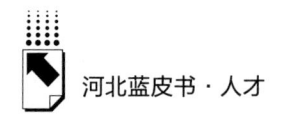

观能动性,为科研人员和单位进一步松绑。支持科研事业单位探索试行更灵活的薪酬制度,对做出重大贡献的创新人才实行重奖,让他们得到合理回报、有更多成就感和荣誉感。

### (四)夯实人才基础性工作

对于人才统计工作,中央做过部署,但统计制度没有很好地建立起来,全国人才统计体系尚未形成。人才统计要根据获取的信息数据,为人才工作决策提供有益的支撑和帮助。统计数据归部门所有现象严重,人才统计在人才工作中的信息咨询、监督、预警分析等作用远远没有得到有效发挥。人才统计数据的缺失已经成为制约人才发展的重要因素,必须尽快加以解决。但是,由于新的人才概念的界定及市场经济的发展和广大人才的实际需求,新的人才统计口径和方法值得深入研究。建议借助贯彻落实中央和河北省委人才工作会议精神之机,尽快研究制定河北新的人才统计口径、方法,再组织一次全省性的人才调查统计,摸清人才底数,为实现河北制定的人才发展工作目标任务的全面完成提供决策支撑。

人才研究工作作为人才工作的长期基础性工作,人才研究者的研究成果对于人才工作决策者跟踪、了解人才工作进展和人才工作动态无疑具有重大意义。从近代著名学者潘光旦研究人才工作、讲述《人才论》到21世纪3次全国人才工作会议召开,人才研究工作日益受到重视,但其作为新兴学科与传统优势学科相比仍然相形见绌,特别是人才学理论的积累还不够厚重。建议不断加强研究力量和学科建设,以国家加强"双一流"建设为契机,不断提高人才学学科地位;建议由中组部会同人社部、教育部、中宣部等部门就人才学学术机构建立、学科建设、学术期刊设置、国家课题立项设置等方面进行协调,不断加强人才学研究力量,提高研究水平,为人才学的未来发展和人才工作者决策咨询奠定更加坚实的基础。

**参考文献**

《创新关键靠人才》，河北新闻网，2018年5月9日，http：//hbrb.hebnews.cn/pc/paper/c/201805/09/c67461.html。

《为加快建设经济强省美丽河北提供有力人才支撑》，河北新闻网，2021年11月5日，http：//hbrb.hebnews.cn/pc/paper/c/202111/05/content_107986.html。

国家统计局社会科技和文化产业统计司、科学技术部战略规划司编《2020中国科技统计年鉴》，中国统计出版社，2020。

《全国科技经费投入统计公报》，国家统计局，http：//www.stats.gov.cn/tjsj/tjgb/rdpcgb/qgkjjftrtjgb/。

河北省统计局、国家统计局河北调查总队编《河北经济年鉴2020》，中国统计出版社，2020。

# 产业人才篇
Industrial Talents

## B.2 河北省人才链与产业链融合发展研究

姜 兴*

**摘 要：** 加快确立人才链与产业链融合发展的战略布局，打好产业基础高级化、产业链现代化攻坚战，为经济高质量发展注入强劲动能，是河北省推动高质量发展、加快构建新发展格局的内在要求和必然选择。本报告深入分析了河北省人才链与产业链融合发展的基础优势与人才链建设的短板，从精准统筹"两链"融合，紧扣产业链构筑人才链；加快京津冀产业协同发展与人才合作共享，有效做大人才"增量"，实现人才链高端"延链"；立足产业链需求推进人才供给侧结构性改革，激活人才"存量"；加大"链主"企业与"链主"人才扶持力度，夯实"两链"基点；数字赋能，建设"云上"融合智慧链等五个方面提出了紧扣产业链加强人才链"建链、延链、强链、补链、固链"，促进河北省人才链与产业链深度融合发展的具体建议。

---

\* 姜兴，河北省社会科学院人力资源研究所副研究员，主要研究方向为区域人力资源开发。

**关键词：** 人才链　产业链　融合发展

"推动产业基础高级化、产业链现代化"是党的十九届五中全会提出的加快发展现代产业体系的重大战略部署，河北省委九届十一次、十二次全会也明确提出"着力增强产业链供应链自主可控能力，大力提升产业链供应链现代化水平"。推动河北省高质量发展需强力打造现代产业链并不断提升其发展水平。随着要素成本持续上升、资源环境约束趋紧，人才已成为产业发展的核心竞争力，习近平总书记在中央人才工作会议上强调"千秋基业，人才为本"。在产业链发展中人才依托产业成链，横向包含产业链各个环节上的原创型、创新型、管理型、技术型、技能型等各类人才，在纵向上以领袖级人物为特定类型人才发展的基点和核心，带动各个层次人才集聚。人才链作为推动产业链发展的主要资源链，促进二者深度融合尤为关键。产业链通过"建链、补链、强链、延链"扩大对人才链的需求，人才链为产业链的结构优化和转型升级提供强大的内在动力和支撑，"两链"相互影响、相互促进，协同推动经济的高质量发展。近年来，在一轮又一轮白热化的人才大战中，人才与产业发展协同布局的重要性日益凸显，人才链与产业链相互支撑、协同共进成为共识。面对当前人才竞争日趋激烈、提升产业链现代化水平任务艰巨之现实，河北省亟须加快确立人才链与产业链融合发展的战略布局，打好产业基础高级化、产业链现代化攻坚战，为现代化经济强省、美丽河北建设奠定坚实基础。

## 一　人才链与产业链"两链"融合的内涵

### （一）人才链与产业链本质上都是"知识链"与"技术链"

基于技术经济联系，完成产业核心技术价值实现与价值增值的相互关联、相互作用的链条式经济活动和产业部门集合构成产业链。在产业链发展过程中人才又依托产业成链，横向包含产业链各个环节上的原创型、创新型、管理型、技术型、技能型等各类人才，在纵向上以领袖级人物为特定类型人才发展的基点和核心，带动各个层次人才集聚。产业链的本质即以知识、技能、技术传递形成的产业网链，人才链也以知识、技能、技术的传承、传递与关联成链，知识和技术贯通人才链与产业链。

（二）"两链"融合的本质即实现"两链"耦合螺旋式发展

一是产业链通过"建链、补链、强链、延链"扩大了对人才链的需求。提升产业链现代化水平，无论是"补链"提升创新能力解决"卡脖子"问题、"强链"增强核心竞争力加快信息化转型，还是"延链"拓展产业上下游范围，都需要有完整、高水平的人才链来支撑，人才在整个产业链现代化、增强产业链自主可控性方面起着越来越重要的作用。良好的产业链发展环境促进人才集聚成链，并对人才链的需求不断扩大。

二是人才链的发展必然会推动产业链优化升级。人才链通过知识、技术的传承积累与持续创新为产业链的结构优化和转型升级提供强大的内在动力，尤其是高层次创新创业人才在实现重大科技成果形成、转化和产业化中的作用巨大，真正能够实现"引进一个人才、集聚一个团队、培育一个企业、形成一个产业、打造一个产业集群"，并且人才链的延伸发展为产业链的延伸、裂变提供了基础。"两链"的深度融合、良性耦合推动人才链与产业链不断从低级向高级演化，从不平衡向平衡演变，不断递进、螺旋发展，有效发挥"两链"乘数效应，提升产业链现代化水平，打造规模大、素质高、结构合理的人才队伍，共同推动经济的高质量发展。

## 二 "产业链奠基、人才链引领"是河北省推动高质量发展、加快构建新发展格局的核心要义

"十四五"时期是河北省产业转型升级向高水平产业链转化的阶段，

也是经济高质量发展爬坡过坎的关键五年,产业链是畅通国内外经济循环的基础,提升产业链现代化水平,要求不断增强产业链发展的内在动力,对人才的渴望比以往任何时候都更加强烈。随着"人口红利"进入结束阶段,经济发展已进入"人才引领"时代。近年来,在一轮又一轮白热化的人才大战中,各省市越来越多地认识到人才与产业发展协同布局的重要性,经历了人才服务发展、人才支撑发展、人才引领发展①的理念升级,深刻认识到招才引智和产业转型升级不是简单的"拉郎配",而是强调人才链与产业链的相互支撑、精准定向、协同共进。当前人才竞争日趋激烈,提升产业链现代化水平任务艰巨,河北省亟须抓住国内外产业链重构升级的战略机遇期,全力做好产业基础再造和产业链提升工作,夯实经济强省的根基和现代产业体系的底盘,坚持完整、准确、全面贯彻落实习近平关于新时代人才工作的重要论断,加快确立人才链与产业链融合发展的战略布局,有效实现"以才促产、以产引才、产才融合"的乘数效应与良性循环,保障产业链发展的现代化,为经济高质量发展注入强劲动能,更好服务构建新发展格局。

## 三 河北省人才链与产业链融合发展的基础优势与人才链建设"弱生态"环境

### (一)河北省人才链与产业链融合发展的基础

**1. 产业链建设高质量推进,重点产业已初步建立完整的产业链条**

河北省面对疫情形势复杂和经济高质量发展爬坡过坎的压力和挑战,坚定不移保产业链稳定、提升产业链高质量发展水平,围绕省内重点发展的24条产业链绘制了产业链地图,全面梳理产业链的关键节点、攻克难点,补断点疏堵点,补短板锻长板,全力保障产业链畅通稳定,增强产业链供应链自主可控能

---

① 黄晋鸿、刘晴:《人才生态系统作用凸显 区域人才共享或成趋势》,《光明日报》2020年12月21日。

力,① 出台了《河北省汽车产业链集群化发展三年行动计划（2020—2022年）》等多个产业链发展行动计划，以提升产业基础能力和产业链水平。同时，以各种形式推动以产业链为基础的招商引资，力促产业链延链、强链，推动产业链现代化水平快速提升。截至目前，河北省重点产业全链均已具备了良好的基础和比较优势，正在形成特色明显、竞争力较强的产业链条，同时推动产业链向优势地区深度集聚以及向上下游延伸，产业配套能力进一步增强，产业规模不断扩大、集聚效应明显提升，形成了秦皇岛大数据中心、唐山高新区机器人产业基地、廊坊智能装备产业集群、石家庄高端生物医药产业集聚发展试点区域等规模较大、优势显著的若干产业集群。随着京津冀产业协同深入推进以及《京津冀产业协同规划》出台，三地将共同推动具有互补、合作空间的三地优势产业，联手建设区域高质量产业链，为河北省产业链现代化建设注入更强的活力。

**2. 人才发展不断创新，产才融合务实推进**

近年来河北省大力实施人才强冀战略，以高素质人才推动高质量发展。先后出台了《河北省"三三三人才工程"实施方案》、《河北省百万燕赵工匠培养支持计划实施方案》以及一系列关于高层次人才及创新团队引进和培养的政策文件，河北省沿海经济带高层次人才交流大会、"名校英才入冀"、"中国河北高层次人才引进交流大会高校行"等高层次人才对接交流活动有效开展，各地市也不断创新人才工作，如石家庄"人才强市18条"、唐山"凤凰英才计划"、保定"人才十条"，人才政策更加开放包容，人才服务更加优质高效，为人才发展创造了良好的环境。产才融合发展深入推进，出台了《河北省人才助力产业发展三年行动计划（2018—2020年）》，聚焦河北省传统产业、战略性新兴产业和现代农业，特别是针对战略性新兴产业发展，提出了切实有力的高层次人才引进措施。截至2020年11月底，全省共承接京津战略性新兴产业项目2350个，柔性引进战略性新兴产业人才55万多人次；围绕大数据与物联网、信息技术制造业、人工智能与智能装备产业等战略性新兴产业，共引进高层次人才1900多人。②

---

① 米彦泽：《产业链全景图助力高质量发展》，《河北日报》2021年2月15日。
② 《河北省人才助力产业发展三年行动计划收官》，新华网，2020年12月3日，http://m.xinhuanet.com/he/2020-12/03/c_1126814958.htm。

## （二）人才链建设滞后于产业链发展，"两链"协调衔接缺陷突出

河北省针对产业链现代化水平不高的痛点，积极加快产业链建设步伐，提升产业链发展水平，各产业链三年行动计划详细梳理了产业链全景图，绘制了产业链发展蓝图，明确提出了产业链的发展目标、具体任务、保障措施，与河北省产业链加速推进的现实与预期相比，作为产业发展的核心要素和支撑基础，人才链发展滞后，仍是一块短板，成为产业链现代化建设的"软瓶颈"。

### 1. 人才链与产业链发展对接不紧密，"两链"之间缺乏内在的融合机制

"两链"融合发展的重要性对顶层设计提出了更高的要求，但相对于各产业链完整的发展计划，河北省产才融合发展格局还未建立，促进"两链"融合的规划机制、政策机制、推动机制均不健全，规划引领与顶层设计缺失，尚无与之相配套的人才链发展规划，人才部门与产业部门存在脱节，"抓人才不了解产业，抓产业脱离人才"状况依然存在，各产业人才链存量、优势、短板、缺失等处于模糊状态，人才链与产业链发展在规划和顶层设计方面还处于割裂状态，很难使二者形成强大的合力。

### 2. 人才链中各类人才密度较低、质量不高，与"人才引领"要求差距较大

第七次全国人口普查数据显示，河北每10万人中，拥有大学（指大专及以上）文化程度的人口为12418人，排全国第24位；拥有高中（含中专）文化程度的人口为13861人，排全国第21位。河北拥有较高文化程度的人口数量处于全国较低水平。2019年末河北省拥有院士19人，仅占全国的2.3%；拥有R&D人员183151人，占全国的2.57%。据国家统计局数据测算，研究生、本科、专科、中职人才分别占全国的2.2%、3.5%、4.9%、4.6%，河北省人口总数约占全国总人口的5.4%，但各类人才总数占全国比例均低于5.4%。人才贡献率较低，2020年河北省GDP排全国第12位，但人均GDP排第26位；人才创新能力不足，人才链中高层次原创型、创新型人才数量匮乏直接造成了产业创新能力明显不足，2019年河北省高技术产业营业收入仅占全国的1.0%。

**3. 河北省人才吸引力明显下降，人才流失问题开始显现并呈现明显的"趋高性"，易引发"断链"风险**

智联招聘发布的《中国城市人才吸引力排名：2021》数据显示，2020年中国最具人才吸引力城市100强中，河北省只有4市上榜，依次是石家庄（第36位）、唐山（第58位）、秦皇岛（第78位）、保定（第99位）。2019年河北省共有10市上榜，依次为石家庄、廊坊、保定、唐山、张家口、秦皇岛、沧州、衡水、邢台、邯郸，分别为第23位、第28位、第39位、第58位、第59位、第67位、第74位、第78位、第83位、第96位。人才吸引力明显下降。

人才流失存在明显的"绝对趋高性"与"相对趋高性"。第七次全国人口普查数据显示，河北省2020年常住人口比2019年减少约131万人，人口数量的减少在一定程度上表明有人才流失状况存在。调研发现，河北省人才流失呈现明显的"绝对趋高性"与"相对趋高性"。"绝对趋高性"即流失人才具有高学历、高职称、高技能、高荣誉、高职位特征，属于人才链中的领袖级人才，如华药新药公司原总经理，燕山大学的一名"长江学者"、一名"国家杰青"，石药集团一名"省管专家"，邢台职业技术学院一名汽车制造学科带头人等众多业界精英在近几年内纷纷流向京津及南方发达省市。由于领袖级人才具有巨大的影响力和号召力，其个体流失往往会引发包括整个团队在内的群体性流失，引发人才链"断链"风险。"相对趋高性"，即"人才流失引进比"趋高，本报告调研统计结果显示，国有企业工程师以上高层技术人才流失引进比为7.55，高级工以上高层技能人才流失引进比甚至高达18.25。

**4. 人才供给与产业发展匹配不足，产业后备人才培养层次不高、供给量质不平衡**

院校是产业后备人才的摇篮，地方高校的规模与层次在一定程度上决定了产业人才的数量与质量，河北省高等教育规模在全国排名较为靠前，但层次不高。2020年河北省高等学校数量达131所，普通高等学校125所，列全国第8位。艾瑞深校友会网大学排行榜是中国最具影响力和公信力的大学排行榜品牌，其发布的2021年中国大学100强中，河北只有河北大学一所高校上榜，排第79位，很难培养出数量较多的各类高竞争力人才。产业技能人才方面同样面临职业学校层次低、高层次技能人才培养不足的问题。2019年中国特色高水平高职学校和专业建设计划立项建设单位共197个，包括高水平学校建设单位56所、高水平专业群建设高校141所。河北只有10所学校入选，其中高水平学校建设单位B档1所，高水平专业群建设高校A档1所、B档2所、C档6所，入选数量较少，档次较低。教育规模与质量发展的不平衡直接引发产业人才结构过剩与短缺并存、人才培养与产业发展实际需求脱节等人才供给量质不平衡，调研中多数企业反映招聘的学生适应工作周期较长，培养好了又面临人才跳槽风险。

以上问题暴露出河北省人才链发展布局滞后的问题，人才短板明显，不能有效满足河北省产业链现代化建设的需求。伴随着人口红利进入尾声，高素质人才价值愈加得到重视，人才也愈加成为区域竞争的第一资源。河北省人才链发展的"弱生态"环境亟须政府引导人才链"建链、补链、固链、强链"，紧扣产业链打造人才链，最终构建"人才链引领产业链、产业链集聚人才链"良性循环的人才发展新格局，为河北省高质量发展蓄势赋能。

## 四 促进河北省人才链、产业链"两链"融合的对策建议

鉴于人才链与产业链的关系与融合意义，必须紧扣产业链打造人才链，具体包括：夯实"两链"融合基础，将产业链发展与人才链建设作为整体，统筹考量、谋划和推进；缩小"两链"融合间隙，精准依托产业链进行人才链"建链、补链、延链、强链"，推动人才链发展与产业链升级全过程、各环节有效衔接与匹配；强化"两链"融合成效，数字时代，充分激活数据生产要素，为"两链"巩固发展提供智能化支持，放大、叠加"两链"耦合互动效果，加快实现"人才推动产业、产业吸引人才、两者融合"的乘数效应与良性循环，最终做到"产业链奠基、人才链引领"，以高质量产业链建设推动经济高质量发展。

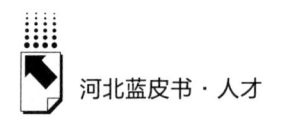

## （一）精准统筹"两链"融合，紧扣产业链构筑人才链

紧扣产业链进行人才链"建链"，促进河北省人才链与产业链的耦合匹配和精准对接，强化顶层设计是首要任务，加快制度构建是保障。

**1. 加强顶层设计，精准引导人才链紧扣产业链实施可视化建设**

对标河北省各重点产业链三年行动计划，开展各产业人才链建设行动，联合各人才协调工作领导小组成员单位共同实施。一是掌握各产业人才链发展"底图"。以产业链全景图为指向，以产业链龙头企业及上下游核心关联企业为重点，调查各产业人才链所包括的各类人才存量，完善关键人才清单，精确掌握各产业人才链现状。二是明确人才链发展"蓝图"。根据产业链发展目标，科学预测人才链各类各层次人才的需求状况，明确人才链需要重点引进、使用、培养的关键人才数量、质量。三是绘制人才"路线图"。构建产业人才数据库，同步绘制产业"省域技术人才地图"、"省域技能人才地图"、"领域全球高层次人才图"以及"产学研对接路线图"，准确掌握产业所需各类各层次人才分布，为产业精准引才提供"定向导航"，实现按图索骥，高效引才。以"底图"、"蓝图"和"路线图"为基础，实现人才链可视化发展，精准引导人才链紧扣产业链发展建链、补链、强链。

**2. 实现"两链"融合工作统筹考量，凝聚人才部门与产业部门的最大合力**

统筹人才部门与产业部门协同共建，构建"一产业链一人才链"的工作新格局。加强人才部门和产业部门联动，针对不同产业链以及相应人才链发展情况制定实施"两链一方案"，分产业共同编制实施《产业人才发展中长期规划》《人才支撑产业发展三年行动计划》，以及定期发布《重点产业人才紧缺目录》，共同定期组织相关部门召开产才融合工作现场推进会，统筹协调各方资源精准发力，着力解决人才链和产业链的断联甚至是碎片化问题，同时建立人才链与产业链建设同步考核、同步奖惩机制，强化人才链建设内生动力，构建人才链与产业链融合发展长效机制，打造人才发展与产业发展共同发力、协同共建的良好局面。

(二)加快京津冀产业协同发展与人才合作共享,有效做大产业原创型和创新型人才增量,实现人才链高端"延链"

原创型和创新型人才位于人才链的顶端,是最宝贵的人才资源,培养不易、引进困难,河北省应紧抓京津冀协同发展与北京非首都功能疏解重大战略机遇,加快京津冀产业协同发展和顶尖人才的合作共享。

1. 借力京津冀产学研协同发展,实现高层次创新型人才合作共培

充分利用北京作为全国乃至世界科研力量最为密集地区、"大校大院大所"中知名科学家与科研团队云集之优势,加快京津冀协同创新共同体建设纵深推进。引导、扶持、鼓励河北省企业积极发挥"出题者"作用,与三地高校、科研机构建立长期稳定的技术合作关系,支持高校科研机构与京津高校科研机构共同承担国家重大科研项目,推动龙头企业牵头、高校院所支撑、各创新主体共建联合研究生院、产业研究院,共同组建科研创新团队和导师团队,提高京津顶尖创新人才对河北省产业原创型和创新型人才的带动效用,加强对青年优秀创新型人才的共同培养,借力培养造就一批具有全球视野和国际领先水平的战略科学家、高层次创新创业领军人才以及各类青年优秀人才,推进河北省人才链高端"延链",引领产业链发展。

2. 由"筑巢引凤"向"凤地筑巢"的人才合作共享模式转变,推进京津冀产业链与人才链深入对接

由于河北省与京津在经济发展水平和公共服务能力方面都存在较大差距,顶级人才"刚性"引进困难,除"柔性"引才之外,可积极探索"双向飞地"模式。聚焦新一代信息技术、生物医药、高端装备、智能汽车等三地优势产业,在京津分产业建设"人才飞地",针对产业关键共性问题,集中与高校或科研院所对接,协作共享优势科技创新资源、人才资源。积极承接北京非首都功能疏解,重点在雄安新区与京津共建"产业飞地",建设雄安创新驱动发展引领区,促进京津技术成果孵化、转化和产业化,以"双向飞地"模式推动河北省共享京津高端人才资源,做大产业原创型和创新型人才增量。

**3. 创新京津冀产业人才合作共享机制，推动京津冀产业链与人才链一体化配置**

以即将出台的"京津冀产业协同规划"为依据，协调推动三地共同制定与之相配套的"京津冀产业人才协同规划"，建立京津冀产业人才工作联动合作机制，发布京津冀产业人才协同发展倡议书，推进京津冀产才协同发展工作迭代升级。继续扩大京津冀人才互认范围，实施资格互认、政策互通，推进京津冀各项人才发展机制对接衔接，统一规范京津冀人才资源市场，推动京津冀人才合作共享工作高效运转，实现更多京津人才为冀所用。

**（三）立足产业链需求推进人才供给侧结构性改革，激活管理型、技术型、技能型人才存量，推进人才链"强链"**

《河北省第七次全国人口普查公报》显示，15~59岁人口比重与2010年第六次全国人口普查相比下降10.24个百分点。随着劳动年龄人口大幅减少，产业人才供给会相应减少。推进人才供给侧结构性改革，提升全社会的人力资本水平，使规模型"人口红利"向质量型"劳动生产率红利"转变，是河北省推进人才链"强链"的关键。

**1. 充分发挥企业主体作用，为人才链发展注入强大活力**

建立以企业为主体的产业人才开发机制，定期组织开展企业人才发展专题培训，引导企业根据其发展战略建立各类人才的企业自我开发体系，有计划有效率地在企业内部选拔有发展潜力的各类各层次人才，实施知识更新工程、技能提升行动等企业人才计划，有针对性地进行专项培养、培训与企业内训，转变人才发展路径、增加发展机会，开拓技术型、管理型和技能型人才的发展道路，以多种方式引进培养原创型和创新型人才，使企业成为人才链建设的活跃主体。

**2. 加快中高等（职）教育产教融合改革步伐，保障产业发展"就地取才""取之宜用"**

改革人才培养模式，把专业建在产业链上，保障管理型、技术型、技能型人才的有效优质供给，实现产业人才培养使用接力棒的有效传递。一是鼓励高校主动创新人才培养模式，建立教育与产业发展方向相一致的学校企业人才协同培养机制。突出需求导向和应用性导向，加强"双师型"教师队伍建设，柔性引进企业家或高层次创新创业人才到高校担任实践教授，深入参与高校教学内容、学科建设和人才培养的改革环节，促进产业需求融入人才培养各个环节。常态化举办企业家进校园、师生进企业"双进"活动，校企共建实践教学基地，大力改善目前高校人才培养结构性滞后问题，实现人才培养与产业链发展的全方位融合。二是加快构建现代职业教育体系，加强产业技能型人才培养。进一步落实《河北省职业教育改革发展实施方案》，以产业发展需求为导向，依据《河北省急需紧缺技能人才职业（工种）目录》，健全专业动态调整机制，鼓励职业学校自主制定人才培养方案，开设特色专业培训班，推动职业学校与龙头企业共建产业学院，将校内模拟培训与现场作业实训相结合，按照"企业出清单、学校出项目、学员选单、政府补助"的方式，建立定位清晰、层次分明的技能人才培养体系，强化高端技能型人才培养，建设产业技能人才队伍。

### （四）加大"链主"企业与"链主"人才扶持力度，夯实链条基点，开启"两链""补链"融合新模式

"链主"企业是指产业链中具有较大影响力、凝聚力和竞争力，占据产业链核心地位的龙头企业，人才链中各类领袖级人才即"链主"人才。无论是"链主"企业还是"链主"人才都是链式发展的中心节点，补齐短板、预防"断链"、推进"两链"高质量融合发展，"链主"不可或缺。

1. 引培"链主"企业，集聚"链主"人才

梳理和筛选产业链重点企业，发布产业链"链主"企业名单，实施精准化服务，集中资源，重点锁定支持"链主"企业发展，形成"培育一个企业、完善一个生态、带动一个产业发展"的链式反应。深化营商环境改革，精准运用产业链招商，尝试基金招商，聚"链主"、补"链点"、强"链条"，集聚打造一批具有产业生态主导力的"链主"企业。支持潜在"链主"企业做优做强，支持产业链中小企业做专做精，大力培育具有全国

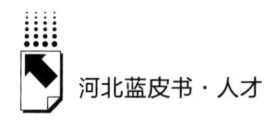

影响力和竞争力的产业集群。人才链中的各类领袖级人才也多数存在于"链主"企业中,通过扶持"链主"企业,打造人才高地,集聚"链主"人才。

**2. 凝聚"链主"人才头雁效应,反哺产业链提升**

加大党管人才力度,大力优化人才发展环境,支持各类高层次人才培养、引进、激励政策加码升级。加大"巨人计划"实施力度,扩大专业技术人才知识更新工程,加强高技能人才队伍建设,积极组织实施国家及省级引智项目,加强各类人才发展计划实施效果,推动形成"链主"人才集聚的良好局面。充分发挥"链主"人才头雁引领示范作用,以"链主"人才的知识溢出效应和人才链的链式效应加速人才链中人才资本的积累,使人才获得更高的收益从而进一步加速对同领域人才的吸引集聚,实现人才集聚的"雁阵效应""集结效应",以人才链高质量建设厚植产业链发展。

## (五)数字赋能,建设"云上"融合智慧链,聚焦"两链""固链"发展

继续加强"八大人才工程"之中的"人才信息化工程"建设,充分发挥河北大数据产业优势,实施"产业链+人才链上云计划",全面深化各产业链全景图以及人才链地图的数字化应用,推动产业部门、人才部门、教育部门、金融机构、第三方专业机构以及"链主"企业、高层次人才等各方加强信息共享,布局人才云服务,打造系统化多层次的"产业链+人才链""云上"体系,促进产业链中上下游企业、大中小微企业的融通发展,[①] 促进人才链中各类人才与产业链的顺畅衔接。通过建设"云上"智慧链,推进"两链"数字化转型,助力产业、人才部门加强产业链运行与人才链建设相关数据分析和监测,全面梳理"两链"以及"两链"融合的卡点、断点、堵点,及时掌握重大项目实施、技术创新进展、政策落实情

---

① 张贵:《以"链长制"寻求构建新发展格局的着力点》,《人民论坛》2021年第2期。

况，并对可能出现的异常波动和潜在风险进行有效、快速的识别和预警，为"两链"锻长板、补短板、固底板提供智能化支持，保障产业链稳定安全和人才链的支撑引领，打造"产业聚人才、人才兴产业"的"两链"融合发展新格局。

# B.3
# 河北省钢铁产业人才活力开发路径研究

周爱军*

**摘　要：** 由于创新驱动和生态发展的双重约束，河北钢铁产业必然要走高质量发展的道路。要实现这一目标，从人才存量入手，有效激发产业人才创新创造活力是根本保障。本报告聚焦产业人才活力开发这一主题，首先，通过对河北钢铁产业和产业人才发展现状与趋势的分析，得出推动产业高质量发展要激发产业人才活力的基本判断；其次，围绕产业人才活力的三个关键内涵——人才流动配置率、人才投入力度、人才政策满意度进行了问卷调查和特征分析；最后，针对河北钢铁产业人才活力特征与不足，提出了优化人才流动配置、加大人才投入和创新、宣传与落实人才政策三个方面的对策建议。

**关键词：** 钢铁产业　人才活力　流动配置　人才投入　政策满意度

"十四五"时期，是河北加快新时代经济强省、美丽河北建设的关键阶段，加快发展现代产业体系，大力发展实体经济是这一时期内生发展的中心任务，钢铁产业作为河北的传统优势产业，其发展路径极具代表性。《河北省国民经济和社会发展第十四个五年规划和二〇三五年远景目标纲要》提出，要把河北钢铁产业打造成规模适度、装备先进、产品多元、布局合理、

---

\* 周爱军，河北省社会科学院人力资源与劳动经济研究所副所长、副研究员，主要研究方向为人才战略与人才政策。

环保一流的现代钢铁产业，打造具有全球话语权的钢铁产业链集群。要实现上述产业发展目标，技术创新是根本动力，产业人才是根本支撑。在国内外产业高端人才竞争激烈的大背景下，用好存量人才，更好激发现有产业人才的内生活力是根本出路。

## 一 河北钢铁产业发展现状与趋势分析

钢铁行业（iron and steel industry）是以从事黑色金属矿物采选和黑色金属冶炼加工等工业生产活动为主的工业行业，包括金属铁、铬、锰等的矿物采选业、炼铁业、炼钢业、钢加工业、铁合金冶炼业、钢丝及其制品业等细分行业，是国家重要的原材料工业之一。

钢铁产业是河北传统优势产业，河北钢铁产量虽居全国首位，但"双碳"背景下持续压减产能的任务对河北钢铁产业影响重大。《河北省建设全国产业转型升级试验区"十四五"规划》显示，"十三五"期间，河北省共压减退出粗钢产能8212万吨、煤炭产能5590万吨、焦炭产能3144.4万吨，钢铁产能从峰值时的3.2亿吨减至1.9亿多吨，全面实现重点行业产能压减目标。2019年，河北钢铁行业市场产出与需求较好。《河北统计年鉴（2020）》显示，2019年，河北省粗钢、生铁、钢材产量分别为24157.7万吨、21774.4万吨、28409.6万吨，分别比上年增长4.01%、3.42%和7.36%，其中，粗钢和钢材产量分别占全国产量的24.27%和23.58%。黑色金属矿采选业、黑色金属冶炼和压延加工业规模以上工业企业营业收入为13282.66亿元，占规模以上工业企业总营业收入的32.32%；利润总额为727.97亿元，占规模以上工业企业利润总额的34.02%。钢铁产业下游产业链运行稳定，其中基建行业、家电行业保持低速平稳增长，房地产投资、新加工保持较高速度增长，机械行业平稳运行。

进入"十四五"时期，如何实现从"钢铁大省"向"钢铁强省"的跨越，是摆在河北面前的一个现实难题。按照《河北省国民经济和社会发展第十四个五年规划和二〇三五年远景目标纲要》的指导原则和《河北

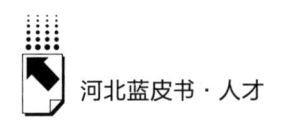

省建设全国产业转型升级试验区"十四五"规划》的具体要求,"十四五"时期,河北钢铁产业将在产业布局优化、提升工艺装备水平、加快优化品种结构、深入实施绿色化改造、推动企业兼并重组、严控"两高"产业规模、产业融合发展七个方面实现转型升级,走出一条高质量发展的路径。

## 二 河北钢铁产业人才发展现状与态势分析

钢铁产业作为河北的传统优势产业,拥有丰富的产业人才资源。《河北统计年鉴(2020)》显示,2019年,黑色金属矿采选业、黑色金属冶炼和压延加工业规模以上工业企业平均用工人数为467688人,占全省规模以上工业企业用工人数总量的16.91%。但随着全球科技变革和工业4.0时代的临近,绿色发展的生态约束、高质量发展的创新追求,都对现有产业人才队伍的稳定与发展提出了严峻挑战。为此,2021年课题组聚焦河北钢铁产业典型企业,围绕产业人才需求进行了问卷调查,共计回收企业有效问卷180份、产业人才有效问卷200份。产业人才需求分析情况如下。

### (一)超半数企业仍然拥有旺盛的人才需求

根据问卷调查分析结果,62.9%的样本企业表示缺乏人才,5.1%的企业表示人才严重缺乏,约30%的企业表示人才充足(充足、基本充足)(见图1),表示人才充足的主要是中外合资企业和大中型国有企业。从企业规模来看,年销售收入2000万元以下的小微企业普遍缺乏人才,大中型企业中有部分企业人才充足。

### (二)调研企业中人才引进较为普遍,引进主体为专业技术人才和技能型人才

根据问卷调查分析结果,超过90%以上的样本企业存在人才引进行为,2018年以来共引进各类人才近3万人,约占现有员工总数的10%。从引进人才

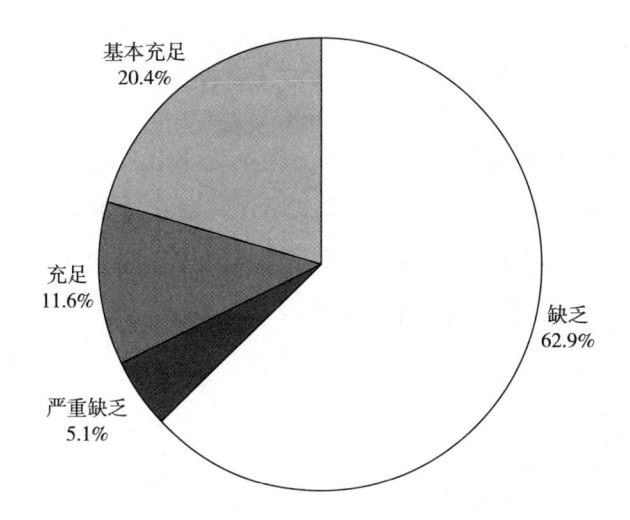

图1 样本企业人才总体需求情况

类型来看，专业技术人才最多，其次是技能型人才，分别占引进人才总数的38%和35%，管理人才占比最小，仅为3%（见图2）。从规模来看，销售额2000万元以下的小微企业引进人才比重较低，大中型企业引进人才数量较多。

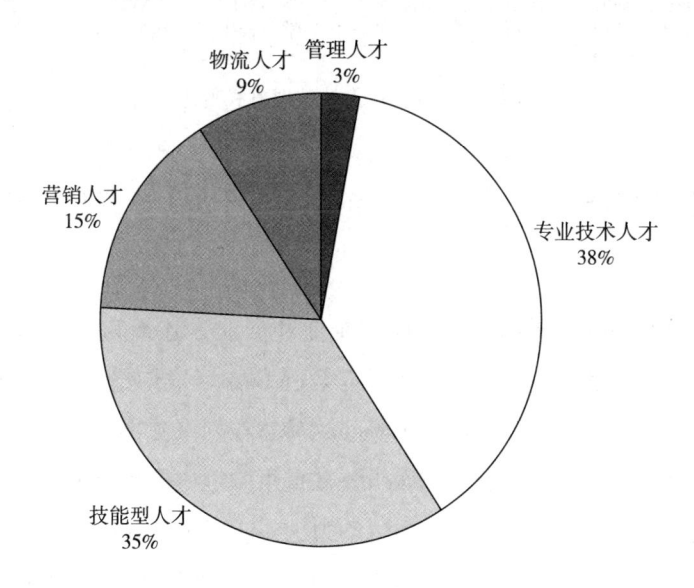

图2 样本企业人才引进类型占比

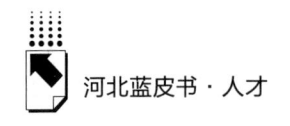

### （三）员工培训仍以内部培训为主，对外合作交流明显不足

根据问卷调查分析结果，82.60%的样本企业仍然是以师傅带徒弟的传统方式进行内部培训，约50%的企业采用外聘专家授课或选派员工外出进修的方式提升员工素质，与高校进行产学研联合培养的企业不到三成，而走出河北进行开放式培训的更是微乎其微（见图3）。

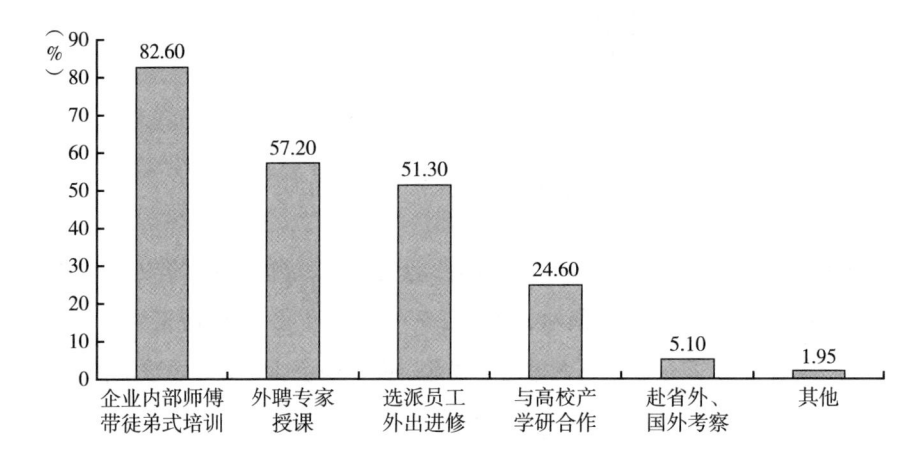

图3 样本企业人才培训方式占比

### （四）现有产业人才激励不当是当前产业人才使用存在的最大问题

根据问卷调查分析结果，在样本企业和产业人才最为关注的突出问题中，人才引进激励措施不足、人才引进渠道不畅、人才评价技术手段缺失和住房难、子女就学难、配偶就业难等问题赫然在列（见图4）。

鉴于此，河北钢铁产业人才队伍要在重重困境中取得突破，必须刀刃向内，从现有人才存量上入手，在内生动力上寻求发展路径，切实提升现有人才队伍的素质能力，激发其创新创造活力，为产业转型升级提供支撑与原动力。

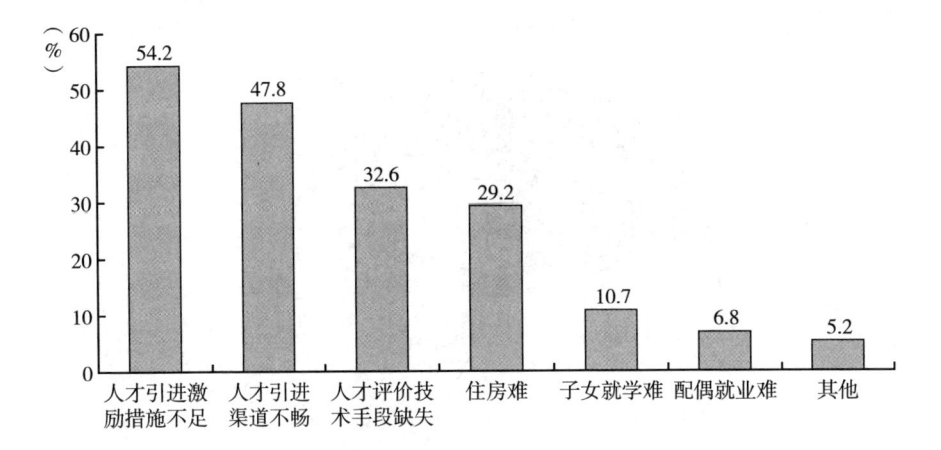

图4 样本企业人才使用存在的突出问题

## 三 河北钢铁产业人才活力调查分析

基于上述分析结论，课题组聚焦钢铁产业人才活力问题，对全省钢铁产业代表性企业进行了抽样调研，共选择样本企业200家，回收有效问卷186份。具体问卷调查结果如下。

### （一）人才流动与宏观配置情况

1. 产业内私营企业人才流动意愿强烈，存在较大人才流失风险

问卷调查结果显示，以私营企业为主的样本企业中，有19.8%的产业人才有离职去北上广深等大城市的强烈意愿（见图5），另有20%左右的产业人才有在河北省内流动的打算，国有企业产业人才队伍较为稳定，多数人才流失率在3%以内。

2. 院校招聘、人才市场招聘等传统招聘方式仍是主要引才途径

问卷调查结果显示，虽然河北钢铁企业采用多种途径引进人才，但招聘会仍是最主要的方式，有70%的企业采用；其次是求职者主动应聘，有65%的企业采用；从大专院校和本地人才市场招聘的企业也分别占到一半左

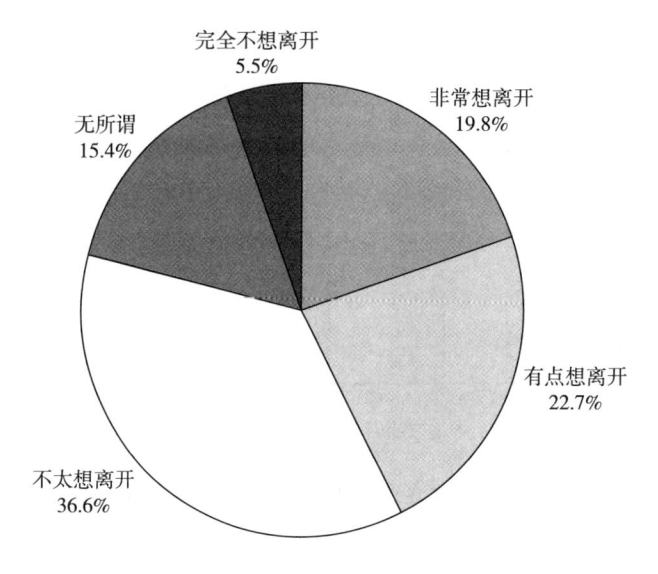

**图5 产业人才流动意愿**

完全不想离开 5.5%
非常想离开 19.8%
无所谓 15.4%
有点想离开 22.7%
不太想离开 36.6%

右,分别有58%和49%的企业采用(见图6)。这些大多是传统招聘方式,而通过新媒体和职业中介机构等现代方式招聘人才的企业比较少。中高层管理人员主要是从企业内部培养、选拔,仅10%的企业从外部招聘。可见,河北省职业中介服务普及率和市场化程度还不高。

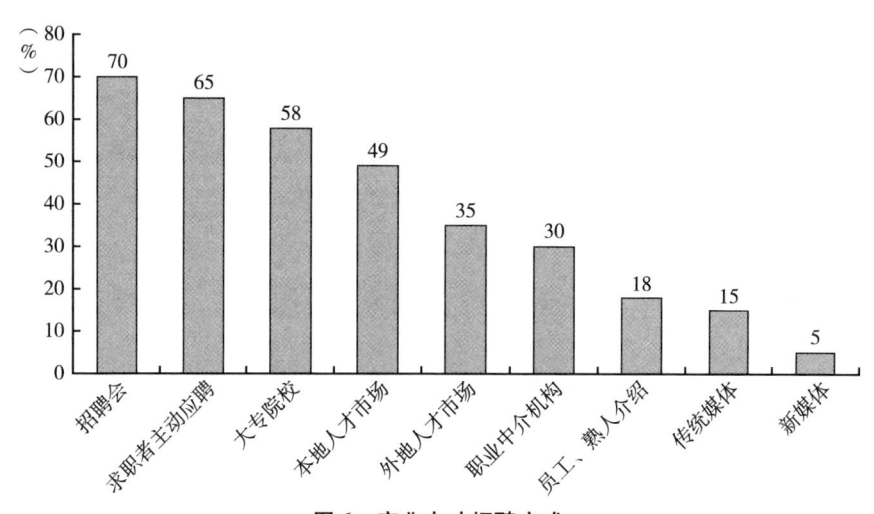

**图6 产业人才招聘方式**

| 招聘方式 | 比例(%) |
| --- | --- |
| 招聘会 | 70 |
| 求职者主动应聘 | 65 |
| 大专院校 | 58 |
| 本地人才市场 | 49 |
| 外地人才市场 | 35 |
| 职业中介机构 | 30 |
| 员工、熟人介绍 | 18 |
| 传统媒体 | 15 |
| 新媒体 | 5 |

### 3. 家庭因素是产业人才选择在河北发展的主要原因

问卷调查结果显示，河北钢铁企业产业人才选择在河北发展的原因众多，排在前三位的是故乡情结、赡养老人和婚姻这三个家庭因素（见图7）。被调查企业员工的籍贯也体现了这一特点，企业员工中90%以上来自河北省，约60%来自企业所在市。

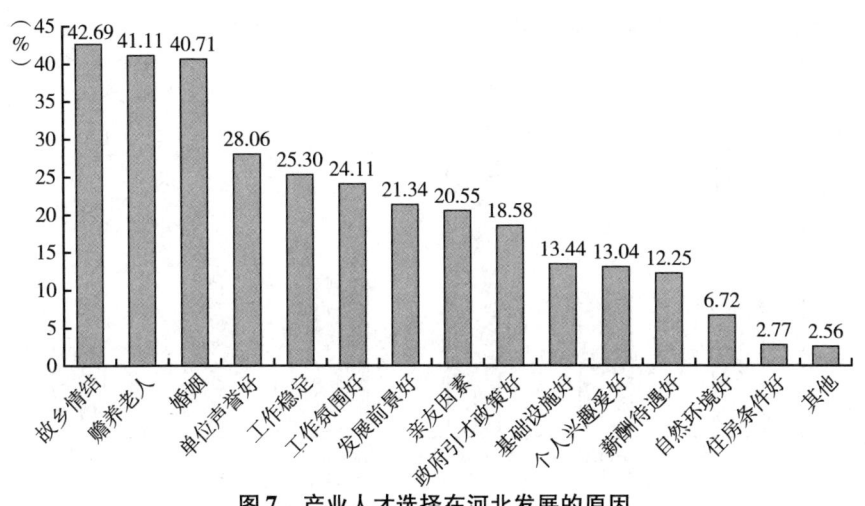

图7 产业人才选择在河北发展的原因

### 4. 企业环境和人才政策环境对产业人才流动影响较大

问卷调查结果显示，产业人才对地区选择的影响因素中，较重要的是企业环境和人才政策环境，影响较小的是自然环境和人文环境（见图8）。

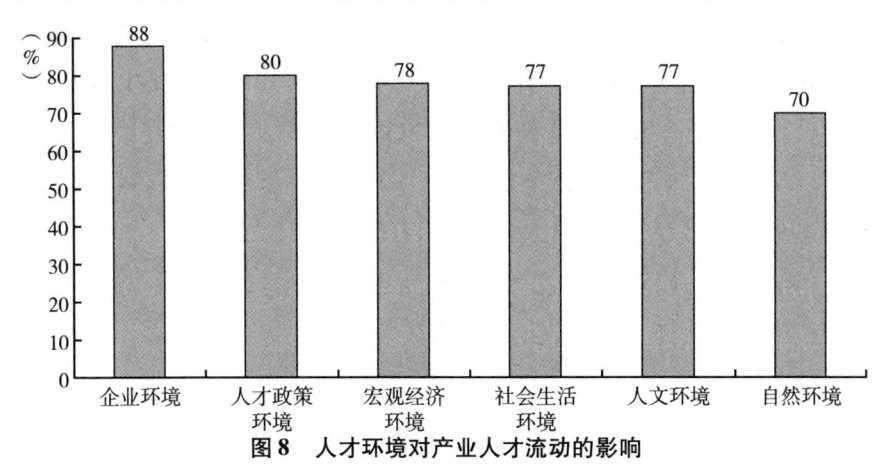

图8 人才环境对产业人才流动的影响

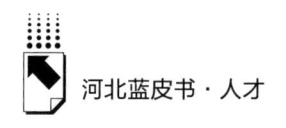

## （二）产业人才投入与产出情况

**1. 企业投入和政府财政投入是产业人才投入的最主要来源**

对人才的资金投入是激发产业人才活力的重要源泉。问卷调查结果显示，在多途径的人才投入中，企业投入和政府财政投入是产业人才投入较主要的来源，需要在这两方面持续加大投入力度（见图9）。

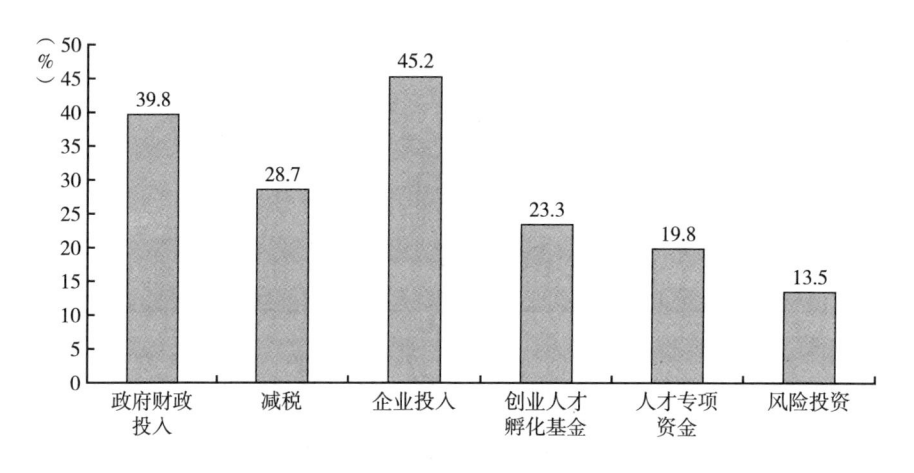

图9 钢铁产业人才投入来源

**2. R&D经费投入和新产品开发经费投入全省占比较高，专利成果产出略显不足**

《河北统计年鉴（2020）》显示，2019年，黑色金属矿采选业、黑色金属冶炼和压延加工业R&D经费投入为196.43亿元，占全省规模以上工业企业的44.79%；新产品开发经费投入为233.79亿元，占全省规模以上工业企业的46.33%；专利申请数为2780件，有效发明专利数为1484件，分别占全省规模以上工业企业的12.89%、6.91%（见图10）。

**3. 企业培训与研发投入占比相对稳定，获奖层次与数量有待提高**

问卷调查结果显示，企业培训与研发投入占比为3%~5%，其中，研发投入占绝大多数，培训投入多在0.1%以下。河北省冶金行业协会调研数据显示，2019年，河北省钢铁产业获国家科技进步一等奖1项、二等奖1

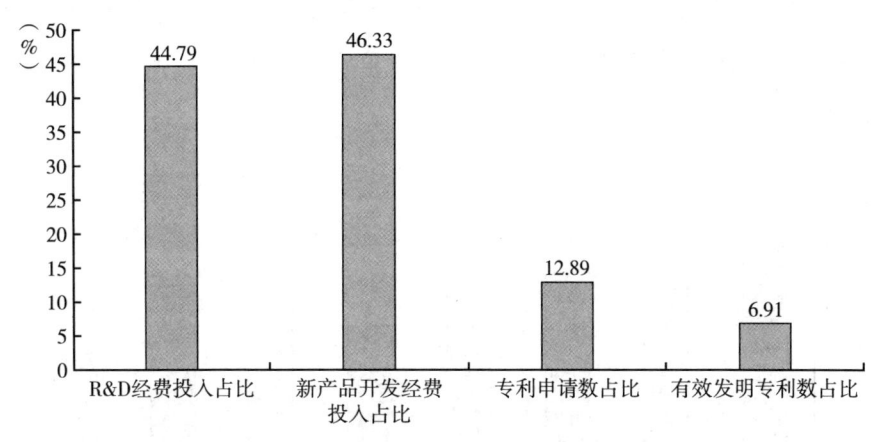

图10 2019年河北黑色金属矿采选业、黑色金属冶炼和压延加工业研发经费投入与专利产出对比

项，获国家冶金科学技术奖一等奖2项、二等奖4项、三等奖8项，获河北省科技进步一等奖2项、二等奖3项、三等奖9项（见图11）。

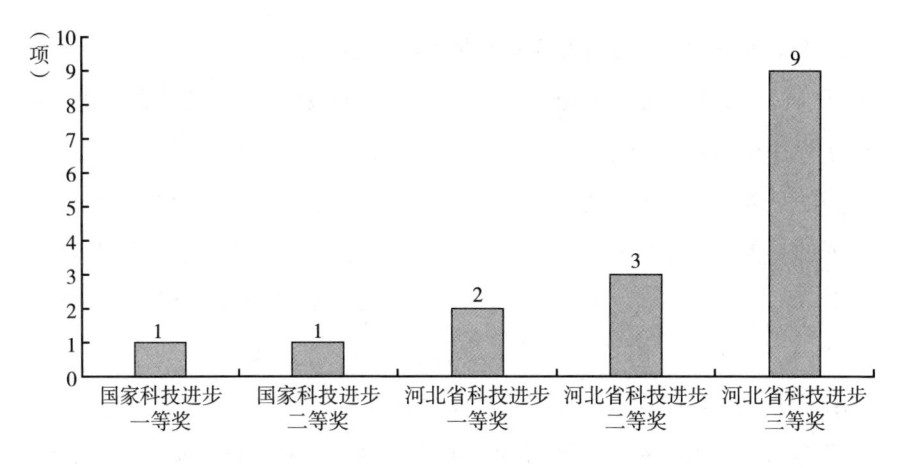

图11 2019年河北钢铁产业获科技进步奖情况

(三) 产业人才政策满意度情况

1. 产业人才对河北人才政策总体满意度不高

问卷调查结果显示，产业人才对河北人才政策总体满意度不高，以

5分为满分，各项评价为2~5分，平均分在3.3分左右。其中，满意度相对最高的是科研项目资助力度，满意度最低的是高端人才支持力度（见图12）。

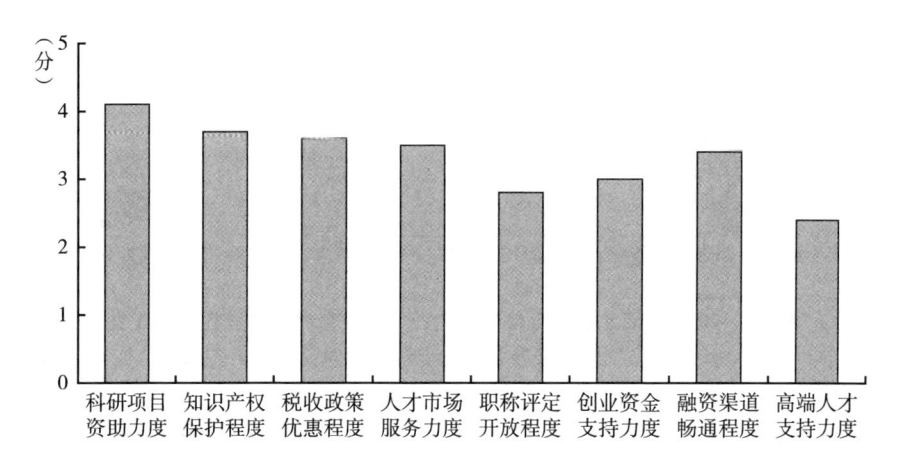

图12 产业人才政策总体满意度情况

**2.产业人才对河北人才政策执行情况满意度不高**

问卷调查结果显示，产业人才对河北人才政策执行情况满意度也不高，各项指标评价均在3分左右，差别不大，没有超过4分的指标。其中，满意度最高的是人才市场的工作效率和服务，其次是政府办公信息化程度；满意度最低的是人才政策实施的有效性，次低的是政府专项人才补贴的落地性（见图13）。被调查人才中，享受过当地人才政策的人员仅占不到两成（18.2%），八成多（81.8%）的人没有享受过相应政策。

**3.产业人才对政府人才政策了解程度不高**

问卷调查结果显示，被调查的人才中，对政府人才政策非常了解的仅占6%，比较了解的也不足20%，46%的人只是一般了解，而不太了解和完全不了解的分别占27%和3%（见图14）。

**4.产业人才普遍认为人才培养政策的关键在于激发用人单位的培养积极性**

问卷调查结果显示，超过60%的被调查人才认为，在人才培养方面，

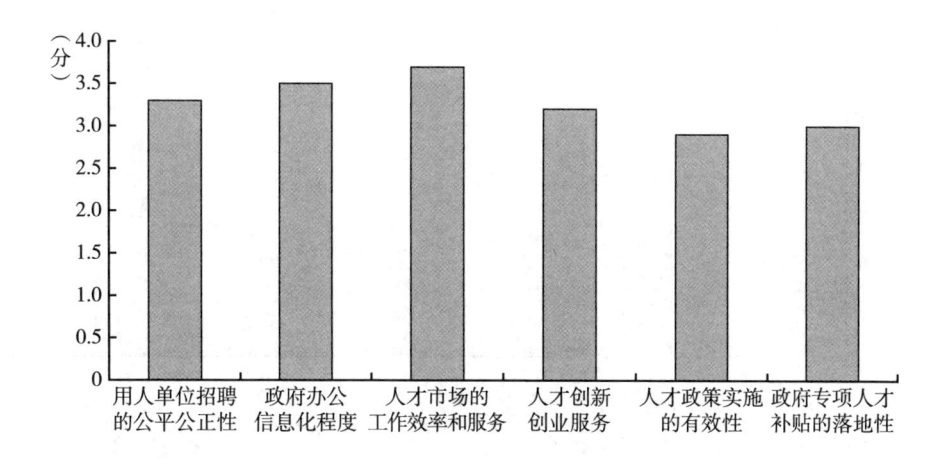

图 13 产业人才政策实施满意度情况

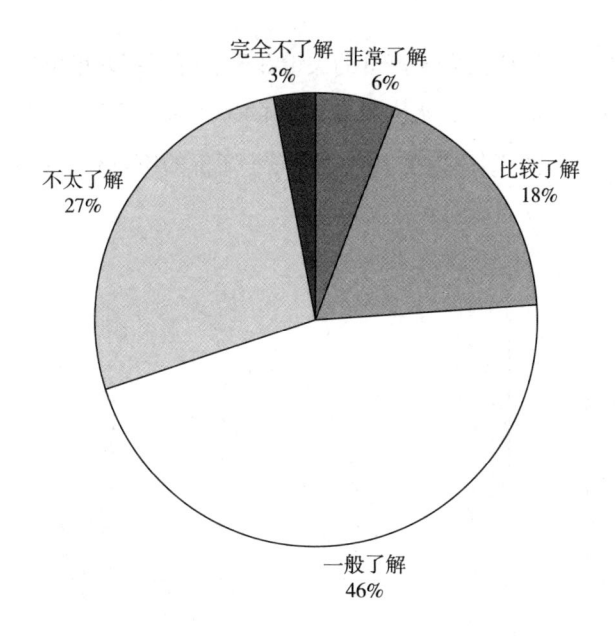

图 14 产业人才对政府人才政策了解情况

最关键的是发挥用人单位的积极性，制定鼓励企业培养人才的优惠政策，让用人单位主动成为人才培养基地（见图15）。

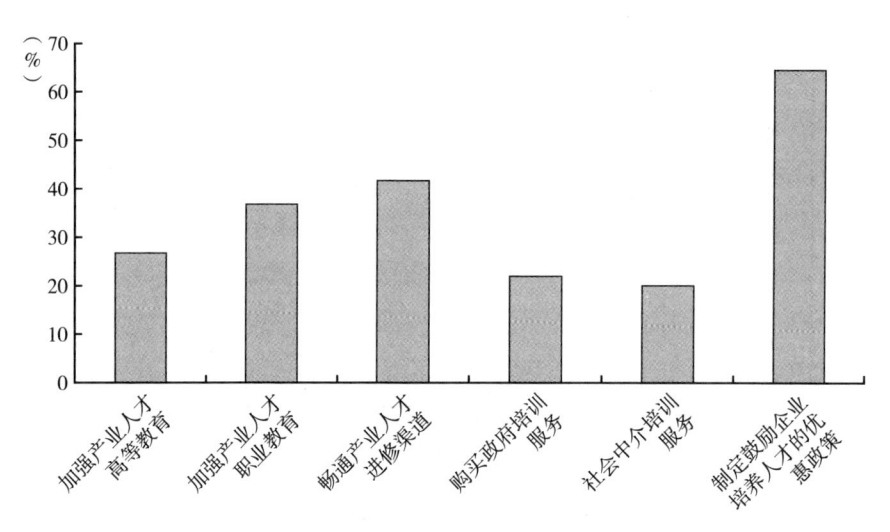

图 15 产业人才人才培养政策偏好

**5. 产业人才普遍认为人才评价的关键在于发挥好用人单位的主体作用**

问卷调查结果显示，在人才评价政策的选项中，大多数被调查人才寄希望于发挥用人单位的主体作用，并构建人才评价的市场化机制（见图16）。

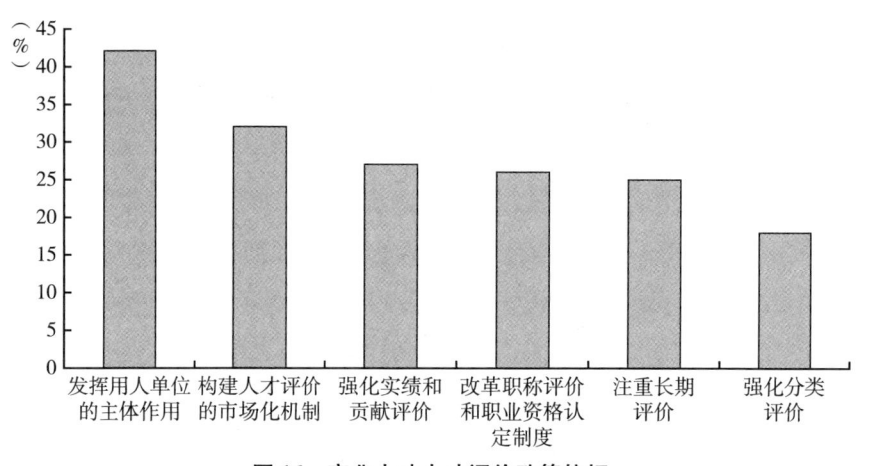

图 16 产业人才人才评价政策偏好

综上所述，从问卷调查数据分析来看，河北国有企业钢铁产业人才相对稳定，私营企业产业人才存在较大流失风险，产业人才以河北省内人员为绝对主体，应在引才方式上做出更多尝试，引进省外、国外高端产业人才；在产业人才投入方面，以企业投入和政府财政投入为主，R&D 经费投入与新产品开发经费投入较高，专利成果产出相对较少；产业人才对人才政策总体满意度不高，人才政策的宣传力度和落实力度有待进一步加强，同时，要更加注重企业内部人才政策环境的建设。

## 四 河北钢铁产业人才活力特征分析

产业人才活力的大小决定了产业发展绩效的高低。对产业人才活力的评价，可把握以下三个关键指标：产业人才流动配置率、人才投入力度、人才政策满意度。通过对河北钢铁产业和产业人才的调查与分析，梳理出以下三大特征。

### （一）河北钢铁产业人才省际流动呈"逆差"，存在潜在流失隐患，省内产业人才配置效率有待提高

"人适其岗"是人才活力得以发挥的首要条件，是靠人才流动来实现的。综合分析，河北钢铁产业人才流动情况呈现如下特点。

一是产业人才省际流动频繁，总体呈"逆差"态势。据抽样调查数据，河北钢铁产业有将近 1/5 的产业人才有离职去北上广深等大城市的强烈意愿，另有 20% 左右的产业人才有在河北省内流动的打算，存在潜在的流失风险；从省外人才引进数据来看，非河北籍的人才约占调查样本的 5%，其中 90% 以上的人才为本省人员，呈现较为明显的地缘结构内卷化现象。综合来看，省际人才流出与引入不相协调，总体呈"逆差"态势。

二是产业人才省际流失出现高端净流失现象。调查发现，河北省产业人才流失还存在明显的"趋高性"，即流失人才一般都属于高学历、高职称、高技能、高荣誉、高职位群体，多流向经济发达区域，总体上符合人才流动的客观规律。对比人才引进情况，人才流失还呈现明显的"相对趋高性"，即高端人才流失多，省外人才引进补充少，即使有补充，也是中低端人才占

多数，从性质上来讲这是一种高端智力的净流失。这还只是人才个体流失带来的直接后果，更为严重的是，由于高端人才具有相当大的影响力和号召力，其个人流失往往会引发包括整个团队在内的群体性流失，需要引起高度关注。

三是省内产业人才同质化竞争严重，骨干人才稳定性差，整体配置效率有待提高。在省外人才引进效率不高的大前提下，省内同行业人才之间的同质化竞争愈显激烈。调查数据显示，超过八成的企业有明确的人才需求，省内企业之间人才流转的年度比例在1/10左右，频繁的人才流动，尤其是骨干人才的不稳定，对整个产业的人才配置效率产生严重的冲击，一方面造成人才的巨大浪费，另一方面给企业带来了不可估量的重大损失。

**（二）政府对钢铁产业的引导性人才投入与示范性有待加强，钢铁企业主体化人才投入普遍存在弱化现象，对个人自主投入支持力度有限**

"人尽其才"是人才活力发挥的具体展现，是靠正向的人才投入来推动的。综合分析，河北产业人才投入情况呈现如下特点。

一是政府引导性人才投入和示范性有待加强。最具代表性的政府引导性人才投入是面向研发人才的科技投入。《河北统计年鉴（2020）》显示，2019年，黑色金属矿采选业、黑色金属冶炼和压延加工业R&D经费投入为196.43亿元，占全省规模以上工业企业的44.79%，新产品开发经费投入为233.79亿元，占全省规模以上工业企业的46.33%，与往年基本持平。而且，科技投入支持的项目中，面向企业的专项、与企业进行产学研合作的项目占比不高、支持力度不大，对产业配套经费的引导示范效应有待加强。

二是企业主体化人才投入普遍存在弱化现象。企业是激发人才活力、直接产生人才绩效的绝对投入主体，这是国内外企业长存与产业经久不衰的真理。但省内企业对人才的主体化投入与实际需求相去甚远。调查数据显示，有44.66%的人认为企业应加大对人才的投资力度，有63.24%的人认为应制定鼓励企业培养人才的优惠政策，有22.53%的人认为企业应购买政府培训服务，但实际调查中，企业对人才培训的投入与营业收入占比多在0.1%左右。

三是对个人自主投入的支持力度有限。人才资本区别于物质资本的特殊性就在于人的主观能动性与创造性，个人的主观决策与主动投入对人才活力也具有重要的影响。调查数据显示，有37.15%的人认为企业应设立自身的职业培训学校或鼓励员工参加职业院校的再培训，有27.27%的人认为企业应鼓励员工参加高等教育进修以提高自身的素质能力。反向思考，有超过60%的人有个人能力提升意愿但无法得到满足，这已成为制约人才活力迸发的另一个重要因素。

**（三）现有人才政策对钢铁产业人才发展的支撑性有待加强，企业内部人才政策存在碎片化现象，钢铁产业人才对人才政策总体满意度不高**

"才尽其用"是人才活力发挥的理想状态，但人才作为具有主观能动性的个体，除内在因素外，人才活力发挥的状态直接受人才政策的影响。综合分析，河北产业人才政策体系呈现如下特点。

一是宏观人才政策与产业发展联系不够紧密，落实不够有力，对产业人才发展的支撑性有待加强。通过对党的十八大以来河北出台的典型人才政策进行梳理发现，100份文件中多为综合性文件，仅有8份是与产业（包括钢铁产业）人才发展直接相关的。对全省千家企业（包括钢铁企业）的调查结果显示，河北人才政策最需要改善提高的是政策落实力度，占51.58%。

二是企业人才政策缺失，现有人才政策偏个性化，层次不一，内容不系统，存在碎片化现象。对全省千家企业（包括钢铁企业）的调查结果显示：未出台任何人才政策的用人单位占21.43%，已出台的人才政策存在明显的不系统、不规范现象，如人才培养方面缺少长期培养规划、培养经费投入不足、缺少培养平台，人才引进方面缺少薪酬竞争力、缺少引进渠道，人才评价方面"四唯"现象严重等，形不成有效的政策合力。

三是产业人才对人才政策的知悉度有限、满意度不高。对钢铁产业人才活力的专项问卷调查结果显示：被调查的人才中，对政府人才政策非常了解的仅占6%，比较了解的也不足20%，46%的人只是一般了解，而不太了解和完全不了解的分别占27%和3%；对产业人才政策的制定与实施满意度均在3分左右（满分为5分）。

## 五 促进河北钢铁产业人才活力迸发的可行性思路

### （一）着眼于优化钢铁产业人才配置，致力于推动产业需求与人才供给的动态平衡

#### 1. 做好全省钢铁产业人才需求预测

明晰产业人才需求是实现人才优化配置的首要条件。但在现实工作中，开展人才需求预测需要投入大量的人力财力，且这一工作又不属于行业主管（指导）部门的固有职能，因此，这一重要的基础工作往往被忽视或无奈放弃。个体企业紧盯自身的人才需求，对产业人才的整体优化配置帮助不大，有时反而会激化同质化竞争，破坏人才配置平衡。鉴于此，提出如下建议。一是将年度钢铁产业人才统计和编制产业人才需求目录纳入钢铁产业主管（指导）部门的业务职能范畴，列入财政预算，实行年度统计报告制度，绘制河北的钢铁产业人才地图。二是定期发布钢铁产业人才需求目录，以需求目录引导企业做好自身的人才规划，避免恶性人才竞争。三是建立钢铁产业人才数据库，做好高端产业人才的遴选工作，千方百计保持高端产业人才的稳定。

#### 2. 抓好钢铁产业高端人才引进与基础人才自主培养

一是以钢铁产业人才需求目录为依据，开展全国范围内高端产业人才的溯源追踪与重点引进工作，以河北同行领军企业为依托，以优势薪酬、高管职位等市场手段，刚性或柔性引进紧缺急需的产业高端人才。二是做好钢铁基础人才的自主培养。首先是抓好职业学校的教育，紧贴产业人才需求设置前沿专业和设计核心课程，扩大适用人才产出。其次是抓好在职人员进修培训，当前河北省内员工培训仍以企业内部培训为主，与学校衔接不足，应加强产学研合作，在教育和产业双实践中培育出合格人才。

### 3. 实现钢铁产业人才需求与供给的动态平衡

人才需求与供给是一个动态的过程,要想实现供求平衡的优化配置,除了市场价值规律的作用外,还需要有力的政策调控和引导。一是构建钢铁产业人才需求与供给动态预警机制,明确产业主管部门和职业高校的职责分工,以数据为依据、以政策杠杆调节产业人才供求。二是支持钢铁产业领军企业组建产业发展联盟,推动人才智力共享,共同攻关关键核心技术,切实提升人才配置和使用效率。

## (二)着眼于扩大钢铁产业人才投入规模,致力于打造多元化的人才投入体系

### 1. 切实扩大政府对钢铁产业引导性投入的规模,提高成效

当前,我国提出科技自立自强战略,对于支撑和引领产业发展的原创技术和共性关键技术,政府仍需加大投入,在新型举国体制下集中人力、财力共同攻关。在此大背景下,河北也要聚焦具有传统优势的钢铁产业,切实扩大对钢铁产业人才的投入规模,尤其是加大 R&D 经费投入力度、职业教育经费投入比例、技能人才全员培训力度;同时,做好对经费投入的跟踪督导,确保经费投入落实到项目、落实到人头,真正发挥财政投入的引导作用。

### 2. 切实提升钢铁企业主体人才投入的力度和参与度

对于企业而言,人才投入是一把"双刃剑",用得好则促进企业腾飞,用得不好则成为企业负担。而且,是否投入与投入多少直接取决于企业的规模、发展阶段以及企业家的胸襟魄力。要切实提升钢铁企业主体人才投入的力度与参与度,一是通过高端培训、国内外考察拓宽钢铁产业企业家的视野,使其把握国际国内市场前沿、树立敢为人先的创新意识,引导其认识到人才投入的前瞻性与关键性。二是合理确定钢铁产业不同规模企业、不同类型企业人才投入占经营收入的比例,使之成为企业的发展动力而非负担。对于不具备培训能力的中小企业,要鼓励其用好具有认证资质的社会培训机构。

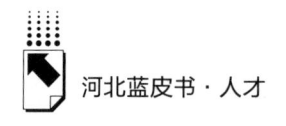

### 3. 为人才自主投入提供更为有力的支持

主动学习是人才进步最快的途径。对于政府而言，要切实打通钢铁企业员工与高校、职业院校之间的求学通道，对领军企业和有关社会组织下放职业资格认证权限，拓宽员工提升渠道，对企业员工素质提升而取得省级专家称号和省级以上奖励的企业，给予嘉奖和一定的支持。对于钢铁企业而言，要实行更为灵活的工作和考勤制度，为员工创造更为宽松的工作和学习条件，对主动要求进高校和职业院校进修的员工开绿灯、不设卡，对取得优异成绩的进修员工，给予岗位晋升、工资调整等相应奖励，在企业中形成人人追求进步的风气。

## （三）着眼于激发钢铁产业人才活力，致力于创新性出台、宣传、落实产业人才政策

### 1. 构建直接激发钢铁产业人才活力的评价激励政策

一是探索在钢铁企业建立分类量化评价指标体系，突出实效评价导向。对于钢铁企业科技创新人才，注重其国际国内同行认可程度，以专利、发明、奖励以及主持或参加不同级别的项目、获得经济效益情况等创新成果的产出为重点进行定量评价。对于钢铁企业技能人才，更加注重市场认可情况、产品应用前景、向现实生产力转化及产生效益情况的评价。

二是在钢铁企业实行"揭榜挂帅"制度，不论资历、不设门槛，让那些想干事、能干事、干成事的科技领军人才"挂帅出征"，切实解决河北钢铁产品关键技术的"命门"和"卡脖子"问题。

三是在钢铁企业推动开展"自主认定人才示范企业"建设，对于经认定符合条件的龙头骨干企业，赋予人才项目和人才职称评审权，由企业自主遴选确定资助人选和资助层次，使其按规定享受相应的人才优惠政策，并可自主开展职称评审和职业技能等级认定。

四是在钢铁企业探索构建充分体现知识、技术等创新要素价值的收益分配机制。对于管理人员，深入实施年薪制，全面实行股票期权计划，实行管理要素入股。对于科技研发人员和技能工人，完善报酬与效益挂钩的基础绩

效工资制度，加大职务发明成果收益分享力度，创新科研人员技术入股机制。

**2. 运用现代信息手段创新钢铁产业人才政策宣传方式**

一是强化完善传统的传达学习与会议学习等宣传方式。在产业人才政策的传达上，不能仅限于高层领导知晓，要扩大宣传面，将中基层管理者纳入传达范围；在会议学习时，应利用网络视频手段，争取让每一位员工都能参加会议直播，并适时邀请人才政策专家或政策制定部门进行细致解读，务求学习成效。

二是运用企业网站客户端、个人手机客户端等更为方便的信息手段，对产业人才政策进行全天候、全时段滚动式宣传，方便所有人员随时学习、查阅，真正让产业人才了解政策、用好政策，享受政策红利，切实提高政策知悉度和满意度。

**参考文献**

《党的十九届六中全会〈决议〉学习辅导百问》编写组编《党的十九届六中全会〈决议〉学习辅导百问》，党建读物出版社、学习出版社，2021。

《河北省国民经济和社会发展第十四个五年规划和二〇三五年远景目标纲要》，https：//www.ndrc.gov.cn/fggz/fzzlgh/dffzgh/202106/P020210611387456220896.pdf。

《河北省人民政府办公厅关于印发河北省建设全国产业转型升级试验区"十四五"规划的通知》，"河北省人民政府"微信公众号，2021年11月24日，https：//mp.weixin.qq.com/s?_ _ biz = MzI1MjA5MTc4MA = = &mid = 2247530496&idx = 2&sn = eab31ee097e8f1c312dfb7b1ac4c2f3a&chksm = e9eb34ebde9cbdfdf582d15ef90c11da683bd5ac289f91d48a36759a9b408bac4eb085b98212&scene = 27。

河北省统计局、国家统计局河北调查总队编《河北统计年鉴（2020）》，中国统计出版社，2021。

# B.4
# 河北省家政服务从业人员调查分析研究

陈伟娜 张贝妹*

**摘 要：** 家政服务从业人员是影响家政服务业健康快速发展的首要因素，对河北省家政服务从业人员整体现状的调研，能够为有关部门制定有针对性的政策提供参考。通过调研发现，河北省家政服务从业人员主要表现出高素质人才短缺，员工技能的结构和水平均与市场需求不匹配，较低的社会认同感造成职业归属感不强，从业人员高流动性导致保险缴纳意识不强、职业安全感较低等问题，这都给行业的高质量发展带来很大的阻碍。建议全社会形成合力从培训机制、行业标准、人力资源供应链构建、舆论引导等方面入手，不断提高家政服务从业人员的综合素质，调整家政服务从业人员的结构、壮大家政服务高素质人才队伍。

**关键词：** 家政服务业 家政服务从业人员 社会认同感 职业技能

服务业是人类社会经济发展到一定阶段的必然产物，它与国民经济增长、经济结构优化调整、促进就业、保障民生等问题密切相关，是我国国民经济发展中的一个重大问题。随着我国人口老龄化、生育政策的调整以及人民对美好生活的不断追求，社会对家政服务的需求急速增加。在大量需求的刺激和国家及地方政府一系列政策的鼓励支持下，家政服务业获得快速发

---

\* 陈伟娜，管理学博士，河北师范大学家政学院副教授、硕士研究生导师，主要研究方向为家政服务业人力资源管理、组织行为；张贝妹，河北师范大学家政学院。

展,但仍存在有效供给不足、行业发展不规范、群众满意度不高等问题。家政服务从业人员的整体素质不高是影响家政服务业提质扩容快速发展的首要因素。通过对河北省家政服务从业人员现状进行调查研究,发现其中存在的问题并分析其产生的原因,探讨提高河北省家政服务从业人员综合素质,推动从业人员的标准化、规范化、职业化,增加家政服务业的有效供给,进而推动家政服务业高质量发展显得格外重要。

## 一 河北省家政服务从业人员的现状

为了了解河北省家政服务从业人员的现状,2021年7~11月,笔者使用问卷调查法和访谈法对河北省11地市的家政服务从业者进行了调查,其中问卷调查回收有效问卷620份,调查结果如表1所示。

表1 家政服务从业人员现状调查结果

单位:%

|  | 频数 | 占比 |  | 频数 | 占比 |
| --- | --- | --- | --- | --- | --- |
| 性别 |  |  | 老人照护 | 41 | 6.61 |
| 男 | 207 | 33.39 | 教育培训 | 83 | 13.39 |
| 女 | 413 | 66.61 | 其他 | 1 | 0.16 |
| 年龄 |  |  | 学历 |  |  |
| 18岁及以下 | 0 | 0 | 初中以下 | 244 | 39.35 |
| 19~35岁 | 260 | 41.94 | 初中 | 247 | 39.84 |
| 36~50岁 | 211 | 34.03 | 高中 | 60 | 9.68 |
| 50岁以上 | 149 | 24.03 | 中专 | 55 | 8.87 |
| 服务领域 |  |  | 大专 | 13 | 2.1 |
| 保姆 | 107 | 17.26 | 本科 | 0 | 0 |
| 保洁 | 146 | 23.55 | 硕士及以上 | 1 | 0.16 |
| 月嫂 | 118 | 19.03 | 有否职业培训经历 |  |  |
| 搬家跑腿 | 73 | 11.77 | 有 | 501 | 80.81 |
| 整理收纳 | 51 | 8.23 | 否 | 119 | 19.19 |

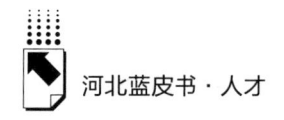

续表

|  | 频数 | 占比 |  | 频数 | 占比 |
|---|---|---|---|---|---|
| 受训周期 |  |  | 5000~8000元 | 160 | 25.81 |
| 　一周左右 | 100 | 19.96 | 8000~10000元 | 145 | 23.39 |
| 　半个月左右 | 132 | 26.35 | 10000元以上 | 71 | 11.45 |
| 　1个月左右 | 114 | 22.75 | 有无相关职业资格证书 |  |  |
| 　1个月以上 | 59 | 11.78 | 　有 | 406 | 65.48 |
| 　周期性定期培训 | 45 | 8.98 | 　无 | 214 | 34.52 |
| 　其他 | 51 | 10.18 | 是否签订劳务合同 |  |  |
| 月均收入 |  |  | 　有 | 404 | 65.16 |
| 　3000元及以下 | 0 | 0 | 　无 | 216 | 34.84 |
| 　3000~5000元 | 244 | 39.35 |  |  |  |

从表1的数据可以看出，从事家政服务的主要是女性，占比达到66.61%。从年龄来看，41.94%的员工处于19~35岁，36~50岁的员工占34.03%，50岁以上的员工占24.03%，可以看出，从业人员有年轻化的趋势。从学历结构来看，近80%的从业人员是初中及以下文化水平，高中及以上的仅约占20%，可见家政服务从业人员整体受教育程度较低。值得注意的是调查对象中拥有硕士及以上学历的有1位，说明高学历人群开始进入家政服务领域。家政服务的细分领域较为广泛，从事保洁工作的占比最高，为23.55%；其次是月嫂和保姆，分别占19.03%和17.26%；教育培训和搬家跑腿服务紧跟其后，分别占13.39%和11.77%；属于高端家政服务的整理收纳从业人员占比达到8.23%，而传统的老人照护服务从业人员占比仅为6.61%。从数据也可以看出，家政服务从业人员中约80%在上岗前接受过专业操作技能培训，但是大多受训周期在一个月以内，有相关职业资格证书的从业人员占比达65.48%。家政服务从业人员在工作过程中与雇主或者家政公司签订劳务合同的占比达65.16%。近40%的从业人员收入为3000~5000元，收入为5000~8000元的从业人员也有160人，占25.81%，收入为8000~10000元的占23.39%，收入为10000元以上的占11.45%。该调

查数据是方便抽样,主要是通过家政公司进行家政员工的调查,所抽取的员工在劳务合同签订、员工培训和拥有职业资格证书方面占比相对较高。尽管调查数据不能完全反映家政服务从业人员的全貌,但是在一定程度上也能反映其中存在的问题。

为了更全面地了解河北省家政服务从业人员的整体状况,我们搜索了相关文献资料以对调查结果进行补充和交叉论证。王丛漫、单楠楠的研究发现河北省家政服务从业人员的文化水平整体较低,且多集中在初中及以下的水平,相关调查显示初中及以下水平的家政服务从业人员占81.5%,而接受高中或中专教育的人数占比仅为15.6%,① 与我们的调查结果一致。截至目前,河北省家政服务业尚未构建较为完备的家政服务从业人员培训机制,大多从业人员在培训公司参加短期培训后进入家政公司工作,后续培训力度明显不足。同时,考取家政服务相关职业资格证书的从业人员仍为少数,仅24.2%的家政服务从业人员已经考取相关的职业资格证书。②

## 二 河北省家政服务从业人员队伍存在的问题

### (一)家政服务从业人员整体水平与市场需求不匹配

首先家政技能应用型人才是家政服务从业人员队伍的重要组成部分,其数量也是家政服务企业市场竞争力的核心影响因素。目前,河北省家政服务从业人员队伍建设面临的首要问题是从业人员整体素质水平较低,技能应用型人才较为缺乏,与市场需求的匹配度和适切性较低,主要表现为以下两个方面。一是一线家政服务从业人员文化水平较低,服务技能水平难以满足消费者日益丰富多元的家政服务需要,高素质技能应用型人才存在市场缺口。

---

① 王丛漫、单楠楠:《供给侧结构性改革背景下家庭服务业存在的问题及培育对策——以河北省为例》,《河北经贸大学学报》2016年第6期。
② 张贝妹、冯玉珠:《新冠肺炎疫情对河北家政服务业的影响调查报告》,《经营与管理》2021年第5期。

随着人们生活水平的日益提高，家庭对家政服务的需要不再局限于简单的家务劳动，单一或较低端的职业技能难以适应市场需要。二是具备较高家政服务技能素养的综合性管理、研究人才欠缺。由于缺乏基本的服务技能和实践经验，管理人员和相关研究人员不能构建符合市场发展现状和规律的现代化服务标准、服务控制和绩效考核体系，对于家政服务从业人员的服务质量不能进行客观有效的评价考核，不利于从业人员工作积极性和创造力的激发，制约了良好企业文化的塑造。

### （二）家政服务从业人员职业归属感、认同感不高

从业人员对于岗位的内在认同是促进家政服务业健康发展，激发从业人员创造力的重要因素。在访谈中我们感受到，已经在岗的家政服务从业人员对行业的归属感和认同感普遍不高，这也是导致家政服务市场存在劳动力缺口的重要因素。首先，河北省家政服务从业人员多为农村闲置劳动力和城镇下岗女员工，而服务对象大多数为城镇中具有一定物质基础的家庭，生存境况的差异会使从业人员产生一定的心理落差；其次，家政服务业当中，特别是一线从业人员的工作强度和工作量均相当大，加之企业内部缺乏配套的激励机制，长此以往从业人员会面临较为严重的职业倦怠危机；再次，服务业的性质决定了家政服务业相关职业的稳定性不足，行业发展容易受到市场经济负外部性的影响，家政服务业的人才流失率、离职率较高；最后，在国家的大力扶持下，河北省家政服务从业人员的薪资待遇日益提升，但社会对于"家政服务员"这一职业的认识尚有待进一步提高，家政服务从业人员职业认同感不高。

### （三）家政服务高素质管理型人才短缺

在调查中发现，家政服务企业管理人员的个人才能、管理风格和市场敏锐度等因素在一定程度上决定了企业的发展方向。河北省家政服务企业多为小微型企业，家政服务与管理等相关专业科班出身的管理人员凤毛麟角。调查显示，目前河北省家政服务企业管理人员主要分为积累一定服务经验后得

到晋升或选择自主创业的一线服务人员及来自其他领域具有一定的商业敏锐度和管理才能的人才两大类，前者经营管理水平和能力具有很大的局限性，后者行业经验积累不足，整体表现为理论和实践的融合度有待提高。由于近年来家政服务业态日益细分和相关服务标准不完善，服务纠纷频繁发生，消费者同家政服务从业人员和企业之间的无形壁垒成为阻碍家政服务业发展的又一重要因素，在一定程度上加剧了家政服务高素质管理人才的紧缺。同时，随着家政服务业提质扩容"领跑者"行动试点工作的持续推进，有关部门一直鼓励大力发展更为规范的员工制家政服务业，要求地方龙头企业发挥示范引领作用，这对于行业管理人才的才能素养提出了进一步的要求，行业高素质管理人才供不应求。

（四）家政服务从业人员风险管理意识仍然较薄弱

近年来，伴随着家政服务恶性事件的报道，在国家及政府的大力倡导下，从业人员的风险管理意识得到了很大程度的增强。但相关调查显示，在新冠肺炎疫情发生之后，受侥幸心理影响，河北省仍然有38.8%的从业人员并未缴纳相关保险，在一定程度上反映了河北省家政服务从业人员队伍建设中，风险防控知识宣传的力度不够。与此同时，河北省家政服务信用平台在不断建设完善，在源头上能够规避服务过程中出现的问题。经调查，在家政服务信用平台在多地试用推广的过程中，出现了许多家政服务从业人员对身份信息、违法记录、从业资格证书、健康证明、技能等级证书、雇主评价等信息采集工作不予配合的现象，特别是一些市场竞争力较弱或有过违背职业道德前科的从业人员，对于家政服务信用平台的建设往往采取消极、保守的应对措施。

## 三 河北省家政服务从业人员现存问题产生的原因

（一）从业准入门槛较低，人才培养机制不完备

家政服务培训是一项长期工程，河北省内家政服务培训学校诸多，但水

平参差不齐，且区域内家政服务培训尚未形成统一的培训体系，职业技能的等级认定和职业资格证书的取得机制不够规范，尚未实现国家的统一认证，往往经过较短时间的培训就能顺利考取相关职业资格证书。由于很多家政服务从业人员只是接受了基本、简单的家政服务业务培训，家政服务从业人员难以构建完整的技能服务体系，上岗后的服务质量往往不尽如人意。培训师资力量缺乏是制约家政服务从业人员培养的又一重要因素。河北省家政培训师资力量多为在服务一线深耕多年的从业人员转型而来，尽管具有相对娴熟的服务技能，但普遍存在科学理论水平不高的现象，在服务细节上存在一些常识性误区，间接造成家政服务从业人员在实际工作中的一些服务风险和安全隐患。此外，家政服务从业人员的复杂来源降低了家政服务培训的标准。家政服务业一直以较高的就业吸纳率著称，从业人员基数较大。河北省自2009年起面向全省16~50岁的无业或失业人员提供家政服务公益培训，助力城市下岗员工、失业人员以及闲置劳动力就业，这些人群最大的特点就是学历较低、综合素质较差，这在一定程度上决定了服务培训的起点较低。[1]

## （二）企业经营理念落后，抗风险能力较为薄弱

河北省的家政服务企业还处于发展的初级阶段，不断涌现的家政服务企业多具有资金少、规模小和微盈利等特点。部分家政服务企业经营理念落后，管理体制以中介制为主，企业资质参差不齐，管理组织化程度较低，从业人员在跨地区的同业间流动性较大。管理者往往只顾眼前利益，缺乏长期规划的战略眼光，企业规模扩大极度依赖人数的扩张，尚未意识到人力资源是企业发展立于不败之地的第一要素，不愿在从业人员招聘培养、品牌塑造方面投入时间和金钱成本，这也为特殊时期家政服务企业面对"招聘难""留不下"的困境埋下了隐患。在经营模式选择上，尽管数字化家政、"互

---

[1] 王丛漫、赵芸叶：《基于AHP-TOPSIS模型的京津冀家政服务人力资源供给质量评价研究》，《当代经济管理》2020年第1期。

联网+家政"等服务新业态发展态势良好,但河北省多数家政服务企业仍选择线下模式作为主要的运营模式,缺乏富具特色的线上运营,不能有效地利用新媒体、互联网等平台对企业的产品和服务进行有效的推广营销,从某种意义上来说,在信息化时代损失了大量的潜在客户。在宏观层面,河北省多数家政服务企业尚未建立完善的风险防控预警机制,企业在面对诸如社会突发事件、资金链断裂、市场紧缩等情况时,抗风险能力较为薄弱。在微观层面,企业服务保险体系尚不完善,家政服务业的保险险种开发不够全面,劳务合同、服务合同存在不规范的现象,家政服务从业人员、消费者及家政服务企业之间的关系紧张、纠纷频发,三方特别是家政服务从业人员和消费者的合法权益无法得到合理有效的保护。

## (三)校企合作关系松散,产教融合发展不足

近年来,很多高校在创新转型,纷纷开设特色学科。家政学作为新兴学科,截至 2020 年底,河北省共有 1 所本科高校和 5 所职业院校(含技工院校)开设家政服务相关专业,其中河北师范大学不仅开设了家政学专业,同时申请了家政学研究生点,为家政领域人才的学历提升拓宽了渠道。家政学等相关专业作为西方的"舶来品",尽管已经经过了数十年的探索发展,但是其发展一直存在本土适应性较低的问题,家政教育在我国高等教育体系中未能得到充分的社会认可,我国仍未建成家政学相关领域的特色学科体系。由于是新兴学科,招生比例非常小,相关院校在招生过程中依然面临"招生难"的问题。据不完全统计,全国范围内每年家政服务类专业的毕业生仅有数千人,结合我国现阶段家政服务市场来看,难以补充家政服务业发展的实际需求缺口。而且,即使毕业生成功进入家政服务业发展,由于行业内部发展不规范,从业人员的流动性极大,大部分毕业生也会在短时间内转入其他行业。这就使得家政服务业中,受过正规家政服务类高等教育的经营管理人才和专业人才极为缺乏,已严重影响到家政服务业的提质扩容步伐。同时,尽管相关高校开设了家政服务相关专业,但是校企合作关系不紧密,行业内也缺乏资质良好的家政服务企业作为实训基地,这就造成了课堂中所学的理论知识难以

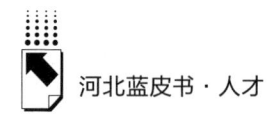

和实际工作进行结合，学生所学的课本知识与行业发展脱节，难以在实践中得到提升改进。

**（四）社会舆论负性导向、职业偏见难以消除**

除了行业内部发展存在的不足以外，河北省家政服务从业人员还面临着社会舆论、职业偏见等负性影响，至今未得到社会公众的普遍认同。受传统思想观念的影响，提及"家政服务员"，人们很容易联系到"保姆"、"保洁"、"文化水平低"以及"伺候人"等词语，认为这一职业是低人一等的存在。近几年全国范围内发生的数起"毒保姆""恶保姆"家政服务恶性事件在互联网的传播作用下，持续发酵，进一步加剧了公众对"家政服务员"这一职业的刻板印象，不仅破坏了"家政服务员"爱岗敬业、尽职尽责的良好形象，还阻碍了家政服务业的健康有序发展，在一定程度上也导致企业在招聘过程中很难招收到高学历、高素质的新鲜血液为行业发展持续赋能。尽管近年来，河北省政府部门、行业协会以及部分企业等都在试图通过从业人员的表彰机制、技能风采展示等活动来破除社会偏见，但短期内公众很难转变认识。从客观上来讲，河北省家政服务从业人员也确实多为学历水平较低的中年女性，在实际服务过程中经常会受自身的知识水平限制而产生诸多问题。河北省家政服务从业人员结构呈"金字塔"式结构，底层多为综合素养较低的服务人员，也是流入服务市场的主要人员，而高素质的从业人员集中在塔尖，多从事管理服务和高端家政服务。加之家政服务业内缺乏大型龙头企业的辐射带动影响，现有家政服务企业多为小微型企业，用人机制、福利待遇和保障机制都远不如其他行业。

## 四 关于河北省家政服务从业人员培养的建议

**（一）健全规范培训机制，明确家政市场准入标准**

健全规范的培训系统是家政服务业健康持续发展的基石。政府相关部门要强化家政服务业培训体系设计，加大经费保障投入，完善培训所需的硬件设施，鼓励支持符合条件的大中专院校教师加入家政培训师行业，壮大培训队伍，提升培训质量。引导社会资源进入家政服务领域，联合工商企业、社会组织及各界社会精英人士，结合社会发展需求，共商共建共享家政服务业的发展，建立健全规范化管理机制，切实提升家政服务从业人员素质，规范市场准入标准。具体可以从以下几方面着手。

第一，由相关部门牵头联合市场龙头企业，建立科学的家政服务业培训体系，规范家政服务业培训机构，提升培训师资的整体水平，对家政服务从业人员进行全方位、标准化的培训及考核。完善相关职业技能等级认定、专项职业能力考核等多元化评价方式，按相关制度授予评价合格的从业人员相应的职业资格证书、职业技能等级证书或专项职业能力证书。进一步完善"1+X"证书（毕业证+若干职业技能证书）制度试点工作，提升家政服务后备力量的理论和实践水平。

表2为一般家政服务从业人员需要具备的四个方面的知识与能力，不同层级不同专业的家政服务从业人员需要掌握的知识能力应有所差异。

表2 家政服务从业人员需要具备的知识与能力

| 一级指标 | 二级指标 | |
|---|---|---|
| 服务技能 | 物质层面 | 各类专业技能（包括母婴护理、老人照护、家庭清洁等） |
| | 精神层面 | 沟通技巧、社交能力、理解共情能力、情绪控制能力、艺术类技能（如花艺、茶艺等）、艺术欣赏能力、文化教育类技能（如外语、书法、绘画等）等 |
| 理论知识 | | 基础家务劳动注意事项、健康管理基础知识、专业技能相应的理论知识、服务标准规范、职业道德规范、家政服务业基础管理知识等 |
| 政策理解 | | 政策敏锐度、政策理解能力、政策解读能力等 |
| 道德情感 | | 职业弹性、职业洞察力、职业认同、职业满意度、职业归属感、服务热情、社会责任意识、自我价值实现感等 |

第二，多元化、多渠道地建设家政服务业培训基地，不断完善硬件设施。家政服务从业人员属于应用型人才，硬件设施对于应用型人才的培养效

果具有重要的影响，也是保障培养目标实现的重要基础。在硬件条件具备的情况下，还要根据从业人员的不同分级标准进行有针对性的培训，同时要畅通家政服务从业人员从初级到高级的职业晋升通道，以充分满足家政服务从业人员的成就感和荣誉感，激励其工作积极性。充分发挥行业人才的带动作用，推动家政服务业标准化发展。

第三，由政府部门牵头，联合相关院校和行业机构，制定明确统一的家政市场准入标准，明确企业和从业人员的市场准入条件和标准。对于考核合格、符合条件的企业准予进入，对于表现好的企业予以晋级，不合格的企业进行降级，如出现不能达到行业标准的情况，则勒令退出家政服务市场。对于从业人员进入家政服务市场要严格考核，并对从业人员定期进行资格审查，以确保家政服务市场的规范化发展。

### （二）发展员工制家政服务企业，促进家政服务标准化

#### 1. 发展员工制家政服务企业，提高职业保障水平

发展员工制家政服务企业是当下家政服务业发展的大趋势。相较于中介制家政服务企业，员工制家政服务企业的组织机制更加规范，管理理念更加先进，保障机制更加健全，企业凝聚力也更强，能够为家政服务从业人员培训提供更好的物质文化基础，也更能吸引来自不同领域的高素质人才。[1] 根据政府工作要求，推进中介制、派遣制的家政服务企业向员工制的组织形式转变，实现员工制管理，签订正式的劳务合同，明确雇佣双方的权利和义务、服务工作内容及标准，合理确定薪酬，根据相关法律规定为家政服务从业人员缴纳社会保险，健全服务过程中由于意外造成的损失赔偿方案，降低家政服务业的从业风险。在条件符合的前提下，河北省家政服务企业还应健全人力资源规划、招聘与配置、培训与开发、绩效管理、薪酬服务管理和劳动关系管理六位一体的家政服务企业人力资源管理机制，规范企业的人力资源管理。

---

[1] 王丛漫、丁咚：《供应链管理视角下京津冀家政服务人力资源供给质量研究：理论框架与评价指标体系建构》，《东岳论丛》2019年第4期。

## 2. 完善标准制定，健全信用体系

行业标准是家政服务从业人员培训的核心关键。针对家政服务业，政府部门应该积极组织修订家政服务的国家标准、行业标准和技术规范，地方政府也要贯彻执行国家有关标准化工作的政策法规，从而构建标准化家政服务体系，促进行业规范化、标准化、专业化发展。此外，政府部门应积极推进家政服务评估体系建设，开展家政服务业的第三方评估，动态监测家政服务业的发展情况，帮助经营不善的家政服务企业提高综合实力、增强创新能力、改善经营管理，引导企业积极承担社会责任，兼顾经济效益和社会效益，将家政服务企业发展成真正的民生企业、福祉企业。互联网时代，政府部门也可以将家政服务业同人工智能、区块链、大数据以及云计算等先进领域结合起来，搭建信息化发展平台，完善家政服务从业人员的信息登记制度，加强家政服务业诚信体系建设和家政服务积分模式的推广，打破家政服务企业传统经营理念的枷锁。

## （三）创新校企合作模式，构建立体化人才供应链

校企合作是家政服务从业人员队伍建设的内在需求。高校是高素质人才培养的主战场，也是家政服务从业人员培养的主阵地，中高等家政职业教育的发展能够有效地缓解市场中的家政服务从业人员供需矛盾。已经开设家政服务相关专业的院校，应该根据市场需求，进一步扩大从业人员培养规模，不断提升改进现有的人才培养方案，提高人才培养质量。建立校企合作理事会，成立专业指导委员会，建立校企合作站，完善校企合作体制机制，从校企合作组织结构、资金和制度保障、政府支持等方面促进校企深度合作关系的形成和可持续发展，真正达到校企相互融合，形成人才共育、过程共管、成果共享、责任共担的局面。家政服务企业应该承担起促进行业发展的社会责任，与相关院校签订对口人才培养方案，参与院校人才培养，打造特色校企合作品牌，提高人才培养与行业需求的契合度。企业应积极配合中高等院校建设人才培训、实习和实践基地，挑选行业内的管理精英，实行课堂内外的"双导师"制，加强与学生之间的直接沟通，培养学生的市场洞察力和

创新创业能力，搭建实习实训基地、专业建设管理、顶岗实习管理三个平台，创新师生研学共同体，深化校企合作，创新人才管理和培养模式，以实习基地建设为突破口，扎实推进校企合作，打造特色家政服务校企合作品牌。此外，高等教育院校的校企合作模式应该与职业院校有所区分，除了扎实的职业技能培训之外，还要兼顾较高水平的理论知识培训，实行差异化的教学培训和多层次毕业生的错位发展方案，从源头上完善家政服务业的立体化从业人员供应链。[①] 与此同时，还要畅通从业人员的学历提高、职业技能提升等渠道，为不同层次从业人员的流动奠定基础。

### （四）强化社会舆论引导，优化从业人员培养社会环境

社会舆论导向是家政服务从业人员培养质量的外化表现。政府应积极引导舆论走向，通过媒体的舆论宣传教育、支持和引导，减少家政服务业发展的负外部因素，破除人们对家政服务业的刻板印象，宣传家政服务领域先进典型事迹，在全社会树立家政服务行业认同。相关部门要发挥其职能和优势，建立政府和企业的联动机制，积极组织开展行业发展交流活动，动员各领域、各单位的人才为家政服务业的发展献计献策，倡导跨领域合作。汇编国内外家政服务业管理的经典案例，鼓励国内企业吸取优秀成果经验，促进行业发展转型升级。除此之外，家政服务企业要打造自己独特的企业文化，让家政服务从业人员感受到职业关怀和归属感，帮助从业人员由内而外地建立职业认同感，还要建立对家政服务业的职业认同，使从业人员心态稳定，积极工作，追求职业发展，实现自己的人生价值。家政服务业社会舆论引导的最终目的是营造良好的从业环境，也可以从薪资水平、福利待遇和政策法规等方面改善从业人员的待遇，提高行业内各类人才的黏性。首先，要不断提高从业人员的薪资水平，从人力资源投资的角度来看，薪酬不仅直接关系从业人员的生活水平和质量，还能体现个人的社会地位、职业价值，合理的薪资水平能够提升家政服务从业人员的自我认同感。其次，要持续改善家政

---

① 王丛漫、丁咚：《家政服务业人力资源供给链构建与分析》，《经济问题》2017年第11期。

服务业就业的内外部环境，完善与就业落户政策相配套的户籍登记、教育培训和社会保障等制度，壮大家政服务业优质从业人员队伍。还要根据实际情况对劳务合同范本中规定的劳动时间、工作安排、工作量、工作强度等内容进行合理配置与调整，提高从业人员的劳动效率。最后，通过健全家政服务业法律法规管理制度，规范家政服务从业人员的劳动关系，保证"家庭服务员"职业与其他职业的无差别对待，持续提升家政服务从业人员的职业满意度。

## 五　结语

人力资源是社会发展的第一资源，家政服务从业人员是家政服务业发展的重要动力，从业人员的数量和质量在一定程度上反映了家政服务业的发达程度，人才队伍的建设也是家政服务业发展的长久命题。尽管河北省家政服务从业人员队伍建设还存在诸多问题，但从整体来看，其发展正在朝向好的态势转变。明确家政服务从业人员的发展定位，结合市场需求改进提升从业人员的培养方案，健全从业人员评价指标，完善家政服务从业人员的培训机制，调整家政服务从业人员结构，壮大家政服务从业人员队伍是新时代河北省家政服务业发展的重中之重。

**参考文献**

栾永奎、黄圣男、王志刚：《家政服务人员的从业现状、存在问题及解决对策研究——基于北京和河北的调查分析》，《中国集体经济》2012年第16期。

# B.5 河北省战略性新兴产业高层次人才需求及其实现路径研究[*]

王建强 王宇杨[**]

**摘 要：** 河北省战略性新兴产业具有十分丰厚的发展基础与广阔的发展前景，但也存在高层次人才需求增多、人才供需结构性矛盾突出、创新人才不足等问题，亟须通过制定专项规划、激发企业人才开发主体意识、大力加大人才培养引进力度、增加创新创业平台、优化人才服务环境等举措加以解决。

**关键词：** 新兴产业 人才需求 河北省

随着科学技术发展和产业科技含量增加，新技术新工艺的使用增加了对高层次人才的需求。目前河北省战略性新兴产业高层次人才正在努力适应产业科技发展及高质量发展的要求，培养和引进具有创新意识、掌握先进科学技术的高层次人才，是重点领域发展的关键。"5+4+1专项行动目标"是河北省战略性新兴产业三年行动计划中的重要阐述，其中，强调高层次人才是产业科技发展的重要支撑。

随着世界经济科技竞争的焦点转向人才竞争，高层次人才队伍在推动经济科技发展中的作用日益凸显，并已经成为科技进步的主要力量源泉，研究

---

[*] 本报告为河北省人社厅课题"河北省战略性新兴产业高层次人才需求及其实现路径研究"的阶段性研究成果。
[**] 王建强，河北省社会科学院人力资源与劳动经济研究所所长、研究员，主要研究方向为人才制度与人才开发；王宇杨，西北工业大学航空学院。

河北省战略性新兴产业高层次人才需求及其实现路径,是推动实现河北经济社会高质量发展的重要保证。

## 一 河北省战略性新兴产业发展基础与前景分析

### (一)大数据与物联网产业

大数据和物联网是相互关联的,但是却有着根本的不同。大数据的获取主要依赖物联网,同时其作为一种重要的手段还能够促进物联网的智能化发展,特别是在应用方面。二者融为一体成为战略性新兴产业的重要组成部分,也是有力推动和促进新一代信息技术产业发展的重要产业。大数据和物联网产业的爆炸式增长使得国家更加关注它,并将其与人工智能和实体经济紧密结合,为该产业的发展提供了更大的空间。从河北省的角度来看,这个产业已经有了良好的发展基础。在大数据方面,"张承廊"已有80余万台服务器投入使用,京津冀大数据综合示范区、"张承廊"环京大数据基础设施支撑带、京津冀大数据协同处理中心、京津冀大数据综合试验区应用感知体验中心等一批基础设施已经建成,石家庄、秦皇岛等地的多个大数据中心已经投入使用。未来,大数据与物联网产业将迎来大发展时期,行业应用日益扩展,对高层次人才的需求必然会增多。

### (二)信息技术制造业

今天,由创新和系统智能主导的重大变革时期正在悄然降临全球信息技术行业。信息技术制造业的发展将有助于充分释放叠加效应,聚合双重力量,实现效益倍增,构建形成以数据为核心驱动要素的新兴工业体系,可以通过信息流动和资本流动提高资源配置效率和全要素生产率,促进实体经济强劲发展。信息网络加速向高速、全覆盖、智能化方向发展,将推动相关设备的全面升级,推动相关软件系统的不断创新,并深刻影响我国网络发展中的劳动分工格局。随着我国经济向高质量发展阶段转变目标的提出,信息技术制造业迎来发展的大好机遇。在这一领域，河北省已初步形成了以半导体材料与器件、新型显示、应用电子和软件为主导的信息产业体系，在保定、廊坊、石家庄、邢台等地形成了一批产业集聚基地，一批大型企业集团应运而生。中国电子科技集团公司的第五十四研究所和第十三研究所、中国船舶重工集团第七一八研究所、东旭光电和其他科研院所与企业的双赢发展势头良好，拥有强大的技术力量，形成了许多科研成果，是支撑移动通信、半导体照明、电子专用装备等领域的重要力量，同时河北吸纳了华为、浪潮、中兴、京东方等一批中国500强企业落户，为进一步发展信息技术制造业打下了坚实的基础。

### （三）人工智能与智能装备产业

人工智能涵盖智能控制、感知及智能硬件等方面。随着时代的发展和世界交往的增加，人工智能呈现突飞猛进的发展态势，链式反应较为明显，经济社会智能化进一步提升。智能装备是人工智能与装备制造业深度融合的产物，是智能化的各类装备的统称，其发展及应用已成为衡量区域科技创新及高端制造水平的重要标志，为新一轮产业变革所"青睐"，具有极强的国际竞争力。其中，河北工业大学、燕山大学、河北省科学院等高校和科研单位在该领域积累了丰富的技术。河北的智能装备产业已经开始成型，其中，唐山开城、唐山开元等企业在生产工业机器人、特种机器人及传动、自动化、传感器等领域技术成熟，唐山高新技术区等机器人产业基地与廊坊、石家庄、保定等智能装备产业集团有良好的发展势头。

### （四）生物医药健康产业

生物医药健康产业包括生物技术药品、医疗器械、保健服务等，关系到人民的生计。当前以合成生物技术、基因编辑、免疫疗法、抗肿瘤药物等为代表的生物技术不断取得新成果，精准医疗等医疗服务不断跟进，生物医药健康产业不断发展，产业体系较为完整。河北省这一产业起步早、发展快，积累了丰厚的基础，产业投资额逐年扩大。石家庄是国家认可的高层次医药产业集群发展试点地区。2016年，石药、华药、神威、以岭药业4家企业就已进入中国医药100强企业和中国500强企业。石家庄市在生产抗生素、维生素和疫苗方面的优势较为突出。沧州渤海新区已成为北京、天津制药企业转移和科技成果转化的集中承载地，北戴河是国家认可的生命健康产业创新示范区，以岭药业上榜"2021年度健康行业十大品牌"。同时，河北积极出台《关于支持生物医药产业高质量发展的若干政策》，以26项政策措施大力支持生物医药产业发展，取得了明显成效。创新成果突出，化学药品获批数量领先。截至2018年11月13日，河北省生物医药企业获批国产药品共计7465个，石家庄、秦皇岛、保定三市药品批准数量均超1000个，石家庄以2956个处于绝对领先地位。其中，化学药品2270个、生物制品47个、中药药品639个，化学药占比达76.8%。①

在创新人才方面，产业领军人才不断集聚。石家庄市依托以岭药业等龙头企业，搭建生物医药院士工作站，截至2018年底已建成27个院士工作站，生物医药领域院士工作站在全市占比超过42%。其中，高新区依托藏诺生物、渤海生物等重点企业平台，设立了23个院士工作站、6个诺贝尔奖获得者工作站和9个博士后创新实验基地，集聚了各类高端人才千余人，为生物医药创新发展提供了强大的智力支撑。

（五）新能源与智能电网装备产业

新能源与智能电网装备涵盖风力发电设备、太阳能发电设备、智能输配电控制设备、储能设备等。随着现有能源短缺加剧，新能源科技发展迅速，一些能源技术不断突破，其与互联网技术融合，催生出新的产业形态，全球能源体系加速向智能化方向发展。我国城镇化发展以及智慧城市的建设加速了国内新能源与智能电网装备产业的大发展。河北省在这一方面也有基础，如英利集团、邢台晶龙、保定天威保变、石家庄科林电气等企业发展较快。

---

① 《石家庄生物医药产业发展现状分析》，健康界网站，2018年12月28日，https://www.cn-healthcare.com/articlewm/20181228/content-1043774.html。

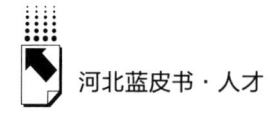

张家口可再生能源示范区、邢台国家新型工业化（光伏）产业示范基地等影响巨大。邢台、廊坊、张家口、唐山、保定、石家庄等地都拥有太阳能光伏重点企业，单晶硅电池及组件和多晶硅电池及组件产量优势明显。新奥集团、天威集团非晶硅电池转化效率具有优势。

### （六）新能源汽车与智能网联汽车产业

新能源汽车和智能网联汽车正成为全球创新的焦点和未来发展的亮点。随着生态环境保护、全球治理以及新材料更新，新能源汽车与智能网联汽车产业迎来大发展。我国大力推进绿色产业发展，对绿色出行、智慧交通的需求将加剧，这给新能源汽车与智能网联汽车产业的发展带来了先机。河北省在这个产业也有很好的基础，它是全国首批举办智能联网汽车示范的地区之一，拥有新能源汽车及配套企业30余家，新能源汽车年生产能力为36.6万辆。雄安新区、大兴机场建设及北京冬季奥运会展示了新能源汽车与智能网联汽车发展的实力。

### （七）高端装备制造业

高端装备制造业技术水平先进，产品附加值高，产业链长，辐射传导能力强。随着科技的发展和电子信息、网络等与装备制造业的日益融合，高端装备制造业得到了迅速发展。特别是"一带一路"倡议的实施，为其发展提供了巨大机遇。河北省高端装备制造业的主要企业有中车唐山公司等。高速动车组、大型成套矿山机械等领域有相对优势，已成为支撑河北省工业增长的第一支柱产业，且支撑作用还在进一步增强。河北省高度重视该产业的发展，可控因素不断向其倾斜。河北省的产业转型升级为制造业的加速发展创造了有利的环境。

### （八）新材料产业

新材料是高科技领域的重要基础，可用于高端设备、信息、生物、能源等领域和国防建设。积极发展新材料产业十分重要。目前，随着新材料技术的快速发展，智能材料已成为材料发展的重要方向。随着《中国制造2025》的深入推进，新材料消费向中高端、绿色化升级提速，为新材料产业的发展提供了广阔空间。河北省新材料产业主要企业有河钢集团、邢钢、河冶科技等，先进金属材料、新型功能材料、高性能纤维和复合材料具有比较优势。

### （九）先进环保产业

发展先进环保产业事关全球生态安全，是绿色发展的必然要求，绿色技术、绿色商业模式、绿色金融加速发展，使先进环保产业成为追逐对象。当前全国和河北对绿色发展、高质量发展的需求催生出生态系统保护新要求，为该产业发展创造了机遇。河北省作为京津重要的生态环境保护支撑区，绿色发展任务艰巨，需要大力发展先进环保产业。当前河北省先进环保产业发展迅速，发展基础较好，先河科技、晨阳工贸、河北环科骨干企业作用发挥充分，特别是在环境监测设备、水性涂料、工业除尘设备、室内新风系统等方面优势明显。

### （十）未来产业

未来产业是基于颠覆性技术创新的战略性新兴产业，预计将在未来实现巨大的商业化突破。当前，全球经济发展正处于关键时期，类人脑芯片、量子信息、新型构架网络、区块链、免疫疗法、生物合成新技术不断翻新，部分领域产业化取得重大突破。我国先后实施了一大批重大科技工程和前沿性重大科技创新项目，在载人航天、海洋深潜、人工智能、量子通信等领域形成了一批重大原创性科技成果和核心技术，极有可能催生一批未来产业。北京、上海、深圳、武汉等地已经在人工智能、航空航天、生命健康、海洋工程等领域取得领先优势，正在着力抢占未来产业竞争制高点。河北面临京津冀协同发展、雄安新区规划建设、北京建设国际科技创新中心等重大发展机遇，特别是京津冀协同发展使河北有可能借鉴京津科技优势集聚一些国际高端创新资源，进而积极开展未来产业技术研究和科技成果转化，有可能在部

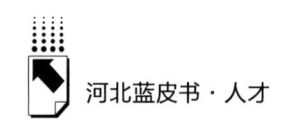

分领域率先取得突破，形成先发引领优势，为战略性新兴产业发展提供不竭的动力源泉。

## 二 高层次人才需求总体分析

在"十三五"末，河北省的战略性新兴产业的规模已实现新跨越，大数据与物联网、生物医药健康等10个重点领域主营业务收入已超1.7万亿元，带动全省战略性新兴产业增加值达到5000亿元，占GDP比重达到12%以上，成为国民经济的重要支柱产业。企业竞争力进一步提高，产业链正进一步完善，在此背景下，市场竞争力也进一步提高，品牌产品继续出现。与北京和天津合作，创新能力不断提高，创新成果取得重大进展，设立的许多国家和省的工程研究中心、关键实验室、商业技术中心和技术创新中心推出多项重要成果和技术标准，科技成果转化能力和产业创新能力明显提升。一批产业示范基地，一批规模超千亿元的产业集群，与北京、天津、雄安新区共同形成的连锁加盟，形成了新的产业格局。战略性新兴产业的发展，将为河北省"十四五"时期打下坚实的引才基础。其人才需求特点如下。

### （一）引领产业发展方向、规模的高层次人才需求旺盛

工业规模的迅速扩大，企业人数的迅速增加和工业竞争力的提高，特别是高增长潜力的大数据与物联网、信息技术制造、人工智能与智能装备、新能源汽车与智能网联汽车及先进环保产业的发展需要一批具有战略眼光、了解行业发展方向和规模、引领行业发展的高水平人才。

### （二）掌握核心技术的自主研发和创业高层次人才团队成为必需

战略性新兴产业保持快速增长，产业链延伸和升级加快，特别是顺应生物医药健康、新能源与智能电网装备、高端装备制造、新材料优势产业转型升级要求，不断提升技术装备水平，防止生物医药健康产业不断下滑，巩固新能源产业地位，推动装备制造业向中高端发展，推进河北由原材料大省向

强省转变,一大批掌握核心技术的自主研发和创业高层次人才团队成为必需。唯有如此才能推动产业化发展,才能保持优势产业地位。

（三）重点技术改造项目人才成需求重点

在"十四五"期间,河北省将在生物医药、光伏风电、高端装备、新材料等战略性新兴产业继续专注于重点技术改造项目,不断推动现有新兴产业向绿色化、智能化、高端化、服务化方向发展,以大幅提升河北省战略性新兴产业发展的质量和竞争力,加快创建一批国际或国内知名品牌。为此,将不可避免地需要关键的技术变革类高层次人才。

（四）重大专项研发人才成为重点

"十四五"时期,河北省将继续在关键领域发展战略性新兴产业,特别是将继续在人工智能、卫星应用、太赫兹、大数据与物联网、新型光电显示、重大新药创制、高性能材料领域设立重大科技专项,不断加大研发投入力度,加强与京津的产学研合作,持续突破一批关键核心技术,形成一批具有核心竞争力的自主品牌。与此同时,到2030年,仍有必要继续加强与主要国家科学技术项目和主要科学技术创新项目的联系,并努力在河北实施更多的国家项目。在这个过程中,上述领域的大型项目实施人才将成为关键需求。

（五）标准体系创建人才仍是所需

在探索建立标准创新与技术创新的同步推进机制,支持优势企业承担国际、国内标准技术组织工作,推动自主创新成果标准化之基础上,为了加强对战略性新兴产业发展重点领域标准创建工作的引导,河北提出了一个路线图规划,实施了与国际、国家标准化技术委员会对接活动,使河北省企事业单位在主导或参与制定国际标准、国家标准、行业标准上取得重大进展。特别是在泛能网协同控制总体功能与过程要求、主动矩阵有机发光二极体（AMOLED）、微波组件、光伏光热、石墨烯、中药现代化等领域,已基本

形成一批具有自主知识产权的技术标准。"十四五"时期，推动标准体系创建仍是重点发展任务，因而，标准体系创建人才仍是所需。

**（六）重点创新平台、园区、示范基地等人才载体规划建设运营及推动重大科技成果落地转化的市场营销高层次人才将成为必需**

"十四五"时期，雄安新区中关村科技园、军民融合产业园、互联网信息产业园、生命科技与生物医药产业园、京南国家科技成果转移转化示范区、中科衡水京津冀创新发展和产学研合作示范基地、国家实验室、工程研究中心、技术创新中心和企业技术中心、综合大数据试点地区等重要科学和技术基础设施及创新平台建设不断推进，在河北省建设的4个自由贸易试验区建成并不断发展，因而这些平台载体的规划、建设、运营高层次人才成为必需，推动产业成果在这些区域转移落地的人才成为必需。

**（七）能密切跟踪前沿技术，掌握未来产业发展方向和技术的具有强大领导力的人才成为必需**

根据实施未来产业专项行动计划，顺应经济社会数字化、智能化、服务化趋势，超前布局重点领域应用基础研究和产业化开发，抢占未来发展主动权，在人工智能、新一代通信技术、前沿材料、生命健康等领域取得技术突破，打造未来竞争优势，需要大量能密切跟踪前沿技术，掌握未来产业发展方向和技术的具有强大领导力的高层次人才。

## 三 普遍存在的问题

### （一）高层次人才需求量大

与高层次人才需求量大相对应的是高层次人才匮乏。随着重点领域产业的快速发展，高层次人才不能适应产业发展需要的矛盾更加突出，尤其是高层次人才缺乏。由于缺乏创新人才和研发人才，大量企业无法独立开展技术研发工作。如河北省信息技术制造业中的研发人员只占从业人员总数的8.1%,软件产业研发人员只占从业人员总数的23.9%。关键技术依赖进口,产品处于产业链条的中低端。另外,战略性新兴产业高层次人才队伍的学历水平整体较低。

## (二)人才需求与学校人才供给结构性矛盾突出

目前,由于企业的人才需求同高校人才供给脱节,企业高层次、高技术人才短缺与高校毕业生就业难的结构性矛盾相当突出。河北每年约有30万名应届毕业生,帮助大学毕业生找到工作已成为各级政府的一项重要任务。从总量上看,高校毕业生能够基本满足企业对大学生的需求,但根据调查,80%以上的企业反映人才短缺,特别是难以招聘到企业急需的高校毕业生。"两头不衔接,双方都着急"现象就是校企合作中对接错位的一个缩影。以生物医药产业为例,河北省共有8所一本高校开设生物医药相关专业,包括河北农业大学、河北科技大学、河北大学、河北师范大学、河北医科大学、华北理工大学、河北工业大学和燕山大学。统计显示,每年8所高校生物医药相关专业本科一批招生人数在1600名左右。除燕山大学外,其他7所高校拥有相关专业硕士学位授权点,其中只有河北农业大学与河北师范大学拥有生物学一级学科博士学位授权点,学科基础与实力整体较为薄弱,科研、师资力量不足,培养的人才无论是在规模上还是在层次上都难以满足河北省生物医药产业发展需求。如调查发现,仅石药、华药、以岭药业、神威和四药5家企业对初级高层次人才的需求缺口就达1400多人。

## (三)创新人才不足

高新技术产业是人才密集型产业,对人才的数量和质量要求很高。创新人才短缺,特别是高新技术产业人才短缺,直接影响高新技术产业的发展。目前河北省高新技术企业的人才数量已经不能满足高新技术企业发展的需要,人才的整体素质和结构也不能支持高新技术企业的发展。调查显示,河北省高新技术产业人才老化现象严重,高层次创新人才严重不足,跨领域、跨行业、跨学科的复合型人才尤为不足，制约了高新技术产业的发展。例如，由于装备制造人才不能适应装备制造业的发展要求，河北省的装备制造业与先进省份之间存在较大的差距。缺乏高科技人才和创新人才，导致河北省装备制造业产品结构不良，高技术、高附加值的产品少，许多企业工艺装备落后、技术创新能力薄弱。中车唐山机车车辆有限公司（原唐山轨道客车有限责任公司）作为中国最早的客车企业，是中国350km/h动车组关键制造企业，是河北省装备制造业领域的大型高科技骨干企业。然而，公司专业技术人员占员工总数的比重仅为12.1%，专业技术人员中具有本科及以上学历的员工仅占14.2%，不足发达国家的1/3。中车集团作为技术密集型企业，所需的核心人才和关键岗位人员严重不足，骨干人才经常处于过度使用状态。再如生物医药产业，通过对包括"五朵金花"在内的河北省28家具有代表性的重点生物医药企业现有人才队伍进行深入调查发现，河北省生物医药产业中现有专业技术类人才总量仅占产业人才总数的17.4%，且具有博士、硕士学位的人才占比分别仅为0.3%和4.0%，与生物医药产业高技术、高创新性的发展要求极不适应。专业技术人才尤其是其中的高层次人才数量匮乏直接造成了产业创新能力明显不足。近年来河北省医药制造业有效发明专利数在全国一直排在第10位以后，据2018年的中国企业创新能力百千万排行榜数据，共有72家医药企业上榜中国创新企业1000强，其中河北只有石家庄以岭药业1家名列其中，而江苏省、山东省均有6家企业上榜，从中足以看出河北省产业人才支撑存在创新短板。

## 四 相关对策建议

### （一）制定河北省战略性新兴产业高层次人才需求发展专项规划

针对河北省企业普遍面临的各层级高层次人才短缺问题，通过深入调研分析，根据现实与未来发展需要，研判各层级人才需求，量身定制产业人才发展规划，重点确定产业领军、高端、实用人才（团队）评价标准，引进培养目标和支持方案。有计划、成系统、分步骤地实施，为河北省高质量发展提供坚实稳定的人才支撑。同时，根据发展规划，"外引"国内外领军人才，"内联"本省高端人才，"培育"后备高层次人才。坚持"人才、团队、项目、企业"一体化的引进模式，加大力度支持企业面向全球吸引产业高端领军人才，建立人才库，积极邀请与鼓励河北籍相关领域和产业领军人才到家乡创新创业。加强省内产学研的紧密结合，鼓励企业开展回头看，注重发现"身边的合作伙伴"。充分发挥教育部门的作用，积极研究制定鼓励省内高等院校开设和调整重点领域产业相关专业或课程的细则，制定加强建设高层次人才培训班和实训基地等有关方面的政策。

（二）充分激发企业人才开发的主体意识

加强企业作为人才开发主体的宣传和培训，增强企业对人才开发的主动投入意识。加大对人才开发典型企业的宣传，如石家庄以岭药业，研发投入与人才投入并重，形成了投入、人才、技术协同发力的良好创新局面，成为河北省唯一一家上榜中国创新企业1000强的生物医药企业，为业界树立了优秀榜样。要定期开展对企业领导层的人才发展培训，增强其对人才开发重要性的认知，引导企业树立正确的人才发展观念，全方位引进、培养和使用人才。

制定相关政策，促进或倒逼企业进行人才开发。通过允许企业将为人才配套的科研启动资金、安家费等人才开发投入列入企业成本核算，对企业开展人才培训给予一定标准的补助等方式，降低企业人才开发投入成本，提高企业人才培养开发的积极性。或将人才增量、人才存量等人才开发指标作为企业申报享受科技创新政策奖励优惠或科技项目基金的必要条件，倒逼企业加大人才投入。

（三）大力加大人才的培养和引进力度

建立层次分布完善的重点领域人才培养体系，鼓励高等院校加强战略性新兴产业人才相关学科建设，根据市场需求调整相关专业招生规模，提高培养质量，为河北省战略性新兴产业发展提供充足的本土人才。建议依托现有产业和高校学科建设优势，加大招商力度，引进创新平台，同时吸引高层次人才。如可充分利用张家口、保定、邢台、邯郸等新能源产业集聚区，实施大规模对外招商，着力引进一批创新型、智慧型新能源装备企业及研发机构，吸引京津乃至国际新能源装备技术成果在河北省转移转化，从而吸引人才落地。如利用河北农业大学与河北师范大学生物学学科优势，加强与京津及全国高校联系，大力培养吸引生物医药类人才。

充分利用京津冀协同发展和人才一体化契机，积极推动三地政策互联机制的形成。不仅要在人才政策制定上下功夫，更要完善政策的执行机制，确保政策落到实处。依靠长期有效的体制机制，强化河北省对战略性新兴产业人才的吸引力，吸引人才、产业向河北流动。利用雄安新区疏解北京非首都功能和承接人才转移的大好机遇以及雄安新区的区位优势、政策环境、高端项目，借鉴国内外先进地区重点领域产业发展经验，加大引才力度，吸引国内外战略性新兴产业高层次人才。

### （四）构建人才发展生态链，做好系统谋划

建立省里牵头、各市联动的人才工作机制，消除各地"各自为政"形成的恶性竞争和内耗，根据地方需求做好统一规划，形成"引、用、留"的人才政策链。"引"要突出同类政策的大力度和错位政策的吸引度，"用"要突出使用的公正性及时性，"留"要突出平台的适应度和文化亲和度，抓住河北的优势政策点，确保既要引得来，又要留得住、用得好。做好人才政策的具体落实与跟踪督导。对发布的人才政策，要逐条落实到责任单位，细化到责任窗口和责任人，对做出的政策承诺，要真正说到做到，避免造成政策泡沫。

### （五）加强人才产业平台建设

产业集群是产业人才最大的载体，河北省现有战略性新兴产业集群对人才的集聚与吸引作用还没有有效发挥。建议紧密围绕国家区域发展总体战略和主体功能区规划以及京津冀产业调整及河北省战略性新兴产业发展规划，

改造提升现有集群,完善配套企业与设施,延伸产业链,扩大现有集群的规模和推动技术、产品升级。依托国家和河北省重大科研项目、重点学科和重点科研机构,围绕河北省战略性新兴产业未来主攻方向形成一批创新中心和工业技术研究基地,将创新中心或工业技术研究基地建设成为高层次创新人才培养基地,使产业与人才形成良性循环互动关系,即通过产业吸引人才,通过人才推动产业发展的良性关系。

持续加强高端人才平台、信息数据库建设。充分利用河北省"巨人计划"领军人才、河北省高端人才、河北省管优秀专家、河北省"三三三人才工程"等高层次专家评选平台,吸引高端、紧缺人才落户河北进行创新创业和教学科研等工作,并在此基础上建立完善的产业人才数据库,为企业和人才搭建方便有效的信息沟通渠道。

(六)优化人才服务环境

重点领域产业人才由于具有较高的综合素质和较完善的知识结构,是高文化资本群体,因此在市场经济条件下可以获得更高的收入回报,其对就业环境会表现出与低文化资本群体不一样的取向。随着收入水平的提高,会由生存型就业向发展型就业和享受型就业转变,这就需要就业地为其提供一系列与发展和享受相关的舒适环境。因此,要从顶层进行设计,在音乐、艺术等人文环境,气候、湿度以及绿化等各种城市生活舒适物方面加强建设以有效提升对这些人才的吸引力。在服务人才方面,要整合服务资源,主要整合省内高等院校、科研院所、医疗机构和文化体育场所等服务资源,为人才创新创业提供良好环境和优质服务。要把注意力真正转移到创新发展环境上,通过持续改善软硬环境加快发展速度,提供"一对一"人才服务等方式吸引激励战略性新兴产业高层次人才。

# 人才培养篇
## Talent Cultivation

# B.6
# 河北省教育资源均衡配置有效路径研究
## ——基于教育基尼系数

张亚宁[*]

**摘　要：** 党的十八大以来，河北省持续推动教育高质量发展，出台了一系列支持政策，教育事业发展的系统性、整体性、协同性全面加强，教育公平程度和教育质量不断提高。河北省教育发展的外部环境和内部条件正在发生复杂而深刻的重大变化，面临着前所未有的重大历史机遇和挑战，不可回避的是，在这一背景下，教育发展不平衡不充分的矛盾依然突出，已成为制约河北省教育水平整体提高的关键因素。鉴于此，本报告通过河北省2010~2019年的平均受教育年限、教育基尼系数及城乡分性别的受教育年限的差距走势，分析影响河北省教育资源均衡配置的主要原因及制约因素，并提出行之有效的对策建议。

---

[*] 张亚宁，河北省社会科学院人力资源研究所助理研究员，主要研究方向为人才学、人才结构与产业结构。

河北省教育资源均衡配置有效路径研究

**关键词：** 教育均衡性　教育基尼系数　教育公平

河北省持续推动教育高质量发展，教育公平程度和教育质量不断提高。截止到2020年底，全省共有小学在校生695.92万人，小学学龄人口毛入学率达到102.17%；初中在校生301.55万人，毕业生升学率达95.62%；中等职业学校在校生83.79万人，普通中学在校生453.30万人，高中阶段毛入学率为94.14%；普通高等学校在校生160.48万人。[①] 但是同时也应看到，与城市已经较为均衡的资源分布情况不同，河北省教育资源分布不平衡不充分的问题在农村、城镇地区仍然突出。鉴于此，本报告通过河北省2010~2019年的平均受教育年限、教育基尼系数及城乡分性别的受教育年限的差距走势，分析影响河北省教育资源均衡配置的主要原因及制约因素，并提出行之有效的对策建议。

## 一　相关研究方法

托马斯（Thomas）等学者认为基于教育成就这一存量指标更能准确地测算教育基尼系数，而萨卡洛布洛斯（Psacharopoulos）等提出平均受教育年限是最能反映教育发展成就的。[②] 本报告借鉴中国社会科学院张菀洺教授的研究，[③] 以平均受教育年限为评价指标来测算教育基尼系数。

### （一）教育基尼系数的计算方法

**1. 基尼系数（Gini Index）**

基尼系数由经济学家科拉多·基尼（Corrado Gini）提出，最初是用来

---

[①] 《河北省2020年国民经济和社会发展统计公报》，河北省统计局网站，2021年2月25日，http://www.hetj.gov.cn/hetj/app/tjgb/101611739068563.html。

[②] Marin, A. and Psacharopoulos, G., "Schooling and Income Distribution," *Review of Economics and Statistics* 58 (1976).

[③] 张菀洺：《我国教育资源配置分析及政策选择——基于教育基尼系数的测算》，《中国人民大学学报》2013年第4期。

判断收入分配是否公平的指标,后逐渐被引入其他领域。它不仅能够有效地检验政府在调节收入分配上所发挥的作用,而且能够指导政府做出有效的宏观或微观政策调控。如果一个国家或地区的基尼系数值趋向增大,此时这个问题应引起各方重视,否则会引起社会不稳定,影响经济有序发展。各级政府应积极采取措施,对社会各方面进行有效调节,以促进新的稳定。反之,如果基尼系数长期处于某个范围,说明这个国家或地区处于相对平稳发展模式,但是社会发展动力不足,人们的积极性不高,有待适当地拉开分配差距。基尼系数从数值上反映了社会群体之间的贫富差别程度,可以较具体有效地反映居民之间的贫富差距,对群体之间的贫富差异趋势起到了某种程度的预警作用。基尼系数所起到的作用不可小觑,在世界各国得到广泛认可和普遍采用,世界上许多学者对此也进行了深入研究,取得了一定的成果,并将其作为评价标准应用于其他领域。

基尼系数是一个比例数值,其值为 0~1,越接近 0 表明收入分配越均等,越接近 1 表明收入分配越不均等。按照联合国有关组织的规定,当基尼系数小于 0.2 时,表明一国或地区的收入分配绝对平均;当基尼系数在 0.2 和 0.3 之间时,表明一国或地区的收入分配相对平均;当基尼系数处于 0.3 和 0.4 之间时,表明一国或地区的收入分配存在明显差距,但相对合理;而当基尼系数突破 0.4,在 0.4 和 0.5 之间时,表明一国或地区的收入分配差距较大;当基尼系数在 0.5 之上时,表明一国或地区的收入分配差距很大,容易引起社会动荡。一般国际上将 0.4 作为基尼系数的警戒线,此标准同样适用于教育基尼系数。

2. 平均受教育年限

平均受教育年限指某一特定年龄段人群接受学历教育(包括成人学历教育,不包括各种培训)的年限总和的平均数,是在不同受教育程度的年限基础上计算出的各种受教育程度人口占总人口比例的加权平均数。

平均受教育年限的计算公式为:

$$H = \sum_{i=1}^{n} h_i t_i \tag{1}$$

$H$ 表示平均受教育年限，$n$ 表示共划分 $n$ 个教育层次，$h_i$ 表示第 $i$ 个教育层次的受教育人口占总人口比例，$t_i$ 表示第 $i$ 个教育层次的受教育年限。根据数据的可获得性和我国的教育制度，本报告划分为 5 个受教育层次，即 $n=5$。第一层次未上过学，受教育年限为 0 年；第二层次接受了小学阶段教育，受教育年限为 6 年；第三层次接受了初中阶段教育，受教育年限为 9 年；第四层次接受了高中或中等职业教育，受教育年限为 12 年；第五层次接受了大专及以上阶段教育，受教育年限为 16 年。

3. 教育基尼系数（Educational Gini Coefficient）

教育基尼系数由基尼系数衍变而来，是国际上常用的用来评价教育资源是否均衡的指标，其计算公式为：

$$G = 1 - \sum_{i=1}^{n}(x_i - x_{i-1})(y_i + y_{i-1}) \tag{2}$$

其中 $G$ 表示教育基尼系数，$n$ 表示共划分 $n$ 个教育层次，$x_i$ 表示第 1 至 $i$ 个教育层次的受教育人口占总人口的累计比例，$y_i$ 表示第 1 至 $i$ 个教育层次的受教育年限占总教育年限的累计比例。

（二）数据来源

本报告利用 2011~2020 年《中国统计年鉴》和《中国人口统计年鉴》及统计公报中的相关数据以及第六次、第七次全国人口普查数据，测算分析中国各区域间及区域内部各省（区、市）的平均受教育年限和教育基尼系数。2010 年是《国家中长期教育改革和发展规划纲要》颁布实施的第一年，也进行了一次（第六次）全国人口普查，而 2021 年的统计年鉴暂未发布，因此本报告选取 2010~2019 年的人口数据进行测算。

## 二 基于基尼系数的河北省教育资源均衡性分析

近几年河北省出台了《河北教育现代化 2035》《河北省教育厅关于进一步深化义务教育办学模式改革提升义务教育均衡发展水平的通知》等一系列支

持政策，对全省教育事业发展提供政策支持，教育事业发展的系统性、整体性、协同性全面加强，各级各类教育健康快速发展。但不可回避的是，河北省教育发展的外部环境和内部条件正在发生重大变化，面临前所未有的重大历史机遇和挑战，教育资源分布不平衡的矛盾依然突出。如期完成2035年建成教育强省的奋斗目标，要求我们必须从劳动力受教育情况和河北省教育基尼系数等方面准确把握教育资源的分布情况，找出制约教育资源均衡发展的关键问题，据此探寻提升教育资源均衡性的有效路径，从而补齐教育资源分布短板，合理优化教育资源布局，提升河北省教育竞争力和综合实力。

### （一）河北省劳动力的受教育情况

人口学一般以16～64岁的人口为劳动力，中国一般规定16～60岁的男子、16～55岁的女子为劳动力，本报告的劳动力采用狭义上的劳动力定义，指具有劳动能力的人口。

**1. 河北省劳动力受教育情况的衍变趋势**

本报告以2011～2020年《中国人口和就业统计年鉴》为数据来源，选取河北省就业人员数据进行测算，分析河北省就业人员的受教育程度构成和平均受教育年限，从而反映河北省劳动力受教育情况的衍变趋势。

如表1所示，2010～2019年，河北省未受过教育的就业人员比例总体呈下降趋势，由2010年的1.6%下降至2019年的1.0%，下降了0.6个百分点，下降幅度为37.5%；接受了小学阶段教育的就业人员比例由19.5%下降到12.4%，下降了7.1个百分点，下降幅度为36.4%；接受了初中阶段教育的就业人员比例由58.7%下降到49.0%，下降了9.7个百分点，下降幅度为16.5%；接受了高中或中等职业教育的就业人员比例由12.5%增加至18.9%，增加了6.4个百分点，上升幅度为51.2%；接受了大专及以上阶段教育的就业人员比例由7.7%增加至18.8%，增加了11.1个百分点，增加幅度为144.2%。综上来看，已完成义务教育及以上就业人员比例由78.9%增加为86.7%，增加了7.8个百分点，增加幅度为9.9%，说明在这十年间河北省教育事业飞速发展，教育资源大幅增加。

表 1　2010~2019 年河北省就业人员受教育程度构成

单位：年，%

| 教育层次 | 受教育年限 | 所占比例 ||||||||||
|---|---|---|---|---|---|---|---|---|---|---|---|
| | | 2010年 | 2011年 | 2012年 | 2013年 | 2014年 | 2015年 | 2016年 | 2017年 | 2018年 | 2019年 |
| 第一层次 | 0 | 1.6 | 1.0 | 1.5 | 1.5 | 1.2 | 1.4 | 1.3 | 0.9 | 1.0 | 1.0 |
| 第二层次 | 6 | 19.5 | 14.6 | 12.4 | 12.4 | 15.3 | 13.6 | 12.9 | 12.3 | 11.7 | 12.4 |
| 第三层次 | 9 | 58.7 | 57.4 | 57.4 | 57.4 | 55.3 | 49.4 | 50.4 | 49.8 | 50.5 | 49.0 |
| 第四层次 | 12 | 12.5 | 15.8 | 16.8 | 16.8 | 14.8 | 18.8 | 18.1 | 19.5 | 18.6 | 18.9 |
| 第五层次 | 16 | 7.7 | 11.1 | 11.9 | 11.9 | 13.4 | 16.8 | 17.3 | 17.5 | 18.2 | 18.8 |
| 已完成义务教育及以上就业人员比例 | | 78.9 | 84.4 | 86.1 | 86.1 | 83.5 | 85.0 | 85.8 | 86.8 | 87.3 | 86.7 |

如表 2 所示，河北省就业人员平均受教育年限自 2010 年以来总体呈现上升趋势，由 2010 年的 9.18 年增加至 2019 年的 10.42 年，增加了 1.24 年，增幅为 13.51%。

表 2　2010~2019 年河北省就业人员平均受教育年限

单位：年

| 年份 | 2010 | 2011 | 2012 | 2013 | 2014 | 2015 | 2016 | 2017 | 2018 | 2019 |
|---|---|---|---|---|---|---|---|---|---|---|
| 平均受教育年限 | 9.18 | 9.73 | 9.83 | 9.83 | 9.82 | 10.21 | 10.25 | 10.36 | 10.39 | 10.42 |

**2. 河北省劳动力受教育情况与其他地区的比较分析**

按照国家统计局官网的划分标准，全国有 31 个省（区、市）（不包括港澳台）。本报告以 2011~2020 年《中国人口和就业统计年鉴》为数据来源，以 2019 年的劳动力受教育情况数据为例，分别测算我国 31 个省（区、市）的受教育情况，将河北省劳动力受教育情况与其他省（区、市）进行对比研究，可以了解河北省教育资源基本发展情况，具有十分重要的意义。

2010 年河北省劳动力的平均受教育年限为 8.17 年，全国为 8.13 年；2019 年河北省劳动力的平均受教育年限为 10.42 年，全国为 10.49 年。2010 年和 2019 年我国各省（区、市）劳动力的平均受教育年限如图 1、图 2 所示。2010~2019

年，河北省劳动力的平均受教育年限由 8.17 年增加至 10.42 年，在全国的排名未发生变动，均为第 15 位，但是与全国平均水平相比，由 2010 年高于全国水平 0.04 年变为 2019 年低于全国平均水平 0.07 年。这说明 2010~2019 年，虽然河北省的教育水平有较大幅度的增长，但是与我国整体增长水平相比仍较为不足。从劳动力平均受教育年限的变化情况来看，河北省的整体文化水平自 2010 年的接近初中毕业提高到了 2019 年的接近高中毕业水平，尚未达到大学水平，同其他东部省（市）相比仍存在一定的差距。

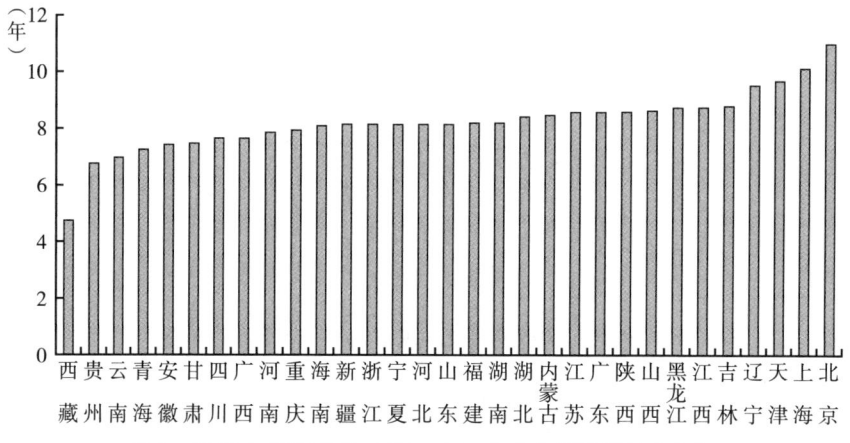

图 1 2010 年我国各省（区、市）劳动力平均受教育年限

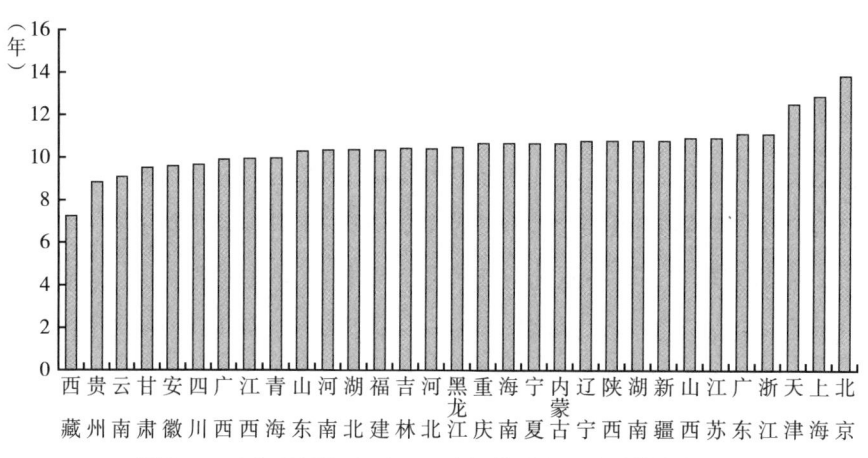

图 2 2019 年我国各省（区、市）劳动力平均受教育年限

### 3. 分性别劳动力的受教育情况

由表3可知，2019年河北省男性劳动力的平均受教育年限为10.43年，女性劳动力的平均受教育年限为10.42年，二者基本持平；从全国来看，男性劳动力的平均受教育年限为10.66年，女性劳动力的平均受教育年限为10.27年。这说明与全国教育资源在不同性别中分布尚未平衡的情况不同，整体上看，河北省并不存在教育资源在不同性别中的不均衡分布。河北省男性劳动力的平均受教育年限低于全国水平0.23年，差距较大；与之对应的是河北省女性劳动力的平均受教育年限高于全国水平0.15年。以上说明河北省的女性劳动力不但与河北省男性相比较为平等地享有教育资源，而且比我国其他地区的女性劳动力享有更多的受教育机会。

表3 2019年我国各省（区、市）分性别劳动力受教育情况

单位：年

| 排序 | 男性劳动力 地区 | 平均受教育年限 | 女性劳动力 地区 | 平均受教育年限 |
| --- | --- | --- | --- | --- |
| 1 | 西藏 | 7.53 | 西藏 | 6.95 |
| 2 | 贵州 | 9.30 | 贵州 | 8.11 |
| 3 | 云南 | 9.35 | 云南 | 8.71 |
| 4 | 四川 | 9.88 | 甘肃 | 8.91 |
| 5 | 甘肃 | 9.90 | 安徽 | 8.95 |
| 6 | 广西 | 10.06 | 四川 | 9.43 |
| 7 | 安徽 | 10.09 | 青海 | 9.59 |
| 8 | 江西 | 10.14 | 江西 | 9.71 |
| 9 | 青海 | 10.24 | 广西 | 9.73 |
| 10 | 河北 | 10.43 | 福建 | 9.99 |
| 11 | 吉林 | 10.49 | 湖北 | 10.00 |
| 12 | 黑龙江 | 10.53 | 山东 | 10.02 |
| 13 | 山东 | 10.53 | 河南 | 10.09 |
| 14 | 河南 | 10.53 | 吉林 | 10.34 |
| 15 | 湖北 | 10.61 | 河北 | 10.42 |

续表

| 排序 | 男性劳动力 地区 | 男性劳动力 平均受教育年限 | 女性劳动力 地区 | 女性劳动力 平均受教育年限 |
|---|---|---|---|---|
| 16 | 福 建 | 10.62 | 海 南 | 10.44 |
| 17 | 宁 夏 | 10.75 | 黑龙江 | 10.47 |
| 18 | 重 庆 | 10.77 | 重 庆 | 10.52 |
| 19 | 湖 南 | 10.79 | 江 苏 | 10.53 |
| 20 | 内蒙古 | 10.80 | 内蒙古 | 10.56 |
| 21 | 新 疆 | 10.81 | 陕 西 | 10.58 |
| 22 | 辽 宁 | 10.83 | 宁 夏 | 10.60 |
| 23 | 山 西 | 10.85 | 辽 宁 | 10.67 |
| 24 | 海 南 | 10.90 | 湖 南 | 10.77 |
| 25 | 陕 西 | 10.91 | 新 疆 | 10.79 |
| 26 | 浙 江 | 11.13 | 广 东 | 10.94 |
| 27 | 广 东 | 11.18 | 山 西 | 10.99 |
| 28 | 江 苏 | 11.22 | 浙 江 | 11.12 |
| 29 | 天 津 | 12.30 | 天 津 | 12.68 |
| 30 | 上 海 | 12.78 | 上 海 | 13.06 |
| 31 | 北 京 | 13.59 | 北 京 | 14.12 |
|  | 全 国 | 10.66 | 全 国 | 10.27 |

### （二）河北省的教育基尼系数

教育基尼系数是国内外学者常用的对教育资源分配和均衡程度进行研究的指标，对其进行研究可以评价河北省教育平等状况，研究结果可为政府部门制定相关政策提供理论依据。因此，本报告根据《中国人口和就业统计年鉴（2020）》中河北省6岁及以上人口数据，对河北省城市、乡镇、农村地区人口的各层次受教育年限、平均受教育年限和教育基尼系数等指标进行了计算分析。

#### 1. 河北省全省的教育基尼系数

将表4和表5中的数据代入公式（2）中，计算出河北省的教育基尼系数：

$$G(全省) = 0.19722$$

表4  2019河北省各层次受教育年限占总教育年限的比例

单位：年

| | 第一层次 | 第二层次 | 第三层次 | 第四层次 | 第五层次 |
|---|---|---|---|---|---|
| 各教育层次人口占总人口的比例（A） | 0.03555 | 0.24465 | 0.43241 | 0.17425 | 0.11315 |
| 各教育层次的年限（B） | 0 | 6 | 9 | 12 | 16 |
| A×B | 0 | 1.46789 | 3.89170 | 2.09102 | 1.81045 |
| 各层次教育年限占总教育年限的比例 | 0 | 0.15850 | 0.42022 | 0.22579 | 0.19549 |
| 河北省平均受教育年限 | 9.26106 | | | | |

注：数据因四舍五入存在误差，未做机械调整，下同。

表5  2019年河北省各教育层次人口的累计比例及各教育层次受教育年限的累计比例

| 教育层次 | 教育层次人口的累计比例 | 全省受教育年限的累计比例 |
|---|---|---|
| 第一层次 | 0.03555 | 0 |
| 第二层次 | 0.28020 | 0.15850 |
| 第三层次 | 0.71261 | 0.57872 |
| 第四层次 | 0.88687 | 0.80451 |
| 第五层次 | 1 | 1 |

**2. 河北省城市人口的教育基尼系数**

将表6和表7中的数据代入公式（2）中，计算出河北省城市人口的教育基尼系数：

$$G(城市) = 0.18896$$

表6  2019年河北省城市人口各层次受教育年限占总教育年限的比例

单位：年

| | 第一层次 | 第二层次 | 第三层次 | 第四层次 | 第五层次 |
|---|---|---|---|---|---|
| 各教育层次人口占总人口的比例（A） | 0.01825 | 0.16338 | 0.33505 | 0.24403 | 0.23915 |
| 各教育层次的年限（B） | 0 | 6 | 9 | 12 | 16 |
| A×B | 0 | 0.98029 | 3.01546 | 2.92834 | 3.82645 |
| 各层次教育年限占总教育年限的比例 | 0 | 0.09119 | 0.28049 | 0.27239 | 0.35593 |
| 河北省城市人口平均受教育年限 | 10.75054 | | | | |

表7　2019年河北省城市各教育层次人口的累计比例及各教育层次受教育年限的累计比例

| 教育层次 | 教育层次人口的累计比例 | 全省受教育年限的累计比例 |
| --- | --- | --- |
| 第一层次 | 0.01825 | 0 |
| 第二层次 | 0.18163 | 0.09119 |
| 第三层次 | 0.51668 | 0.37168 |
| 第四层次 | 0.76071 | 0.64407 |
| 第五层次 | 1 | 1 |

**3. 河北省乡镇人口的教育基尼系数**

将表8和表9中的数据代入公式（2）中，计算出河北省乡镇人口的教育基尼系数：

$$G(乡镇) = 0.45042$$

表8　2019年河北省乡镇人口各层次受教育年限占总教育年限的比例

单位：年

| | 第一层次 | 第二层次 | 第三层次 | 第四层次 | 第五层次 |
| --- | --- | --- | --- | --- | --- |
| 各教育层次人口占总人口的比例($A$) | 0.03449 | 0.21768 | 0.44708 | 0.19168 | 0.10913 |
| 各教育层次的年限($B$) | 0 | 6 | 9 | 12 | 16 |
| $A \times B$ | 0 | 1.30606 | 4.02376 | 2.30010 | 1.74612 |
| 各层次教育年限占总教育年限的比例 | 0 | 0.13930 | 0.42915 | 0.24532 | 0.18623 |
| 河北省乡镇人口平均受教育年限 | 9.37604 | | | | |

表9　2019年河北省乡镇各教育层次人口的累计比例及各教育层次受教育年限的累计比例

| 教育层次 | 教育层次人口的累计比例 | 全省受教育年限的累计比例 |
| --- | --- | --- |
| 第一层次 | 0.03449 | 0 |
| 第二层次 | 0.25217 | 0.13930 |
| 第三层次 | 0.69925 | 0.56845 |
| 第四层次 | 0.89093 | 0.81377 |
| 第五层次 | 1 | 1 |

## 4. 河北省农村人口的教育基尼系数

将表10和表11中的数据代入公式（2）中，计算出河北省农村人口的教育基尼系数：

$$G(农村) = 0.417772$$

表10　2019年河北省农村人口各层次受教育年限占总教育年限的比例

单位：年

|  | 第一层次 | 第二层次 | 第三层次 | 第四层次 | 第五层次 |
|---|---|---|---|---|---|
| 各教育层次人口占总人口的比例（$A$） | 0.04688 | 0.31372 | 0.48119 | 0.11914 | 0.03910 |
| 各教育层次的年限（$B$） | 0 | 6 | 9 | 12 | 16 |
| $A \times B$ | 0 | 1.88235 | 4.33073 | 1.42968 | 0.62566 |
| 各层次教育年限占总教育年限的比例 | 0 | 0.22766 | 0.52377 | 0.17291 | 0.07567 |
| 河北省乡镇人口平均受教育年限 | 8.26842 |  |  |  |  |

表11　2019年河北省农村各教育层次人口的累计比例及各教育层次受教育年限的累计比例

| 教育层次 | 教育层次人口的累计比例 | 全省受教育年限的累计比例 |
|---|---|---|
| 第一层次 | 0.04688 | 0 |
| 第二层次 | 0.36061 | 0.22766 |
| 第三层次 | 0.84180 | 0.75142 |
| 第四层次 | 0.96094 | 0.92433 |
| 第五层次 | 1 | 1 |

### （三）北京市、天津市的教育基尼系数

2021年已进入京津冀协同发展的第7年，在这7年间，北京、天津、河北三地持续增强协同联动，在教育协同发展的进程中，三地相互支持共同进步，已取得了积极的进展。随着京津冀教育协同发展进一步深入，有必要在对河北的教育资源均衡发展进行研究时，与京津地区展开比较研究，为河北省探索下一阶段京津冀教育协同发展政策着力点提供有价值的理论参考，

因此本报告根据《中国人口和就业统计年鉴（2020）》中北京市和天津市的数据，对两市的教育基尼系数进行了计算。

1. 天津市的教育基尼系数

将表12和表13中的数据代入公式（2）中，计算出天津市的教育基尼系数：

$$G(天津) = 0.188761$$

表12　2019年天津市各层次受教育年限占总教育年限的比例

单位：年

|  | 第一层次 | 第二层次 | 第三层次 | 第四层次 | 第五层次 |
| --- | --- | --- | --- | --- | --- |
| 各教育层次人口占总人口的比例（$A$） | 0.02136 | 0.13682 | 0.32543 | 0.22771 | 0.28868 |
| 各教育层次的年限（$B$） | 0 | 6 | 9 | 12 | 16 |
| $A \times B$ | 0 | 0.82089 | 2.92891 | 2.73251 | 4.61887 |
| 各层次教育年限占总教育年限的比例 | 0 | 0.07395 | 0.26384 | 0.24615 | 0.41607 |
| 平均受教育年限 | 11.10118 |  |  |  |  |

表13　2019年天津市各教育层次人口的累计比例及各教育层次受教育年限的累计比例

| 教育层次 | 教育层次人口的累计比例 | 受教育年限的累计比例 |
| --- | --- | --- |
| 第一层次 | 0.02136 | 0 |
| 第二层次 | 0.15818 | 0.07395 |
| 第三层次 | 0.48361 | 0.33778 |
| 第四层次 | 0.71132 | 0.58393 |
| 第五层次 | 1 | 1 |

2. 北京市的教育基尼系数

将表14和表15中的数据代入公式（2）中，计算出北京市的教育基尼系数：

$$G(北京) = 0.160109$$

表14　2019年北京市各层次受教育年限占总教育年限的比例

单位：年

| | 第一层次 | 第二层次 | 第三层次 | 第四层次 | 第五层次 |
|---|---|---|---|---|---|
| 各教育层次人口占总人口的比例($A$) | 0.01975 | 0.08537 | 0.19609 | 0.19386 | 0.50486 |
| 各教育层次的年限($B$) | 0 | 6 | 9 | 12 | 16 |
| $A \times B$ | 0 | 0.51223 | 1.76478 | 2.32637 | 8.07775 |
| 各层次教育年限占总教育年限的比例 | 0 | 0.04039 | 0.13917 | 0.18345 | 0.63699 |
| 平均受教育年限 | 12.68113 | | | | |

表15　2019年北京市各教育层次人口的累计比例及各教育层次受教育年限的累计比例

| 教育层次 | 教育层次人口的累计比例 | 受教育年限的累计比例 |
|---|---|---|
| 第一层次 | 0.01975 | 0 |
| 第二层次 | 0.10513 | 0.04039 |
| 第三层次 | 0.30121 | 0.17956 |
| 第四层次 | 0.49508 | 0.36301 |
| 第五层次 | 1 | 1 |

## （四）结果分析

由计算结果可知，2010~2019年，河北省平均受教育年限自8.168年上升至9.261年，呈上升趋势。2019年，河北省的教育基尼系数为0.19722，与北京的0.160109和天津的0.188761相比还是存在一定差距的，说明河北省教育资源均衡水平较低，在京津冀地区处于较为落后的位置。具体来说，河北省尚有3.555%的人口未接受教育，而天津和北京的这一比例分别为2.136%和1.975%，河北省高于天津1.419个百分点，高于北京1.580个百分点；河北省接受了大专及以上教育的人口比例为11.315%，天津和北京分别为28.868%和50.486%，河北省低于天津17.553个百分点，低于北京39.171个百分点。

河北省乡镇和农村人口的教育基尼系数均突破了0.4，这说明其教育资源分布出现了较不均衡现象。城市及乡镇人口平均受教育年限均在全省总体水平之上，只有农村人口平均受教育年限处在全省总体水平之下。城市人口中近半数的居民接受了高中或中等职业教育及以上的教育，23.9%的居民接受了大专及以上阶段教育，城市人口学历层次水平远高于乡镇及农村。乡镇人口中有44.7%的居民接受了初中阶段教育，是五个层次中占比最多的一个层次，接受了大专及以上阶段教育的居民比例仅为10.9%，尚不足城市比例的一半。农村人口受教育程度集中在小学和初中阶段，接受过高中或中等职业教育及以上阶段教育的居民比例仅为15.8%，未接受教育人口的比例仍高达4.7%。这与城镇化加速发展伴随的劳动力迁移和教育迁移有关。综合来看，农村人口受教育水平与总体水平之间差距较大，这种状况短期内很难得到根本改变，落后的农村教育已成为河北省教育公平发展的瓶颈。

## 三 河北省教育资源均衡配置的有效路径

《河北省教育事业发展"十四五"规划》（以下简称《规划》）提出到2025年河北省劳动年龄人口平均受教育年限达到11.3年，[1]而"十三五"末河北省劳动年龄人口平均受教育年限为10.8年，与《规划》中的目标整体上还有不小差距。分市来看，省会石家庄市2020年11月1日零时，15岁及以上人口平均受教育年限为10.76年，[2]唐山市为10.07年，[3]石家庄市和唐山市是河北省在经济实力上较为突出的两个市，二者与《规划》中的目标也尚有不小的差距，其他地区形势更是不容乐观。根据前文研究成果，

---

[1] 《河北省教育事业发展"十四五"规划新闻发布会问答实录》，河北省教育厅网站，2021年11月3日，http://www.hee.gov.cn/col/1405610764482/2021/11/03/1635900997104.html。

[2] 《石家庄市第七次全国人口普查公报（第五号）》，石家庄市人民政府网站，2021年5月31日，http://www.sjz.gov.cn/col/1596018184396/2021/05/31/1622427051553.html。

[3] 《我市第七次全国人口普查公报发布》，唐山市人民政府网站，2021年6月2日，http://www.tangshan.gov.cn/zhuzhan/zhengwuxinwen/20210602/1189732.html。

河北省的城乡教育资源不均衡现象突出，已成为制约河北省教育水平整体提高的关键因素。这就要求河北省进一步促进教育资源优质均衡发展，加大对农村地区教育的"软硬件"投入。同时，积极探索运用"互联网＋教育"等新技术，力求缩小城乡、性别间的教育差异，为乡村和女性人口创造公平竞争的机会，从整体上提升河北省教育事业水平，最终保质保量地完成"十四五"规划的目标。

## （一）保证乡村教师支持计划等政策的有效落实，使政策资源进一步向乡村倾斜

优质师资资源不足是长期制约农村教育发展的根本原因。《河北省乡村教师支持计划（2015—2020年）实施办法》的实施，加大了对乡村教师的支持力度，使得乡村教师工资待遇有所改善，教师对报酬的满意度进一步提高，补充渠道进一步通畅，教学能力持续提升。但目前部分地区仍然存在编制配备不合理，职业成长通道不畅，持续性培养缺位以及住房公积金、保险、周转宿舍等非显性待遇落实不到位，县域内双向交流制度实施效果不好等问题。为解决这些问题，一是应从适当增加乡村教师编制配比和盘活编制存量共同着手，一方面适度增加编制总量，另一方面合理调配使用事业编制，实行教职工编制城乡、区域统筹和动态管理，提高乡村教师编制的使用效益；二是增加乡村教师薪酬待遇，增加条件艰苦地区的教师特殊津贴，越艰苦的地方津贴越高；三是在职称评聘上，调整乡村教师高级职称比例，对有从事农村教育经历的教师给予一定的政策倾斜；四是建立城乡师资资源双向流动机制，使县城和乡村学校的教师从数量和质量上对等定期流动，形成以城带乡、以乡助城、城乡教师共同发展成长的流动状态；五是实行县管校聘和县域内轮岗交流制度，促进教师城乡一体化流动。此外，还应将乡村教师进修学习和联合培养、定向培养常态化，定期按比例选派乡村教师赴知名大学进修深造、交流，城镇学校设专岗接收乡村教师入校交流锻炼，综合提升乡村教师队伍的业务能力和水平。

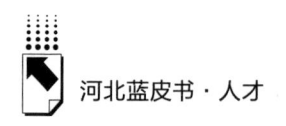

## （二）继续积极推进教育信息化应用，实现优质教育资源的城乡共享

教育信息化是发挥技术手段优势、实现城乡共享优质教育资源的快捷途径，是突破空间限制使城乡学生共同学习成长的"捷径"，是促进教育公平的重要举措。信息化为创新教学模式、满足不同层面对教育公平的需求提供了越来越多的可能性。大力推进"互联网+教育"在教育欠发达地区的应用，通过信息技术引入优质教育资源及先进的教学理念和方式，建立泛在的网络学习空间，打破传统的课本、课桌、黑板的教学模式，节约人力、物力和时间成本。加快教育信息化建设，一是完善学校网络建设，加大对农村地区基础设施建设的支持力度，增加数字化图书馆以及信息资源库的数量，从而提供更为完善的网络教育环境；二是加强网络信息安全监管和信息技术设备维护，为发展"互联网+教育"提供良好的网络环境；三是加快完善教育资源库管理平台，对教育资源库进行优化和完善，为教师获取和利用优质教育资源提供稳定、方便、快捷的渠道。

## （三）破解体制机制壁垒，促进城乡教育资源双向流动

由于城市教育资源优势突出，教育资源表现为农村到城市的持续单向流动，农村教育资源持续流失。这对没有条件去城市就读而留在乡村接受教育的群体形成了实质上的不公平，使农村一部分群体难以享受到公平而有质量的教育。为破解这一困境，首先要改革财政分担机制，引入社会资本，强化乡镇学校硬件设施建设，缓解乡村学校教育经费紧张、教学设备落后和师资配备不足的现实问题；其次要着眼于教育带动乡村振兴的长远发展，省级和市级财政进一步加大对相对贫困地区的财政转移力度，兜住底线；最后要探索城乡学校合作发展模式，推进管理机制、教师资源、特色资源的共享，使城乡教育资源"优势互补，取长补短"，共同成长。

## （四）以继续提高高中或中等职业教育及以上阶段教育普及水平为重点，提升河北省平均受教育年限

截止到2020年底，河北省九年义务教育巩固率已达到97.63%，[①] 义务教育已经全面普及，下一步主要为继续推进教育优质均衡发展。但是高中或中等职业教育及以上阶段的教育普及水平仍较低，根据上文研究结果，2019年河北省高中或中等职业教育及以上阶段教育层次人口占总人口比例仅为51.7%，尚有进一步提高的空间。一是促进中等职业教育建设。破除思想偏见，加快中等职业教育观念转变；明确功能定位，加快中等职业教育内涵优化；建立长效机制，加快中等职业教育质量升级。二是加速高等教育进一步普及。扩大高等教育院校土地面积，增加图书馆楼、实验楼等建筑建设，加大人才经费、科研经费支持等，力争如期实现河北省教育"十四五"规划目标。

## （五）继续深入推进京津冀教育协同发展，助力河北省教育均衡高质量发展

随着三地教育部门联合印发的一系列政策出台，京津冀教育合作持续深化，协同发展成果显著。"十四五"时期，巩固"十三五"时期的发展成果，继续深入推进京津冀协同发展，是推进河北省教育资源均衡高质量发展的有效途径。一是推动北京、天津优质教育资源向河北省的三河、通州、廊坊等京津周边地区延伸布局，实现京津学校与河北省学校开展跨区域合作办学。二是支持京津地区学校与河北省学校组建学校联盟，对于已成立的美育联盟（京津冀13所学校）、长城教育联盟（长城沿线14所学校）等学校联盟提供必要的政策支持，做到联盟学校共同发展，共同提升教育教学质量。三是不断深化与京津地区的职业教育融合发展，以签署教育协议、成立职教

---

[①] 《河北省2020年国民经济和社会发展统计公报》，河北省统计局网站，2021年2月25日，http://www.hetj.gov.cn/hetj/app/tjgb/101611739068563.html。

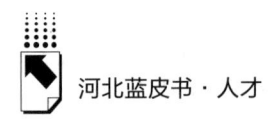

集团等形式，积极促进京津职业学校在河北省开办分校或设立新校区。四是协力推进京津冀高等教育共同创新发展，充分利用组建的"京津冀经济学学科协同创新联盟""京津冀建筑类高校本科人才培养联盟"等 16 个高等教育发展联盟，在共享教学科研资源、联合开展人才培养、干部教师挂职交流等方面加强合作。

## 参考文献

周斌、李磊：《现代化建设背景下农村教育资源配置使用效率问题与对策研究》，《农业经济》2021 年第 12 期。

王双美：《应用大数据等技术优化配置农村地区教育资源》，《中国果树》2021 年第 11 期。

柯清超等：《教育新基建时代数字教育资源的建设方向与发展路径》，《电化教育研究》2021 年第 11 期。

刘琳琳：《2002～2018 年内蒙古教育公平程度实证研究——基于教育基尼系数的测算与分解》，《内蒙古大学学报》（哲学社会科学版）2021 年第 3 期。

胡德鑫：《我国高等教育经费配置公平程度及政策选择研究——基于教育基尼系数的测算》，《湖南师范大学教育科学学报》2018 年第 2 期。

王奕俊、王婧遏：《基于教育基尼系数的我国中等职业教育资源配置效率评价》，《现代教育管理》2017 年第 12 期。

罗德军：《基于基尼系数对我国教育水平的统计研究》，硕士学位论文，西华师范大学，2016。

张航空、姬飞霞：《中国教育公平实证研究：1982～2010——基于教育基尼系数拆解法的分析》，《教育科学》2013 年第 6 期。

# B.7
# 河北省党政人才培养调查研究

——以石家庄党政人才培养为例

王丽锟*

**摘 要：** 党和人民事业发展需要一代代中国共产党人接续奋斗，务必抓好后继有人这个根本大计。党政人才作为国家治理的重要人才基础，其培养对引领河北各项事业发展起到不可忽视的重要作用。本报告在分析当前河北党政人才培养现状的基础上，总结存在的问题，包括培养没有体现党政人才的特殊性，存在培养需求大于供给的矛盾，党政人才培养理念层次不高、将培养等同于培训，党政人才培训依然存在很多不足、发展潜力空间较大，党政人才培养缺少系统性的体系和制度机制，据此提出促进河北党政人才培养的对策建议。

**关键词：** 党政人才 人才培养 人才强国

在党的十九届六中全会上审议通过的《中共中央关于党的百年奋斗重大成就和历史经验的决议》明确提出："党和人民事业发展需要一代代中国共产党人接续奋斗，必须抓好后继有人这个根本大计。"党的十八大以来，我国非常重视人才强国战略，明确提出了有关人才强国的一系列新理念新战略新举措新要求，深刻回答了人才强国"为什么建立、什么是、怎样建设"

---

\* 王丽锟，中共石家庄市委党校管理学教研部副主任、副教授，主要研究方向为社会治理、政府治理。

的重要理论与实际问题。2021年9月，习近平总书记在中央人才工作会议上发表重要讲话，指出我国要"深入实施新时代人才强国战略，全方位培养、引进、用好人才，加快建设世界重要人才中心和创新高地，为2035年基本实现社会主义现代化提供人才支撑，为2050年全面建成社会主义现代化强国打好人才基础"。党的十八大以来，习近平总书记围绕人才强国提出了一系列新理念新战略新举措，总结了人才工作的八条规律性认识，其中第四条是"坚持全方位培养用好人才"，并强调培养要作为人才三项主要工作之一的人才工作要求。党政人才作为党的十九大提出的七支人才队伍之一，作为党委、政府的重要人才，其培养非常重要，直接影响国家治理水平的高低。因此，研究河北省党政人才培养问题非常必要，对党政人才引领河北各项事业发展能起到重要作用。

## 一　河北省党政人才培养现状

为更直接地了解河北省党政人才培养现状，采取了抽样和访谈的方法进行调查。一是采取抽样调查的方法，以石家庄党政人才培养为例，分别在2021年年初的3月、年中的5月和年尾的9月三个时间段在中共石家庄市委党校，展开了对河北省党政人才的抽样调查，对中共石家庄市委党校集中培训的各个班次的学员进行了抽样调查和访谈，调查访谈内容包括党政人才培养的需求、党政人才需要知晓的重大会议了解程度、培养满意度评价等。抽样调查的班次覆盖了2个公务员初任班次、11个科级任职班次、2个处级任职班次和6个专题班次，覆盖的公务员层次广，涵盖了市级所有层次的党政人才。全年抽样调查和访谈了共计10个班次，涵盖石家庄党政人才共计2049人次。

本报告从四个方面总结抽样调查样本基本情况。从年龄结构上来说，"70后"占比最多，为48.02%，其次是"80后"，占比为32.45%，另外"60后"占一成多，"90后"占近一成。从年龄上看，31～51岁的党政人才占七成，成为党政人才培养的主力。从职务上来看，科级干部比重最大，占58.23%；其次是科员，占31.69%；最后是处级干部，占近一成。因此，从职务上来分析，科级党政干部作为市级党政系统的中坚力量，成为推动市级党政事业的主要力量，成为党政人才培养的重点也符合实际情况；科员作为党政事业的最基层人才，是党政事业后继有人的基础力量，随着时间的推移和人才的历练，会逐渐承担更高的职位和更多的责任；处级干部作为市级层面党政人才的少数关键，已是各个市直部门的主要领导，对他们的培养侧重点不一样，但也是至关重要的。从学历上来看，本科学历占比最多，为60.91%；排名第二的是占比近三成的硕士研究生学历；还有部分专科学历，占比不到一成，以及博士研究生学历，占比为0.13%。从学历上来看，随着党政人才入口关的把控，整体学历水平逐年升高，硕士研究生学历的党政人才并非少数，博士研究生学历的党政人才也在增加，学者型党政人才占比逐年递增。从单位结构上来说，来自市直部门的党员干部最多，占67.53%；其次是各县（市、区）的党员干部，占比超过两成；最后是街道乡镇等基层干部，占比超过一成。可以看到党政人才培养的重点是以市直部门为核心的，然后向各县（市、区）、基层不断辐射扩展，这与实际工作的开展紧密相关。

二是在抽样调查的基础上，结合中共石家庄市委党校培训党政人才全年计划进行了年度考量，针对党政人才培养的主题对负责学员管理的学员处工作人员以及各个班次的学员代表进行了面谈采访，以更全面地掌握党政人才培养情况。

### （一）党校培训是存量党政人才培养的主要阵地

河北省党政人才培养的主要阵地是省内各级党校。河北省党校系统包括三级，省级党校主要培养的是省域内一定级别的党政干部和省直单位的党政干部；各市级党校主要培养的是市域内初任公务员、科级公务员、处级公务员，以及各县（市、区）的县处级党政干部；各县（市、区）党校主要培养的是各县（市、区）的各类党政干部。党校培训已经成为存量党政人才培养的主要阵地，也对那些新入职的党政人才进行初任培训。多年的党校培训取得了良好成绩，成为党政人才统一认识、提高素质、增强能力等的重要场所渠道。河北省党校系统培训之所以是党政人才培养的主要阵地，主要表现在以下七点：总体上满足培训党政人才的总要求，实现任职培训、升职培训和会议精神等专题培训的目标；内容上侧重传达和解读，通过集中培训、短期脱产的形式，在集中培训期内进行某一主题的系统完整培训；节奏上全年"紧锣密鼓"，市委组织部根据全年党政人才培训计划，结合市情需要，围绕中心、服务大局，有条不紊推进全年覆盖全市各级各单位的党政人才培训；群体上涉及各层级领域，覆盖面广；服务上能满足食住锻炼，舒适便捷，培训期间学习吃住都要求在党校内，集中管理、组织严密；评价上每个班次都从网络上对授课和班次进行评价打分，客观保密，绝大部分来党校参加培训的党政人才满意，评价良好；效果上培训后的党政人才回到原单位继续开展工作，能够结合培训所学所思有效推动工作，达到了培训预期目标。

### （二）大学是增量党政人才的重要输出地

随着党政人才选拔规范化，党政人才都是通过公务员等统一人事考试、各项人才计划入选，当前新入职的党政人才学历要求都是本科及以上，因此大学作为高等教育培训基地，自然成为增量党政人才的重要输出地。大量大学毕业生加入党政人才队伍，整体提高了党政人才的认知水平和素质能力，但是也要看到没有工作经验的应届大学毕业生入职后，必须适应学习一段时间，学习党政工作规范如公文写作、公务礼仪等内容，只有通过实践提高认识，通过工作锻炼来提高党政业务能力，才能更好地适应党政工作，能否适应、是否能尽快适应党政发展环境都是因人而异的。

### （三）所在单位是党政人才培养的坚强堡垒

来自省、市、县（市、区）、乡镇（街道）、村（社区）的党政人才，其所在单位多是各级党委、政府系统单位，各级各类党政人才在所在单位进行实践性培养，开展很多具体的工作、进行结合工作实际的思考、提升理论联系实际的能力、锻炼党政工作素养、坚定理想信念等，同时在这里入职、发展、晋升到最后的退休，所在单位搭建了党政人才实践培养的平台。可以说，在这里，党政人才的政务能力和水平得到锻炼和提高，各个单位成为党政干部发展成才的坚强堡垒。但同时要看到，所在单位在提高党政人才业务能力素质方面仍然存在一些有待提高的地方。比如各级党委系统都有人事处室（科室）或是人员，负责委派其党政人才参加各种培训、邀请专家授课等，但是主要侧重共性培养，缺少因人而异的培养，如某级别、某类型、某职能的具体培养方案。

（四）自主学习和基层锻炼是党政人才培养的主要"催化剂"

对于党政人才自身来说，自我培养占比最大，自主学习和基层锻炼成为党政人才自我培养的重要途径和"催化剂"。在实际中，并不是每个党政人才都有机会参加党校培训，由于人数限制、工作制约、级别限制等主客观原因，往往会出现党政人才好几年甚至十几年没参加过党校系统培训的情况。同时党校培训的时间根据班次不同，多为一周左右的短期培训，一个月或者两三个月的培训一般为处级培训、优秀青年干部培训，因此，对于广大的党政人才群体来说，通过自主学习的方式提高知识和技能，通过基层锻炼的方式积累经验和实际工作能力，更具有普遍意义。

## 二 河北省党政人才培养存在的问题

### （一）培养没有体现党政人才的特殊性

党政人才作为党的十九大提出的七支人才队伍之一，不同于科技人才、技能人才，有其特殊性，包括党政人才自身的特殊性和党政人才成长的特殊性两方面。党政人才自身的特殊性，是由其所处的岗位和所从事的工作决定的。一是要求党政人才的政治方向正确，有坚定的理想信念，坚决拥护党的纲领和大政方针，做到"两个维护"，言行始终与党中央保持高度一致，只有这样才能充分认识理解、贯彻执行好党的大政方针，政治方向正确是前提，是党政人才的最基本要求；二是要求党政人才勤政务实、踏实肯干，只有具备良好的工作态度，才能不断推进工作落实，将党的政策方针落到实处，关键还是要看落实能力，良好的工作态度是保障，是党政人才的基本素养；三是要求党政人才树立良好的人民观，为民服务，依靠人民、为了人民，将工作为了谁、依靠谁的根本问题认识透彻、落实明白、干到点上，坚持人民至上是党政人才的基本价值观；四是要求党政人才树立风清气正的作风，清正廉洁是党政人才应走之路，只有这样才能在推进我国现代化道路上走得远、走不歪、走到底。根据党政人才的四点特殊性，其培养首先应侧重并强调信念培养、实干培养、为民培养、廉洁培养。而现实中往往将其他人才培养与党政人才培养混为一谈，只注重共性而没有突出党政人才的特殊性。

党政人才成长与科技人才等其他人才成长不同，其在党政系统下服务于推进国家治理现代化，按照《公务员法》等相关法律政策文件，党政人才成长有自身的发展规律，会受到单位编制、领导职数等的限制，也会受到党政机构改革、党政编制调整、时代大势变化的促进。各级党政人才的晋升、提拔、考核都需要达到必要条件，因此党政人才成长要与单位总体发展相衔接，需要综合考量、全局研判。现实中，党政人才培养与党政人才发展特点结合不够紧密的问题时有发生，阻碍了党政人才发展。

（二）存在培养需求大于供给的矛盾

当前河北党政人才培养的主要矛盾是培养供给端无法满足培养需求端，存在培养不充分不平衡的问题。党政人才培养的供需矛盾主要体现为供需不匹配，需大于供。培养需求持续增加，包括数量和质量两方面。通过调研和访谈，很多党政人才尤其是基层党政干部，因为忙于基层工作，往往未能参加进一步的人才培养，其本人想进一步得到培养的诉求非常强烈，需求旺盛，但是受党校同一时间点培训容纳学员的教室、饮食等限制，在满员负载的基础上，已经无法满足与日俱增的培养需求。对于人才需求质量，在党的十九大以后，党政机关人员对学习党的十九届一中至六中全会等重大会议精髓、习近平总书记一系列重要讲话精神，特别是深入学习新时代习近平中国特色社会主义思想的需求越来越旺盛，想了解更系统全面的解析、重大会议精神和重要论断"是什么、怎么看"的问题，还迫切希望通过各种培养了解背后的"为什么、怎么办"的问题，更重要的是想通过培养提高思维和认知，了解怎么结合实际工作更好地贯彻落实，解决"怎么干"的问题，对培养质量的要求不断提高。面对数量和质量需求双提升的状况，培养供给并没有在数量上满足需求，虽然努力求得质量的提高，但是难以满足党政人才对培养质量的追求。在百年未有之大变局下，党政人才希望借助培养来及时感知变化、认识变化，从而应对变化。

（三）党政人才培养理念层次不高，将培养等同于培训

当前河北省党政人才培养仍然主要为被动式输入学习的方式，通常是老师讲、学生听，地点主要局限在各类党校，小部分采取与培训企业合作、异地教学等形式。河北党政人才培养理念层次不高，培养认知比较受限，局限在培训这个单一层面，更多的是将培养等同于培训，思想不够解放、方法不够灵活，往往一提到党政人才培养就简单地认为是去党校培训。

（四）党政人才培训依然存在很多不足，发展潜力较大

当前党校作为党政人才培养的主要阵地，主要侧重学员的培训，对党政人才队伍建设起到了一定的促进作用，但是依然存在很多不足，主要问题包括培训内容上侧重引导和思考，缺具体解决问题的答案；培训方式上比较传统和单一，方式灵活性和多变性不够；培训老师的眼界水平有待提高，理论强而实践不足；培训满意度仍有较大提升空间，期望与感受存在差距；党政人才考核没有与培训挂钩，不能有效激发培训效能。

（五）党政人才培养缺少系统性的体系和制度机制

中国共产党自成立以来一直都强调学习的重要性，致力于打造学习型政

党，将学习贯穿到党政人才入口、成长等各个阶段。党员由所在党支部、党小组集中学习、自主学习等"三会一课"制度能具体落实学习，突出的是政治培养和党性锻炼。相关党政人才培养的制度机制是分散割裂的，侧重于培训，培训相关的制度机制比较完善，而整体培养的制度机制还需要不断完善。

## 三 加强河北省党政人才培养的对策建议

回眸昨天，依靠党政人才经历过磨难辉煌；着眼今天，依靠党政人才才能不断扛起责任担当；展望明天，更要靠党政人才带领才能走好新的赶考道路，不负广大民众所期待的中华民族伟大复兴的中国梦。新形势下，更要进一步坚定党中央领导、坚持人民至上、坚持开拓创新，着眼第二个百年奋斗目标，全面建设社会主义现代化国家，全力推动党政人才发展，为推动河北省经济高质量发展做出党政人才的积极贡献。党政人才也要身体力行、担当作为，积极贯彻实施新形势下人才强国战略，为推进构建世界重要人才中心和创新高地，提供河北党政人才的强大动力和强劲保障。

### （一）抓好党政人才后继有人这个党政事业发展的根本大计

党的十九届六中全会明确指出，"必须抓好后继有人这个根本大计"。对于党政系统来说，必须抓好党政人才后继有人这个根本大计，是促进党政事业发展的人才基础和组织保障，也是深刻总结建党百年从胜利走向新的胜利得出的关于党政人才的规律性认识。从毛泽东到邓小平再到习近平，建党百年，正是在这些优秀的党政人才的带领下，中国人民才能从胜利走向新的胜利。党政人才作为后继有人的重要范畴之一，统揽"四个伟大"，用党政人才后继有人将伟大斗争、伟大工程、伟大事业、伟大梦想紧密串联起来，明确了培养造就大批堪当时代重任接班人的关键点和着力点，必将有力推动新时代我国党政人才事业跃升到新的阶段。

## （二）坚持党政人才的正确政治方向，落实党管人才"红线"

要紧紧把握党政人才发展保持正确政治方向的根本要求。2021年9月，习近平总书记在中央人才工作会议上还指出，"做好人才工作必须坚持正确政治方向"。自党的十九大明确提出党管人才的基本原则以来，党政人才的培养就是为实现我国社会治理现代化奠定基础，为党政各项事业发展服务的，肩负时代所赋予的在新时期新征途上全面构建社会主义现代化国家的使命责任。人才是有国界、有基本原则的，党政人才更是有党性和"红线"的。党的十九届六中全会明确了"两个确立"，这就要求党政人才首先要拥护"两个确立"，拥护习近平作为党中央的核心，指导思想上拥护习近平新时代中国特色社会主义思想。坚决拥护共产党的正确领导，并身体力行地坚定拥护和服务于中国特色社会主义事业，是对党政人才的基本的政治要求，是对德才兼备的党政人才的基本要求，也是党政人才事业发展的"红线"。要稳稳把握党政人才长期发展中保持正确政治方向的基本原则要求，一是在党政人才的政策入口，将端正正确政治方向作为基本门槛条件之一，严格考核把关筛选，从严把准入关；二是在党政人才的思想教育端，结合党史教学、党的建设等，强化理想信念教育，突出爱国爱党思想教育，不断提升党政人才的党性修养，厚植党政人才深怀爱国之心、砥砺报国之志、落实利民公共服务之责，积极担当起初心责任。

## （三）针对党政人才特点，整合现有培养资源

针对党政人才自身的特殊性和党政人才成长的特点，整合现有党政人才培养资源。一是深耕各级党校系统（含行政学院系统），赓续河北红色精神、传承红色基因，突出河北特色，围绕河北革命精神，将河北丰富的培养实践基地资源与党校课堂相结合，创新讲课方法、授课形式、授课地点，多开展实地模块教学，包括西柏坡、狼牙山五壮士等红色模块，正定塔元庄"知之深爱之切"等与乡村振兴相结合的模块，冉庄地道战等革命模块，打造党政人才的河北模式，以品牌化突围，创新培养模式。二是采取"走出

去""引进来"战略，异地培养注重"走出去"，让党政人才通过异地学习、异地挂职、异地跟学的形式，向先进地区学习干事业的本领、开拓创新的思维认知；本地培养注重"引进来"，多邀请有实践工作经验的从业者讲过程分享心得，多邀请能解放思想提高认知的优秀老师来引导深入思考。三是通过政府购买的方式，积极吸纳社会上培养人才业绩突出的咨询公司、企业培训公司的培养理念和培养方案，丰富培养方式，拓展培养的领域和途径。

### （四）抓紧实施新时代人才强国战略之党政人才引领计划

习近平总书记在2021年9月中央人才工作会议上还进一步提出，人才工作要坚持"四大面向"，坚持面向世界科技前沿、面向经济主战场、面向国家重大需求、面向人民生命健康，深入实施新时代人才强国战略。党的十九大将人才强国战略作为我国国家发展战略之一，党政人才作为人才强国的重要人才力量，应率先突出重围，通过采取党政人才引领计划，率先破新时代人才强国战略之局。党政人才引领计划是应对时间推移、形势变化的，面对百年未有之大变局，提出了更适应新时代发展的新时代人才强国战略，体现了理论逻辑、历史逻辑和实践逻辑。从理论上来看，新时代人才强国战略作为习近平新时代中国特色社会主义思想的重要内容之一，是马克思主义哲学大众化新的飞跃的最新理论研究成果之一；从历史上来说，党的十八大以来，进入新时代，随着党中央对国内外新形势的深入把握，建党百年的党政人才工作站在新的历史起点上，有新要求新部署，是顺应时代发展的党政人才事业深入推进的战略性选择；从实践上来说，随着创新驱动作为国家发展的重大战略，河北党政人才事业发展也需要为创新驱动提供更高更优的党政系统的人才动力支撑，于是新时代人才强国战略之党政人才引领计划顺势而生，这是对河北党政人才高度重视的必然结果。

### （五）以党政人才培养为重点，积极抓揽并加快构筑世界重要人才中心和创新高地的发展战略格局

在2021年9月的中央人才工作会议上，习近平明确提出，加快建设世

界重要人才中心和创新高地，为2035年基本实现社会主义现代化提供人才支撑，为2050年全面建成社会主义现代化强国打好人才基础。将中国未来15年、未来30年的人才事业发展目标和我国人才发展战略目标紧密联系，为未来的中国人才事业发展提供了方向、提供了遵循。当前中国已经步入了全面建设社会主义现代化国家的新发展阶段，正在不断向第二个百年奋斗目标迈进，我们比历史上任何时期都更为接近中华民族伟大复兴的目标，也比历史上任何时期都更需要人才培养。为了完成伟大奋斗目标，全面提升综合国力，高水平科学技术的自立自强是关键，而无论是综合国力竞争还是科学技术自立自强，归根结底都要靠人才培养，所以最后都可归于人才培养的竞争。我国国力的提高和中华民族的发展，都必须依靠人才培养。而成为世界重要人才中心和创新高地是我国未来人才工作的具体目标，明确了我国人才发展要走在国家事业发展前端的要求，因此以党政人才为抓手，提出要以党政人才事业发展带动、引领其他人才事业发展，提高我国人才质量、国际地位，突出了党政人才创新特质，为党政人才发展战略布局描绘宏伟蓝图。强调突出世界重要人才中心地位，不仅要加快提高，实现质的飞跃，还要凸显人才中心的世界地位；强调创新的人才特质，党政人才工作要围绕培养党政人才创新特质来全面开展。

**（六）抓准我国人才事业发展规律的"八条经验"，将其贯穿落实到党政人才事业发展中**

在2021年9月中央人才工作会议上，习近平围绕党的十八大以来我国人才培养工作存在的问题做了总结，指出党的十八大以来，党中央深刻回答了为什么建设人才强国、什么是人才强国、怎样建设人才强国的重大理论和实践问题，提出了一系列新理念新战略新举措。习近平还总结了新时期中国人才培养事业发展的"八条经验"，即"一是坚持党对人才工作的全面领导，二是坚持人才引领发展的战略地位，三是坚持面向世界科技前沿、面向经济主战场、面向国家重大需求、面向人民生命健康，四是坚持全方位培养用好人才，五是坚持深化人才发展体制机制改革，六是坚持聚天下英才而用之，七是坚持营造识才爱才敬才用才的环境，八是坚持弘扬科学家精神"。上述新时代中国人才事业发展的"八条经验"，是党对中国人才事业发展规律的深入认识，要坚决贯彻和不断丰富发展，也是今后党政人才发展要坚持的八项举措，为河北党政人才发展指明了方向、提供了遵循。

### （七）把握了推进地方党政人才发展体制与机制改革这个关键问题

在2021年的中央人才工作会议上，也明确要深化人才发展体制机制改革。改革是发展的关键，在人才领域更是如此，因此要把握好深化地方党政人才发展体制机制改革这个关键问题，要遵循党政人才自身发展特殊性和党政人才成长特点，也要遵循人才个体成长发展规律，同时在改革中把握好"坚持敢于斗争""坚持开拓创新"这两条建党百年的宝贵经验。一是要打造共建共治的河北党政人才发展格局。要根据党政人才发展的需要和实际向其所在单位充分授权，并积极给予业务指导，重点发挥所在单位在人才培养中的坚强堡垒作用。在党政人才事业发展中，要坚持党管人才、行政管理、服务人才等主体能动作用，注重调动党政人才单位的主体能力，以提高单位的改革创新意识和公共服务保障能力，以保证党政人才所在单位认真承担好单位人才培养的主体责任。二是要主动地给党政人才制度松绑。赋予河北党政人才更多发展的空间，健全干部提拔、工作变动、外地和外单位干部挂职的机制，实现以党政人才为本、相信党政人才、重视党政人才、善待党政人才、包容党政人才。要赋予优秀的党政人才更大的探索创新权利，同时要建立健全干部责任制和军令状机制，确保党政人才开拓创新取得成效。要完善河北党政人才评价体系，加快建立以工作创新价值、党政业务能力、工作效能为导向的河北党政人才评价体系，形成并实施有利于党政人才不断开拓创新的评价体系。

### （八）实施党政人才"全生命周期"培养方案

要采取"全生命周期"培养党政人才理念和行动计划，提升培养认知，从入职前就开始有意识地选拔和培养，做好任职期间的党政人才阶段性、年度性、专题性培养，与外地党委、政府合作，互相换人培养，实现异地培养的深化结合。围绕党政人才成长的不同阶段和特点，对初任党政人才、青年党政人才、科级党政人才、处级党政人才、优秀骨干党政人才、基层骨干党政人才进行重点培养，设置党政人才专项培养基金，精准支持各类成长性党政人才发展壮大，打造形成完善的党政人才"全生命周期"培育体系，扩大财政培训项目的覆盖面，使更多的党政人才受益于培养政策，真正扩大培养的覆盖面和"深耕细作"。

要突出全方位培养党政人才，这是中央人才工作会议提出的人才发展的工作部署要求。要培养党政人才，鼓励党政人才走好自主培养之路。要培养优秀青年党政人才队伍，因为青年人是战略党政人才未来的希望和主力，所以要将培养国家重大战略党政人才的政策重点放到优秀青年党政人才队伍上来，支持年轻人当主角、挑大梁、冲先锋。在人才类型上，培养党政人才既要注重培养专才，突出某项党政系统特色长处，又要注重培养全才。在工作领域上，培养党政人才既要全方位谋划基础党政人才培养，以更好地服务河北基层，又要培养高水平复合型党政人才。从人才层次上来说，培养党政人才个体，还要打造大批优秀顶尖党政人才和创新团队。

**参考文献**

《中共中央关于党的百年奋斗重大成就和历史经验的决议》，新华网，2021年11月16日，https：//baijiahao.baidu.com/s？id=1716574999792985193&wfr=spider&for=pc。

《关于〈中共中央关于党的百年奋斗重大成就和历史经验的决议〉的说明》，澎湃在线网，2021年11月16日，https：//m.thepaper.cn/baijiahao_15411262。

# B.8
# 河北省创新型科技人才培养路径研究

曹鹏 杨帆 刘洋*

**摘　要：** 创新型科技人才是经济发展的助推器，是实现产业结构转型升级的根本要素。河北省正处于产业发展的转型期，实现经济高质量发展急需创新型科技人才的助力。本报告首先分析了河北省培养创新型科技人才面临的机遇和挑战，较为全面地阐述了河北省创新型科技人才培养的状况。其次分析了在创新型科技人才培养过程中河北省所面临的问题，并构建了以政府、高校、企业三方合作为基础的创新型科技人才培养路径模型。最后提出了加大高端科技人才培养力度、融合完善人才培养模式、依托产业发展培养创新型科技人才、通过多方联合培训培养创新型科技人才的对策建议。

**关键词：** 科技人才　创新型人才　人才培养

## 一　创新型科技人才对河北省发展的重要意义

创新是引领发展的第一动力，而创新型人才是推动创新发展的核心要素。在创新驱动战略中，科技创新是实现产业结构转型、推动经济发展的重要引擎，而创新型科技人才则是促进科技创新发展的第一要素，

---

\* 曹鹏，河北师范大学汇华学院讲师，主要研究方向为人力资源管理；杨帆，河北劳动关系职业学院讲师，主要研究方向为电子商务人才；刘洋，河北师范大学汇华学院讲师，主要研究方向为人力资源管理。

高水平和高素质的创新型科技人才能够为区域经济发展提供强大的动力。对于创新型科技人才培养的倡导可以追溯到20世纪80年代，我国相继出台了大量关于培养创新型科技人才的政策和措施，其中包括长江学者奖励计划、"百千万人才工程"等。[1] 党的十八大之后，我国提出了从营造创新环境、构建人才梯队和建立引才用才机制三个方面来培养创新型科技人才的途径，并明确提出了培养造就一大批具有全球视野和国际水平的战略科技人才、科技领军人才、青年科技人才和高水平创新团队的目标。[2] 党的十九大报告明确提出"创新是引领发展的第一动力，是建设现代化经济体系的战略支撑"，进一步确定了创新在我国全方位发展中的引领地位。党的十九届五中全会报告指出了调动科技人才的积极性、发挥创新型人才的活力是培养创新型科技人才的重要手段，强调要建立"以创新能力、质量、实效、贡献为导向的科技人才评价体系"[3]。

随着河北省产业转型升级的不断深入，创新成为推动产业发展的最关键要素，只有通过科技创新才能加快河北省产业转型升级的速度，从而推动经济高质量发展。近年来河北省不断加大对高科技产业的投入力度，大力发展生物医药、信息通信、新型钢铁、现代农业等产业，力图通过科技创新的力量重振经济活力。[4] 在这一过程中，创新型科技人才是推动产业发展和经济转型的最重要因素，创新型科技人才的培育也成为河北省实现科技强省、人才强省战略的重要手段。在此背景下，有效激发各方培养创新型科技人才的动力，发挥政府、高校、企业等各自的资源优势，围绕河北省经济和产业发展规划制定相应的人才培养计划，对河北省实现经济高质量发展具有重要意义。

---

[1] 盛楠等：《创新驱动战略下科技人才评价体系建设研究》，《科研管理》2016年第S1期。
[2] 陈建武、张向前：《我国"十三五"期间科技人才创新驱动保障机制研究》，《科技进步与对策》2015年第10期。
[3] 黄钟钘、包倩文：《我国企业科技创新人才队伍建设与培养路径》，《福建论坛》（人文社会科学版）2021年第7期。
[4] 白玉芹：《河北省先进制造业发展、问题与建议》，《经济论坛》2021年第3期。

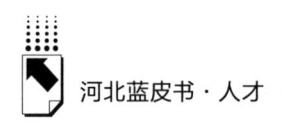

## 二 河北省培养创新型科技人才面临的机遇和挑战

**1. 河北省培养创新型科技人才面临的机遇**

（1）人才供给稳步上升

近些年，河北省人才总量逐步上升。统计数据显示，1993年河北省人才总量为190.3万人，截至2019年，河北省人才总量已达4220万人，[1] 在专业技术人才和其他专门人才培养方面也有突破。整个人才队伍囊括了具有创新和高技术技能的专业技术人才、具有战略决策能力和业务开拓能力的经营管理人才、助力乡村振兴且具备新型农业专业技能的农村专业技能人才。[2] 统计资料显示，截至2018年，河北省专业技术人才总量已达256万人，相比于刚刚改革开放时的53.53万人增长了近4倍，其中高技能人才229.8万人，其占比略高于全国平均水平。另外，河北省还拥有院士、首席科学家、各类高层次专家6050人，人才结构的层次整体上有所提升。[3]

（2）人才政策逐步推进

为了吸纳人才，河北省委、省政府制定了各类人才政策，地方各级政府出台了各类人才吸引和培育措施。2010年颁布了《河北省中长期人才发展规划纲要（2010—2020年）》，到2020年时已取得了较为理想的效果。另外，根据河北省省情和各地方人才特点颁布了《关于加强高层次创新型人才队伍建设的若干意见》，将人才的发展规划和河北省整体发展相结合，以人才带动经济社会稳步发展。同时，河北省结合国家人才发展规划和京津冀协同发展战略规划布局，对高层次人才和创新型科技人才进行了重点规划，根据人才的引入、培育、使用、留置等推出各类有针对性的政策措施，同时

---

[1] 《河北经济年鉴2019》。
[2] 张艳丽、王建华、许龙：《京津冀协同下河北省创新型科技人才引进环境与培育能力对策研究》，《中小企业管理与科技》（下旬刊）2021年第9期。
[3] 杨克众、梁林：《河北省科技人才竞争力评价研究》，《河北经贸大学学报》（综合版）2021年第3期。

为了保证人才服务稳步推进，2017年河北省协同北京、天津联合发布《京津冀人才一体化发展规划（2017—2030年）》，为高质量人才发展提供了制度保障。[①]

（3）人才素质逐渐提升

河北省实施科教兴省战略以来，科技人才素质逐步提升，人才队伍结构趋于合理。随着近年来人才政策的不断出台，河北省高层次人才队伍初具规模。随着高等教育覆盖范围的不断扩大，科技人才素质、学历、职称等不断提升，已经形成具有一定质量的创新型科技人才队伍。除此之外，河北省不断引进高层次人才，在省内实施"三三三人才工程""燕赵学者支持计划""百千万人才工程"等，同时积极培育省内人才，使其达到国家高层次人才标准，出现了一批享受国务院政府特殊津贴专家、有突出贡献的中青年专家等，拔高了人才队伍的整体素质。[②] 2016年以来，河北省入选院士5人，国家重点人才计划入选近百人，中华技能大奖获得者2人。同时，省委、省政府深化实施省高端人才、省管优秀专家、"巨人计划"领军人才、青年拔尖人才等专项支持计划，着力培养高层次创新型人才，直接选拔管理的重点专家人才达2246人。

（4）人才环境不断改善

"十三五"规划实施以来，为了引入人才、留住人才，河北省不仅在人才政策、人才制度以及创业环境上不断进行改善，还在影响人才吸附力的自然生态环境、居住环境、住房教育环境上加大提升力度。另外，各地市积极实施"筑巢引凤"计划，不断引入高层次人才。通过人才政策优化人才环境，不仅在人才的子女教育、家属安置、住房分配等方面进行政策倾斜，同时积极破除限制人才流动的城乡、户口、部门等"壁垒"，加快优质人才资源的流动，优化人才配置。[③] 在营造重视人才的社会氛围上，积极破除学

---

[①] 陈尊厚、杨伟静：《河北省战略性新兴产业与科技创新协同发展研究——基于京津冀协同发展视角》，《经济研究参考》2016年第21期。
[②] 姜兴、刘嘉茵：《京津冀科技人才聚集效应支持能力比较研究》，《中国人才》2012年第8期。
[③] 柳玉民、梁释心：《河北省"十一五"期间科技人才流失情况研究》，《中国人才》2013年第6期。

历、职称、年龄等方面的限制，营造重视人才、尊重人才的社会氛围。通过人才环境的不断改善，河北省基本形成了较为良好的人才生态环境，为进一步推动人才工作进程打下了基础。

2.河北省培养创新型科技人才面临的挑战

（1）京津冀协同发展带来的创新型科技人才培养方面的挑战

在京津冀协同发展战略中，北京、天津、河北三地都在积极推进人才战略，包括人才引进、人才培养以及人才共享在内的相关人才政策不断出台，但在实施过程中，由于河北省在人才吸引以及人才培育等方面滞后于京津两地，三地人才发展极不均衡，在创新型科技人才的引入和培育方面尤为突出。[1] 科技强省战略是河北省加快推进创新型科技人才发展的基本规划，但是在整个京津冀协同发展过程中，河北省科技创新能力相较于京津两地存在较大差距，使得大量创新型科技人才流入京津。科技创新资源的短缺也使得创新型科技人才的培养难度加大，难以取得突破性进展。2020年中国科学技术发展战略研究院发布的《中国区域科技创新评价报告》显示，北京、天津的科技创新能力分别居全国第2位和第4位，而河北省仅列第20位。科技创新能力的差距使得京津冀三地的共享合作大多局限于项目层面，较少有人才的共享和交流。[2] 三地在薪酬、职业前景、福利待遇方面的差距，更加大了河北省创新型科技人才培养的难度。

（2）雄安新区建设带来的创新型科技人才培养方面的挑战

雄安新区的设立对河北省创新型科技人才的培养和发展无疑起到了推动作用，但是河北省在政策条件、人才培育以及人才留置方面存在诸多问题，使得雄安新区对河北省创新型科技人才培养难以起到大的推动作用，甚至在一定程度上阻碍了河北省整体的科技人才队伍发展。[3] 在政策方面，河北省各地都出台了相应的人才政策，但是在和雄安新区人才协同发展方面还没有

---

[1] 姜兴、刘嘉茵：《京津冀科技人才聚集效应支持能力比较研究》，《中国人才》2012年第8期。
[2] 陈树玉、单巨川：《京津冀协同发展中高校创新人才如何培养》，《人民论坛》2016年第20期。
[3] 刘兵等：《雄安新区引进高端人才的博弈分析》，《经济与管理》2018年第2期。

具体措施。未来雄安新区的人才吸引能力毋庸置疑，如果没有较为完善的人才共享机制，很可能会造成河北省其他地区与雄安新区人才的极度不均衡，在创新型科技人才方面，这个问题可能更为突出。另外，由于雄安新区具备先天的政策优势，在高等教育建设和人才环境营造上虽然起步较晚，但是发展速度远超河北省其他地区，这在将来也会加剧河北省其他地区与雄安新区在科技人才培育和留置方面的差距。如果河北省不能尽快出台包含雄安新区在内的整体人才协同培养方案，那么河北省创新型科技人才培养的进程将面临不小的挑战。①

（3）科教强省战略带来的创新型科技人才培养方面的挑战

从 2010 年开始河北省就将科教强省战略作为主题战略进行重点部署，力求以科技创新能力带动经济发展，实现经济发展方式上的结构性转变。但是在实际发展中，河北省在科技创新的多个领域还存在诸多问题，制约了科教强省战略的发展和创新型科技人才的培养。首先是高科技产业发展规模小。2020 年河北省高科技产业营收总额为 1596 亿元，仅列全国第 18 位，远远落后于广东、江苏、山东等省。全省重点发展的生物医药产业，2020 年全年营业利润率为 11.4%，在全省高科技产业中发展势头较好，但是与生物医药产业全国领先的江苏省相比还存在不小的差距，利润总额仅为江苏省的 1/3。② 高科技产业发展规模较小也反映出高科技企业规模较小，难以为创新型科技人才培养提供孵化器，制约了创新型科技人才的发展。其次是支持高科技产业发展的科研经费投入不足。在河北省高科技产业中占较大比重的医药制造业、医疗器械制造业，2020 年科研经费内部投入仅为 21.7 亿元，远远落后于广东和江苏等先进省份，没有将研发经费投入集聚到重点发展产业当中。另外，高科技产业投资结构也不尽合理，信息通信产业、生物医药产业作为全省重点发展产业，其研发经费投入中，政府财政投入占主要部分，风险投资、创新创业投资等社会性投资占比很小，缺

---

① 周爱军：《雄安新区人才生态环境评价与涵养路径》，《河北学刊》2021 年第 6 期。
② 陈尊厚、杨伟静：《河北省战略性新兴产业与科技创新协同发展研究——基于京津冀协同发展视角》，《经济研究参考》2016 年第 21 期。

乏较为完善的科技风险投资体系。① 经费投入不足难以为创新型科技人才培养提供资金，不仅制约了产业和企业的发展，也制约了创新型科技人才的培养。除此之外，高科技产业在发明专利数、专利转化率、产业发展效率等方面都落后于其他先进省份，这都在一定程度上制约了创新型科技人才的培养。

（4）新冠肺炎疫情带来的创新型科技人才培养方面的挑战

新冠肺炎疫情在某种程度上改变了世界运行秩序，对全球经济、社会、科技甚至政治都产生了巨大影响。在这一背景下，河北省创新型科技人才的发展必然会受到影响。② 科技人才交流、合作和培养需要程度较深的接触，受疫情影响，大部分领域和行业的交流被迫暂停或改为线上方式，极大地影响了人才交流和培养的效果，只有医疗卫生领域的人才交流合作进展较快。③ 疫情的不断反复限制了人员流动，科技人才的国内交流和培训都受到了限制。从长期来看，未来河北省的创新型科技人才培养在疫情防控常态化的背景下还面临诸多挑战。

## 三 河北省创新型科技人才培养存在的问题

1.重点产业发展滞后，制约人才培养发展进程

河北省重点产业发展进程缓慢，难以为人才培养构建良好的基础。这些问题存在于几个方面。一是产业链平台发展缓慢。2019年河北省重点发展的生物医药产业已经远落后于北上广深，以石家庄市为例，相比起步较早的济南、烟台等生物医药产值总收入已破千亿元大关的城市，石家庄市的生物医药产业总产值已经远远落后。另外，河北省钢铁产业转型升级取得了一些效果，使得高端、关键钢铁新材料的研发和生产有了一定的增长，但是受环

---

① 穆桂斌、张雪晨：《河北省科技引进人才工作状况调查》，《河北大学学报》（哲学社会科学版）2015年第2期。
② 夏杰长：《全球疫情冲击下的中国服务业：分化与创新发展》，《财经问题研究》2020年第6期。
③ 胡孝乾、吴楚楚、邓雪：《新冠疫情对2022年北京冬奥会体育遗产影响的内容、路径和方式》，《上海体育学院学报》2021年第3期。

保压力的影响，产业发展依旧缓慢，未能建立较为完备的钢铁产业链。滞后的发展产业平台无法为技术人才提供广阔的职业发展平台，也阻碍了人才培养的实施。二是规划深度和精细度不够。随着国家整体的产业转型布局，各省（区、市）都出台了各自的产业规划方案。江苏省提出"万亩千亿"新产业平台，倾力打造万亿级"中国药谷"，广东省明确提出打造若干个千亿级产业集群。① 河北省也发布了《河北省战略性新兴产业发展"十四五"规划》和《河北省特色产业发展"十四五"规划》，围绕8个重点产业分类提出了21个专项发展工程，但目前产业发展规划的深度还不够，具体思路不明晰，规划战略的精细度不够，有待今后进一步完善。三是企业研发参与度不足。河北省研发经费投入总量虽然不断增加，但是企业研发经费投入比例却不高，以电子信息产业为例，2019年河北省电子信息产业研发经费投入中企业研发经费投入占比为89.7%，而北上广深已经普遍达到90%以上，高于河北省的比例，其他先进省份也远高于河北省，这也制约着河北省企业对创新型科技人才的培养。

2. 高端人才和研发投入不足，难以起到培养带动作用

人才培养需要产业人才的带动，尤其是产业高端人才的带动，河北省在科技人才培养中由于产业高端人才缺乏，创新型科技人才培养进程缓慢。首先，高端人才供给不足。河北省产业中高端人才数量严重不足、国际化程度不高，专业技术过硬的人才短缺。存在人才供需矛盾突出的问题，表现为人才供给不足、素质偏低，高技能人才短缺在中小企业和民营企业中明显。② 相关资料显示，河北省高级技师仅占全部工人总数的4%左右，而中级以下技术工人占全部工人总数的近四成，劳动者素质偏低和技能型人才紧缺已成为石家庄经济社会发展的瓶颈。其次，基础和应用研发投入不足。近年来河北省的医药制造和计算机、通信和其他电子设备制造业研发人员折合全时当

---

① 井辉：《河南省高层次科技人才发展环境评价与对策研究》，《行政科学论坛》2019年第9期。
② 白玉芹：《河北省先进制造业发展、问题与建议》，《经济论坛》2021年第3期。

量合计中，绝大部分为试验发展人员，基础和应用研究人员较为紧缺。① 据统计，2020年河北省研发经费总体投入634.4亿元，相比2019年增长了11.9%；基础研究经费投入15.6亿元，比2019年增长了4.5%；应用研究经费投入56.2亿元，比2019年下降了3.1%；试验发展经费投入562.6亿元，相比2019年增长了13.9%。但是经费整体投入还与其他省份有较大差距，底层的核心技术研究投入也与先进省份相差较远，使得河北省原始创新的动力不足。经费投入总量不足和结构不够优化直接制约着创新型科技人才培养的数量和质量。

3. 企业内部培训不足，人才外流阻碍培养动力

一项研究表明，某世界500强企业用于企业员工的培训费用，远远高于其支付的薪酬和福利支出。② 河北省在高端人才极度紧缺的现状下，对中低端人才进行培训和提升的意义更甚于人才引进。当前对于专业技术人才的培训主要是政府行为，企业内部组织的相关培训明显不足。当前很多企业存在急功近利思想，片面追求盈利、降低成本，对高端人才的需求主要通过引入解决，对现有人才的培养培训、激励奖励不够，发挥本地高端人才的积极性不高，缺乏人才储备观念，致使省内高端人才的培育步伐缓慢。相关数据显示，河北省生物医药和电子信息等产业中的企业人才培养周期较长，硕士培养三五年后才可基本成才，但是难以避免被外地同类竞争企业高薪挖走，造成企业人才损失和成本损失，人才外流情况进一步成为企业加大培训力度的绊脚石。各项人才的培训不足根源在于城市人才吸引力不足，城市人才外流和企业培训的内生矛盾，成为人才培训和发展的一大阻碍。③

---

① 杨克众、梁林：《河北省科技人才竞争力评价研究》，《河北经贸大学学报》（综合版）2021年第3期。
② 蒋艳辉等：《非高管型海归、本土科技人才与企业突破性创新——来自中小型高新技术企业的经验证据》，《中国软科学》2018年第2期。
③ 顾玲琍、王建平、杨小玲：《科技人才政策实施效果评估指标体系构建及其应用研究》，《中国人力资源开发》2019年第4期。

## 4. 产学研融合度不高，人才培养链条存在缺失

创新型科技人才培养需要企业、高校、政府、科研机构等多方合作，构建完整的产学研人才培养链条，但河北省在整个链条的构建中还存在一些问题。首先，科技中介服务机构在产学研合作中未发挥作用。科技中介机构是面向社会开展技术扩散、成果转化、科技评估、创新资源配置、创新决策和管理咨询等专业化服务的机构。河北省完全基于市场化运作的技术转移科技中介服务机构还较少，很难满足企业的需求。相关资料显示，中小企业更迫切需要与高校和科研机构合作，由于中小企业没有实力建立自己的研发中心，自身研发能力不足，也不会每年投入大量费用支付博士、硕士的工资，社会关系网络较差，不能很好地和高校等研发机构进行深入的沟通合作。[1] 其次，产学研合作不足，存在"有研发、无产业"和"有产业、无研发"等不匹配、不协调的问题。[2] 中国电子科技集团公司第五十四研究所、第十三研究所等电子信息科研单位均位于河北省，且在研发能力上全国领先，但与之配套的上下游知名企业却凤毛麟角。石药、华药等医药龙头企业大多把研发机构设在了京、津、沪等地区，创新成果未在省内进行有效转化。最后，校企制度和观念存在差异。在现实中，高校科研人员认为高校与企业合作的课题在晋升职称上不能作为科研成绩，与企业合作热情不足；企业负责人认为科研人员的自研课题力求学术新颖，较少考虑是否能够为企业所应用。一些促进产学研合作的体制机制问题有待解决。

## 四 河北省创新型科技人才培养的路径模型

根据目前河北省创新型科技人才培养所面临的机遇和挑战以及存在的问题，综合河北省具体情况构建了创新型科技人才培养的路径模型，如图1所

---

[1] 裴玲玲：《科技人才集聚与高技术产业发展的互动关系》，《科学学研究》2018年第5期。
[2] 赵青霞、夏传信、施建军：《科技人才集聚、产业集聚和区域创新能力——基于京津冀、长三角、珠三角地区的实证分析》，《科技管理研究》2019年第24期。

示。主要包括以政府、高校合作为基础的学科建设和人才培养模式，以企业、高校合作为基础的产学研链条建设模式，以政府、企业合作为基础的产业平台建设模式。充分发挥政府、高校、企业三方面的作用，以学科建设和人才培养推动产学研链条建设，以产学研链条建设推动产业平台建设，最终形成合力以构建完整的创新型科技人才培养路径。

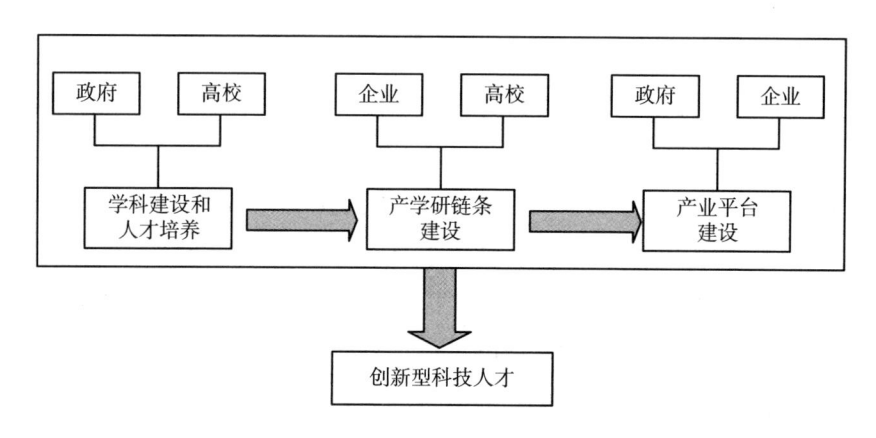

**图1 创新型科技人才培养路径模型**

### 1. 以政府、高校合作为基础的学科建设和人才培养模式

在产业经济发展尚不完善的阶段，企业难以在市场中发挥完全的作用，高校也无法完全根据市场需求培养和产业对接的人才，不能完全自主地建立和市场相适应的专业和学科，高校的人才培养体系还不够成熟。在这个背景下，政府需要发挥人才培养统筹者和规划者的作用，支撑高校的学科建设和人才培养。通过政府的指导和引导作用，扩展高校的人才培养能力和学科建设自主权，通过倾向性政策的激励和扶持，支撑高校人才建设，政府和高校相互合作，构建学科建设和人才培养模式。①

首先，政府要积极统筹，出台引导性政策措施，积极推动地方高校创新型科技人才的学科建设和人才培养机制建设，通过人才培养经费投入、

---

① 孟国忠、王正：《校企协同创新人才培养动力机制探究》，《实验室研究与探索》2018年第12期。

财政经费保障、经费制度完善等方式推动高校创新型人才培养和学科建设的进程。其次，政府要引导社会资金投入高校的人才建设中去，通过风险投资、社会投资等形式将高校优质科技创新项目引入市场化运作当中，既解决了项目资金问题，也解决了科技人才创新实践的平台问题。最后，政府和高校合作创建科技实践平台，以高校的科研项目、人才为依托，以政府资源投入为催化剂，不断完善高校的学科建设，以学科建设带动创新型科技人才培养。

**2. 以企业、高校合作为基础的产学研链条建设模式**

构建较为完整的产学研链条对于企业和高校的人才培养来说都是至关重要的，产学研合作能够让企业获取较多的外部资源，尤其是高校人才资源，对于企业研发经费投入、技术领域拓展和研发风险分担也有重要作用。同时，产学研合作能够让高校不断完善自身的学科建设体系和人才培养体系，也能够为创新型科技人才提供实践平台。企业和高校开展校企合作，使高校的科研资源和企业的市场资源相对接，让创新型科技人才在自身具备理论和技术的基础上增加市场实践经验，提升自身整体能力和素质，使创新型科技人才更加适应市场化的需要。①

首先，高校要不断推进校企合作进程并创新校企合作模式，将教学、实习实践、就业贯穿为一条完整的链条，通过校企合作完善创新型科技人才的培养体系。高校要为科学技术相关学科开设企业实训课，作为理论学习的补充。同时以合作企业为依托，锻炼相关学科学生的实践能力，使之进入企业后成为具备一定创新能力的科技人才，达到创新型科技人才培养的目的。其次，企业要改变现有绩效考核方式和考核体系，将校企合作所获得的产学研成果作为企业业绩考核的一部分，提高企业方的积极性。同时，企业要优化自身的科技创新平台建设，吸纳高校人才，为自身储存创新型科技人才后备

---

① 陈星平、毕利娜、吴道友：《中国政府推进科技人才创新创业的注意力测量——中央政府工作报告（1978—2017）文本分析》，《科技进步与对策》2018年第23期。

力量。① 最后，中小型科技企业也要利用自身优势资源积极开展和高校的合作，吸纳特定领域的创新型科技人才，不断提高自身在市场中的优势地位，同时为高校特定专业、特定学科的人才提供实践平台，培育特定行业和领域的创新型科技人才。

**3. 以政府、企业合作为基础的产业平台建设模式**

政府对于营造有利于创新型科技人才成长的企业环境具有重要作用，政府通过推行有利于企业发展的政策，使企业不断完善与高校的产学研合作链条，优化自身产业平台建设，为创新型科技人才的培养提供良好的环境。② 政府也要为本地企业发展制定总体规划，依据产业发展规划企业发展路径，具体到河北省，要根据重点产业发展规划有针对性地为产业平台建设提供政策保障，使企业发展、创新型科技人才培养和产业发展规划的路径相一致。政府和相关部门还要根据企业发展需要和宏观经济发展状况，制定行之有效的政策法规，维护企业创新型科技平台建设的发展，确保平台建设有序进行。

首先，政府要发挥专精特新企业在创新型科技人才培养中的作用，积极推动这些企业搭建产业平台作为人才培养的孵化器，对于在行业中发展潜力较大、特定技术占有重要地位的专精特新企业给予政策和资金扶持，确保这些企业具备创新型科技人才培养的能力和条件。其次，要对企业承担的重大科研项目给予配套政策支持，尤其是企业科技成果转化促进核心关键技术实现自给自足的项目，政府要给予大力支持，对于这些技术的研发人员要给予奖励，促进创新型科技拔尖人才的培养。③ 最后，政府还要对在科技创新中取得突出成果的企业给予税收优惠和资金补贴，因为这些企业的科技成果能够为创新型科技人才培养提供平台和孵化器，政府给予这些企业优惠能够为

---

① 孟国忠、王正：《校企协同创新人才培养动力机制探究》，《实验室研究与探索》2018年第12期。
② 陈桂香：《高校、政府、企业联动耦合的创新创业型人才培养机制形成分析——基于三螺旋理论视角》，《大学教育科学》2015年第1期。
③ 李恩平、李娇：《高科技企业科技人才股权激励的主要形式及特征分析》，《经济体制改革》2016年第2期。

行业树立标杆,发挥这些企业在产业中的带动效应,在更大范围内促进创新型科技人才的培养。

4. 政府、企业、高校合力构建的创新型科技人才培养模式

创新型科技人才的培养是一项系统性的复杂工作,仅仅依靠政府、企业、高校一方面的力量很难达到理想的效果,需要多方形成合力。[1] 政府、企业、高校属于不同性质的主体,在培养创新型科技人才方面可以发挥不同的作用。政府为企业、高校的人才培养提供政策支持,同时依据产业发展规划引导创新型科技人才培养的方向;企业为高校人才培养提供实践合作平台,并发挥资金和市场优势,提高创新型科技人才的实践能力;高校作为人才培养基地,除了培养人才的基本素质和能力之外,还需要根据市场需求和未来产业发展的方向规划人才培养路径,这需要政府和企业两方的协同合作。[2]

首先,由政府和高校合力构建学科建设和人才培养模式。由政府引导高校依据经济和产业发展需要设立并打造专业和学科,根据市场所需要的科技人才类型有针对性地进行人才培养,并由政府依据人才政策规划向高校学科建设和人才培养投入资金,为社会提供能够促进产业发展的创新型科技人才。其次,在政府和高校构建学科建设和人才培养模式的前提下,由企业为高校人才培养提供实践平台,提升人才的实践能力和综合素质,并由高校为企业提供市场化运作所需的科研项目,实现产学研链条的完整构建,使科技人才在校企合作的模式下得到充分培养,提高其创新性和适应市场的能力。[3] 最后,在构建较为完整的产学研链条的前提下,由政府依据产业发展有导向性地规划本地区企业发展的方向,使之逐步形成规模效应,完成产业平台的建设,以产业平台提高对科技人才的吸附力,并依托产业平台

---

[1] 陈桂香:《高校、政府、企业联动耦合的创新创业型人才培养机制形成分析——基于三螺旋理论视角》,《大学教育科学》2015年第1期。

[2] 孟国忠、王正:《校企协同创新人才培养动力机制探究》,《实验室研究与探索》2018年第12期。

[3] 刘颖:《构建多元化创新科技人才评价体系》,《中国行政管理》2019年第5期。

培养更高水平的创新型科技人才。通过政府、高校、企业三方的协调配合，以政府、高校学科建设和人才培养为基础，以企业、高校产学研链条为依托，以政府、企业产业平台建设为方向，合力构建创新型人才培养的路径模式。

## 五 河北省创新型科技人才培养的对策建议

**1. 以学科建设和人才培养为基础，加大高端科技人才培养力度**

高端科技人才对创新型科技人才培养起着重要的引领作用，河北省目前产业中的高端科技人才明显不足，需要加大对高端科技人才的培养力度。一是构建较为完善的科研平台，加大科研投入。河北省可以整合高校、政府相关部门的科研资源，将科研资源与市场机制相结合，提高科研资源的利用效率。通过科学合理的市场化运作，以资金、技术等要素集聚科研资源，通过科研资源吸引高端科技人才进入到产业当中。① 二是健全高端科技人才培养体系。一个地方能否培养出一定数量的高端科技人才，在很大程度上取决于地方的人才培养体系，河北省虽然不能在短时间内搭建非常完善的人才培养体系，但可以依托京津冀协同发展的契机，借鉴京津地区相对完备的人才培养框架，不断完善河北省高端科技人才培养体系。三是加大高校人才培养力度。河北省要抓住"双一流"建设的契机，重点打造一批"双一流"学科，争取建设"双一流"高校，以高校资源为依托，培养河北省产业发展所急需的高端技术人才，并根据市场需求转变人才培养方式，使高校人才培养和市场需求充分对接，充分发挥为产业发展提供高端技术人才的支持功能。

**2. 以产学研链条建设为基础，融合完善人才培养模式**

建立产学研融合的人才培养机制的目的是形成较为完善的创新型科技人才培养链条，形成多元化、个性化、产业化的人才培养机制。一是通过产学

---

① 刘亚静、潘云涛、赵筱媛：《高层次科技人才多元评价指标体系构建研究》，《科技管理研究》2017年第24期。

研融合为创新型科技人才制定职业成长规划,通过改革高校的人才培养方案,使之适应企业发展和市场化、产业化人才培养的需求,并通过校企合作模式下的企业实习为创新型科技人才奠定职业发展基础。[①] 二是改革创新型科技人才考评机制。创新型科技人才由于其特殊性,需要较为灵活、科学的考评体系。对于创新型科技人才的考评需要在产学研合作的基础上,改革原来只将产出绩效作为主要指标的考评方式,既要参考产出指标,又要参考隐性、不易量化的考评指标,为创新型科技人才培养破除制度阻碍。三是完善创新型科技人才师资队伍和人才共享机制。创新型科技人才培养需要高素质的师资队伍,要求师资具有较强的实践能力和创新能力,这对于"双师型"师资的需求非常迫切。[②] 但是目前河北省"双师型"师资较为缺乏,师资质量不高,对创新型科技人才培养起到的作用微乎其微。企业要利用校企合作、产学研合作的契机,既为高校培养高质量的"双师型"师资,又为自身培养创新型科技人才。同时,河北省还要借助京津冀协同发展的契机,最大限度地利用京津地区的师资资源和人才资源,通过人才共享的方式降低人才培养的成本,提高人才培养的效率。

**3. 以产业平台建设为基础,依托产业发展培养创新型科技人才**

创新型科技人才的培养需要产业平台作为依托,河北省可以根据自身产业发展特点,以政府、企业合作的产业平台建设模式来培养相应的创新型科技人才。一是要聚焦重点产业,以产业发展带动人才培养。河北省可以依托政府的主导作用,集中资源投入到新型钢铁产业、生物医药产业、现代农业产业等重点打造的产业中,使这些产业具有规模效应,以产业吸附优秀人才,并依托产业规模的优势培养创新型科技人才。[③] 二是引入龙头企业,充分发挥企业在市场中的主导作用,以企业资源培养创新型科技人才。除了打

---

① 李明、李鹏:《产学研融合下的科技创新与经济发展》,《财经问题研究》2017年第1期。
② 胡朝霞:《应用型高校转型背景下"双师型"人才队伍建设思考》,《科技视界》2020年第23期。
③ 宛群超、袁凌、谭志红:《科技人才集聚、市场竞争及其交互作用对高技术产业创新绩效的影响》,《软科学》2011年第11期。

造重点产业以吸附人才之外，河北省还可以集中资源引入一到两家国际国内知名龙头企业，发挥龙头企业的产业链带动效应，吸引上下游企业入驻，最终形成相对完整的产业链，以产业链培养创新型科技人才，节省资源，提高人才培养的效率。三是转变发展理念，以新型产业培养新型科技人才。政府可以利用近年来河北省治理生态环境的经验开发新型环保技术，并积极引导企业将新兴技术市场化，在治理污染的同时推动绿色环保企业的发展，并逐步构建新兴环保产业，打造新的经济增长点。同时依托新兴环保产业培养新技术人才，以政府为主导，以企业为依托，构建政府、企业合作的创新型科技人才培养模式，实现产业人才双发展，形成产业人才双赢的局面。[1]

**4. 以高校、企业、政府三方合作为基础，通过多方联合培训培养创新型科技人才**

有调查表明，企业在高速发展时期对创新型人才的需求最为迫切，尤其是科技型企业，需要创新型科技人才为企业发展不断注入活力，最终转换为企业发展的生产力。河北省中小型科技企业数量众多，近年来随着河北省产业规划的发展，这些企业正处在高速发展期，但是由于区位、资源等限制，河北省中小企业对创新型科技人才的吸引能力偏弱，大量人才需要企业自身培养。因此，各类科技型企业可以通过多种类型的内部培训培养自身所需要的创新型科技人才。一是通过内部导师制培养人才。利用企业有限的优质人力资源组建导师组，对新员工和计划培养的员工进行有针对性的培养。导师制可以适应中小企业资源有限、培训能力不足的情况，也可以提高企业的培训效率。另外，导师制的培训方法也多种多样，可以根据被培训人员的特点因材施教，非常适合培养创新型科技人才。[2] 二是利用高校资源培养企业创新型科技人才。在企业与高校充分开展校企合作的前提下，企业可以和高校对接资源，聘请高校师资为企业员工开展培训，并依托校企合作项目培养新人，利用合作项目中的高校教师资源和企业自身人才资源，快速培养自身所

---

[1] 蒋洪强、卢亚灵、杨勇：《我国环保人才队伍状况分析》，《中国人才》2014年第7期。
[2] 裴玲玲：《科技人才集聚与高技术产业发展的互动关系》，《科学学研究》2018年第5期。

需要的科技人才。① 三是充分利用政府培训项目。河北省人力资源和社会保障厅每年都会投入大量资金用于人才培训，其中不乏科技人才培训项目，企业可以依据这些项目的要求，让自身想要培养的人才参与到这些项目当中，并和自身内部培训相结合，提升人才培养的效率。

---

① 孟国忠、王正：《校企协同创新人才培养动力机制探究》，《实验室研究与探索》2018 年第 12 期。

# B.9
# 新发展格局下河北省企业家人才培养问题研究
## ——行业协会发展视角

罗振洲 罗必佳*

**摘 要:** 作为中介组织,企业家协会在企业家人才培养中发挥了重要作用。河北省企业家协会把企业家人才培养放在重要位置,取得了显著成效。一是始终坚持党的领导,服务河北发展大局;二是强化雇主组织代表职能,助力企业家人才健康成长;三是以信息化建设为引领,协助企业家提升工作效能;四是大力弘扬企业家精神,助力河北新时代企业家人才队伍建设;五是充分发挥自身职能,助力全省企业家干事兴业。

**关键词:** 企业家协会 人才培养 河北省

行业协会作为现代社会的一种中介组织,为商品生产者及经营者等提供行业自律、协调沟通、事务咨询等类型之服务。作为民间组织的一种,行业协会在企业与政府之间发挥着桥梁与纽带的作用。根据国家颁布的《民法典》,行业协会属于社团法人,是具有非营利性质的非政府机构。企业家协会,是由企业家自愿组成,具有全国属性或地方属性、联合属性以及非营利属性的一类社会组织,是各级党委、政府联系企业家之桥梁与纽带,系雇主

---

\* 罗振洲,河北省社会科学院人力资源与劳动经济研究所副研究员,主要研究方向为工业经济与战略管理;罗必佳,河北科技师范学院物理系。

组织之代表。在新的历史时期，研究分析企业家协会在服务企业家人才培养中的功能与作用，对于进一步做好河北省企业家人才培养工作，加快推进现代化经济强省、美丽河北建设意义重大，影响深远。

## 一 新时代对企业家人才培养提出了新任务

党的十九大报告中科学诠释了中国特色社会主义新时代的本质与内涵，即"中华民族实现强起来的新时代"。党的十九届六中全会于2021年在北京召开，全会通过了《中共中央关于党的百年奋斗重大成就和历史经验的决议》，并发布《中国共产党第十九届中央委员会第六次全体会议公报》，为全党、全国各族人民建设社会主义现代化强国指明了新方向。河北省委九届十四次全会就贯彻落实党中央最新文件精神出台了相关文件，对全省人民加快建设现代化经济强省、美丽河北提出了新要求、部署了新任务。

企业家协会作为行业协会的重要组成部分，在企业家人才培养中扮演着积极而重要的角色。一是组织企业家会员学习与贯彻落实党和国家的大政方针，汇聚企业家的力量，使他们始终与党中央保持高度一致；二是开展多种形式的培训教育活动，有的放矢地培养和提升企业家的运营与管理能力；三是大力支持与培育青年企业家成长，支持各类人才创新创业，为经济发展提供新的人才动力；四是通过组织经常性的参观交流活动，不断开阔企业家的视野，激励企业家走向世界，开拓全球市场；五是积极主动协助企业解决生产经营中遇到的各种疑难问题，帮助企业家做好重大战略决策，协助企业健康稳定发展。

做好新时代企业家人才培养工作，要组织动员全省企业家为全面建成社会主义现代化强国，实现中华民族伟大复兴的中国梦而不懈奋斗；要号召全省企业家在全面建成社会主义现代化强国，实现第二个百年奋斗目标的新征程上，展示新担当与新作为；要鼓励支持全省企业加快绿色转型，实现高质量发展；要支持企业家投身数字经济、沿海经济、城市经济、县

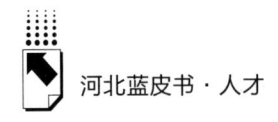

域经济、民营经济，在构建现代产业新体系的进程中，实现企业高质量发展；全省企业家更要把稳步提升人民生活品质，扎实推动共同富裕作为当前的重要工作。

## 二 河北省企业家协会在全省企业家人才培养中发挥着重要作用

河北省企业家协会（成立于1984年）建会近40年来，始终以服务企业、服务企业家为宗旨，广泛深入开展了形式多样的企业服务活动。截至2020年，有近1000家直属会员、5000余家系统会员，遍及全省14个市（区）（含辛集、定州、雄安新区），涉及20多个行业以及多种经济形式的企业。"十三五"以来，河北省企业家协会把企业家人才培养放在重要位置，取得了显著成效。

（一）指导企业家认真履行好雇主职责

作为企业（雇主）组织代表，新冠肺炎疫情发生后，协会通过公众号发送《抗击新型肺炎河北企业家防控倡议书》，号召广大企业家为打赢新冠肺炎防控阻击战贡献力量，并联合劳动关系三方在公众号上发布了《致全省广大企业和职工的倡议书》。除此之外，协会还同河北省人社厅、河北省总工会、河北省工商联等，联合下发了支持企业复工复产等的文件，同人社部、全国总工会、中企联、全国工商联等联合下发了有关文件，以稳定企业之劳动关系，帮助企业复工复产，想方设法维护企业家之权益。

（二）助推企业的信息化建设

为深入贯彻落实党的大政方针和最新政策，河北省企业家协会联合中国电信河北分公司举办了专题会议。通过线上直播和网络培训，以及线下会议交流及中小范围主题活动，加强企业家之间的信息交流。2020年3月，河北省企业家协会携手金蝶软件公司及格力、光峰科技、柔宇科技共同举办

"走进格力·对话董明珠"等主题活动。2020年8月,协会携手金蝶软件公司河北省公司在石家庄世贸广场酒店召开了"河北企业数字化转型创新研讨会",与广大企业一起,共同探讨了产业互联网时代的企业家成长之道。

(三)协助企业家做好诚信体系建设

2020年,河北省企业家协会联合省直有关部门、省级有关社团及第三方信用评价机构,开展了"河北省诚信企业"评价活动。通过企业自主申报、相关部门审查推荐、评选办初审、省相关主管部门复审、评审专家委员会审核、第三方机构评价、向社会公示等过程,有304家企业进入最终信用评价阶段,并将相关信息和信用报告发送至中国人民银行石家庄中心支行,纳入全国联网的企业信用信息基础数据库,为这些企业的社会交往和经济活动提供了便利条件。

(四)积极弘扬燕赵企业家精神

为深入贯彻落实党和国家之大政方针,大力弘扬企业家之精神,提振民营企业家的发展信心,营造浓厚氛围,激发民营企业发展活力,实现河北民营经济高质量发展,2020年11月,河北省企业家协会作为协办单位,参与了全省优秀企业及优秀企业家评选表彰活动。华为技术服务有限公司(廊坊)等入选河北省优秀百强民营企业,中溶科技股份有限公司董事长(唐山)代淑梅等荣获优秀民营企业家称号。河北省企业家协会积极推荐会员企业参加了中国企业联合会、中国企业家协会主办的2020年系列年会活动。巨力集团执行总裁杨将、汇福粮油集团董事长石克荣、敬业集团总经理李慧明、裕华钢铁董事长王树华、石家庄四药董事长曲继广等,被授予2019~2020年度"全国优秀企业家"称号。

(五)继续开展企业家状况调查

受省政府委托,河北省企业家协会多年来一直在开展全省企业家成长状况调查工作,协助政府更好地制定支持与推动培养企业家人才之相关政策,为河北省下一步制定相关政策提供参考依据。2020年,河北省企业家协会开展了本年度的企业家队伍状况调查工作,设计了解企业家状况的调查问卷和企业受疫情影响的调查问卷,以了解企业的生产与经营状况,收集企业家遇到的难题,并上报政府相关部门,协助政府制定政策。河北省企业家协会组织人员前往各地会员企业进行走访调研,对疫情发生后的复工复产情况进行了调研,进一步了解了河北省企业家在疫情发生后真实的工作与生活状况。

**（六）利用新媒体助力宣传企业家**

利用协会官网、微信公众号和会员俱乐部App等网络宣传工具,把协会打造成宣传事迹、弘扬精神、展示产品的平台。2020年疫情防控时期,协会微信公众号分批报道了会员企业援助疫区的消息,极大地鼓舞了全省企业抗疫士气。截至2021年底,协会微信公众号的关注用户已近万人。

**（七）逐步完善涉企信息设施与制度**

为了进一步完善企业的信息数据库,进行河北省企业的信息采集分析,信息采集对象不再局限于会员企业。2020年协会在全省范围内对河北省优秀企业信息进行了收集整理,并进行了电话调研,力争帮助会员企业进行对接。2020年7月,通过信息收集匹配、实地调研、深入了解双方需求等,在协会的见证下,盛淼集团与衡水老白干集团签署了战略合作协议,成为协会在对企业进行信息采集分析过程中,利用企业各自的优势实现共同发展的典范。

**（八）党建工作水平和质量持续提升**

河北省企业家协会连续开展了深入学习习近平最新重要讲话和一系列中央有关文件的活动,以及学习党的十九届五中全会精神系列活动。同时,协会进一步完善支部建设,加强党建工作对日常工作的指导与支撑,并继续发挥党支部的先锋带头作用,向上级党组织靠拢,积极发展企业家党员,为党的事业注入新鲜血液,进而坚持协会发展的正确政治方向。

## 三 河北省企业家协会积极发挥人才培养职能的若干经验

河北省企业家协会作为行业协会的一员,在全省经济社会发展进程中始终发挥着多种职能,扮演着多重角色。从"十三五"以来的发展情况看,河北省企业家协会的职能主要涉及党的领导、雇主组织代表、信息化建设、企业家人才培养、桥梁和纽带作用等几个方面。

### (一)始终坚持党的领导,服务河北发展大局

必须坚持中国共产党坚强领导,必须坚持党的全面领导,是习近平总书记提出的要求。[①] 全面加强党对行业协会的领导,既是对以往工作经验的总结,也是在新时代做好协会各项工作的政治原则。"十三五"以来,河北省企业家协会始终坚持自觉服从党的领导,把党中央、河北省委对企业家协会的各项指示要求落到实处。

### (二)强化雇主组织代表职能,助力企业家人才健康成长

河北省企业家协会作为雇主组织代表,在协调劳动关系、促进就业再就业、疏通劳动关系三方机制等方面发挥了积极作用,通过多种渠道、多种形式帮助会员企业排忧解难,协助多家企业走出困境。自新冠肺炎疫情发生以来,全球产业链、供应链受到巨大冲击,进出口贸易几乎陷入停滞,国内产业链与供应链同样面临挑战,河北省大批企业的生产经营陷入困境。在这种情况下,河北省企业家协会主动参与到企业扶危解困中来,在企业复产复工、疫情防控、化解社会矛盾等多方面发挥了积极作用。

---

① 《习近平:在庆祝中国共产党成立 100 周年大会上的讲话》,新华网,2021 年 7 月 15 日,http://www.gov.cn/xinwen/2021-07/15/content_5625254.htm。

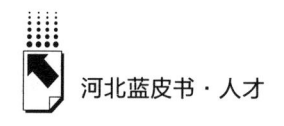

### （三）以信息化建设为引领，协助企业家提升工作效能

"十三五"以来，"大智移云"等新技术风起云涌，新经济、新业态、新媒体加速迭代，加快数字化转型，成为企业的当务之急。实施好信息化建设，需要融合网络、计算机、算法等多种技术，通过对多种信息资源的深度挖掘与大范围开发利用，持续提升企业生产经营、管理决策等工作效能，持续提升企业效益水平，增强企业竞争力。从企业实际需求角度看，主要涉及产品研发设计环节的信息化、生产流程环节的信息化、产品销售与服务环节的信息化、日常经营管理环节的信息化、战略决策环节的信息化、人力资源管理环节的信息化等。企业实施好信息化建设，不仅需要加大投资，更重要的是企业家本身要树立信息化意识，有强烈的意愿和转型的魄力。在助力企业实施信息化建设方面，河北省企业家协会通过聘请专家讲座、联合国内企业举办会议等多种形式，搭建起企业家与信息化行业企业之间的桥梁，宣传推广了相关理念，有力地加快了全省企业的信息化建设进程。

### （四）大力弘扬企业家精神，助力河北新时代企业家人才队伍建设

改革开放40多年来，河北省涌现出众多优秀企业家，从"造纸大王"马胜利，到长城汽车董事长魏建军，再到君乐宝乳业董事长魏立华，一代代优秀企业家谱写和诠释着燕赵精神。河北省企业家协会长期坚持不懈地宣传河北优秀企业家精神，不断激励着新一代企业家和创业者奋勇争先，在燕赵大地上谱写新的创新创业之歌。

### （五）充分发挥自身职能，助力全省企业家干事兴业

众所周知，企业要发展，离不开地方政府的支持，离不开相关政策的引领，离不开金融系统的支持，更离不开社会各界的参与和帮助。河北省企业家协会作为雇主组织代表，在协助企业与各级政府协调沟通中发挥着重要的桥梁和纽带作用，在参与政策制定、引进金融信贷、争取各界支持等方面同样功不可没。

## 四 河北省企业家人才培养取得新成绩

### （一）中青年企业家群体快速发展壮大

调查数据显示，在全省企业家人才队伍中，35岁以下的占3.6%，35~49岁的占26.1%，50~59岁的占54.1%，60岁及以上的占16.2%。从年龄分布看，全省年龄处于35~60岁的企业家人才占比达到了80.2%，处于这一年龄段的企业家人才，年富力强，精力充沛，经营管理经验丰富，他（她）们既是全省企业家人才的主力军，也是带领企业高质量发展的核心力量。2021年河北省企业家人才年龄分布见表1。

表1  2021年河北省企业家人才年龄分布

单位：%

| 年龄（岁） | 占比 |
| --- | --- |
| 35岁以下 | 3.6 |
| 35~49岁 | 26.1 |
| 50~59岁 | 54.1 |
| 60岁及以上 | 16.2 |
| 合计 | 100 |

资料来源：《2021年河北省企业家队伍调查报告》。

### （二）企业家人才队伍呈现高学历化趋势

在本次调查的企业家中，高中及以下文化程度的仅占2.6%，大专文化程度的占22.2%，大学本科文化程度的占51.3%，研究生及以上文化程度的占23.9%。2020年，高中及以下文化程度的占3.2%，大专文化程度的占22.6%，大学本科文化程度的占49.5%，研究生及以上文化程度的占24.7%。调查数据显示，企业家整体受教育程度在逐年提高。2021年河北省企业家人才文化程度分布见表2。

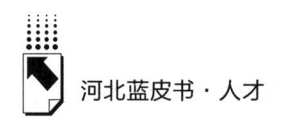

表 2　2021 年河北省企业家人才文化程度分布

单位：%

| 文化程度 | 占比 |
| --- | --- |
| 高中及以下 | 2.6 |
| 大专 | 22.2 |
| 大学本科 | 51.3 |
| 研究生及以上 | 23.9 |
| 合计 | 100 |

资料来源：《2021 年河北省企业家队伍调查报告》。

### （三）企业家人才队伍能力结构更趋合理

调查显示，河北省企业家人才能力的自我评价方面，较为突出的能力分别为经营决策能力、战略管理能力、组织协调与沟通能力和市场营销能力，占比分别为 21.5%、20.1%、9.4%、8.8%。较为擅长资本运作的占比为 5.6%，创新能力较强的占比为 4.1%，风险管理能力较强的占比为 6.5%，学习能力较强的占比为 8.6%，企业文化建设能力较强的占比为 4.7%，人力资源管理能力较强的占比为 1.5%，擅长公关的占比为 3.5%，擅长技术研发的占比为 4.4%，擅长表达的占比为 1.2%。调查数据显示，经营决策能力和战略管理能力是企业家人才最为突出的两种能力，是企业家人才能力体系的核心能力。

### （四）河北企业家人才群体展现出时代精神新风貌

调查数据显示，26.7% 的企业家认为责任感和使命感最能体现河北省企业家的精神特质，认为是勇于创新的占比为 22.9%，其后依次为事业心与敬业精神、诚实守信、善于把握机遇、敢于承担风险、挑战意识，占比分别达到了 18.2%、14.8%、7.2%、6.8% 和 3.4%。调查数据较为清晰地刻画出河北企业家人才群体的精神特质，即富有责任感与使命感，勇于创新，有强烈的事业心，崇尚敬业精神。2021 年河北省企业家人才精神特质见图 1。

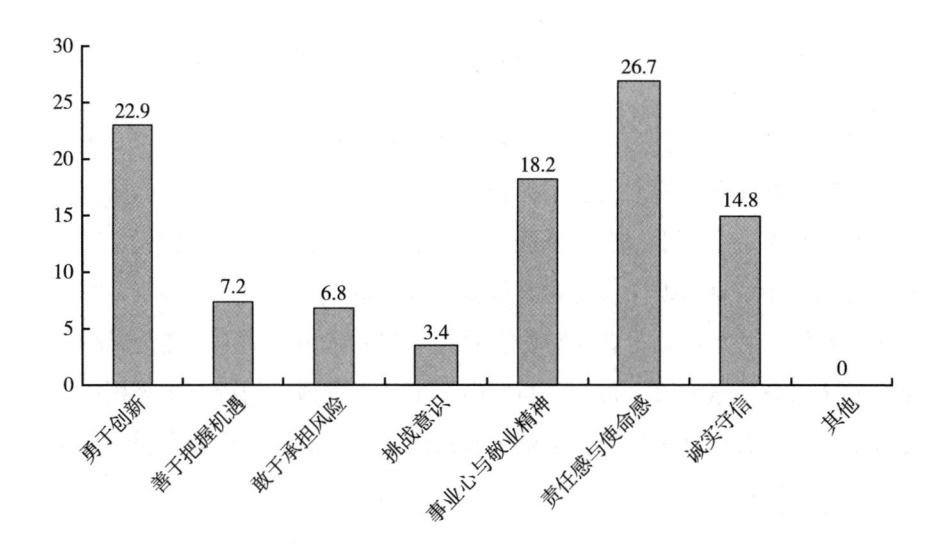

```
30
25    22.9                                           26.7
20                                      18.2
15                                                          14.8
10        7.2    6.8
 5                      3.4
 0                                                                  0
     勇    善    敢    挑    事    责    诚    其
     于    于    于    战    业    任    实    他
     创    把    承    意    心    感    守
     新    握    担    识    与    与    信
          机    风          敬    使
          遇    险          业    命
                            精    感
                            神
```

**图 1　2021 年河北省企业家人才的精神特质**

资料来源：《2021 年河北省企业家队伍调查报告》。

## 五　河北省企业家协会在企业家人才培养方面的短板与不足

在看到成绩的同时，也要认识到，与国内一流行业协会相比，河北省企业家协会在企业家人才培养方面，还有一定的差距和不足，需要不断完善提升。

### （一）企业家人才的党建工作有待进一步加强

企业家党员是党员队伍的重要组成部分，在贯彻落实党和国家以及省委、省政府各项要求方面发挥着积极作用。在新的历史时期，做好企业家党建工作具有不容忽视的重大意义。一是有利于严守企业家党员的精神追求，二是有利于保持企业家党员与人民群众的血肉联系，三是有利于建设高水平的企业家队伍，四是有利于开展反腐败工作。目前，河北省企业家协会尚未建立全省企业家党员资料库，协会服务企业家党员的能力也有待进一步提升。

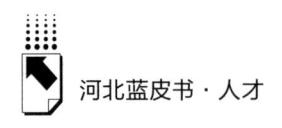

## （二）企业家人才信息数据库及企业家信息采集分析制度亟待完善

培养大批德才兼备的企业家人才，需要做好基础设施建设工作。企业家人才信息数据库和企业家信息采集分析制度，就是企业家人才培养的基础设施。数据作为生产要素，在经济社会发展中起到了日益重要的作用。缺少全省企业家人才信息数据库，企业家信息采集分析制度缺失，不利于动态掌握企业家群体相关数据，也会影响协会对企业家实施精准培养，还会影响企业家人才队伍高质量发展。目前，与国内、国外先进地区的行业协会相比，河北省企业家协会在这一领域的基础设施建设还相对滞后，影响和制约了企业家人才的高质量培养工作。

## （三）企业家培养工作尚需加强

做好企业家人才培养工作，需要政策文件、政府领导、社会环境、宣传推广、党建工作、教育培训、改革创新等多种要素协同发力。对标温州市工商联的案例，可以看到，河北省企业家协会在企业家人才培养方面，还有较大差距，突出体现在以下几方面。一是对青年企业家的培养支持力度不够，高水平青年企业家总量偏少；二是政策支持较为薄弱，激励企业家健康成长的氛围还不够浓厚；三是引导企业家参政议事的意识较为落后，企业家灵活参与政府决策的体制机制还不够健全；四是企业家分类培养的模式有待建立，精准培养模式还有待建立与完善；五是支持企业家人才成长的社会环境还不尽完善，有待优化提升。

## （四）综合服务能力有待提升

综观国内外，一家高水平的企业家协会，能够为企业家成长提供便捷、高效、优质、低成本、多方位的服务，这需要协会具备优异的综合服务能力，主要包括大数据信息分析与处理能力，对政策、产业、企业相关事务的研究能力，对产业链、供应链相关企业资源的整合能力，为企业家提供个性化精准服务的能力，等等。与国内发达地区同类组织相比，河北省企业家协会综合服务能力还较为薄弱，尚有较大的提升空间。一是协会自身的数字化、信息化建设水平相对滞后；二是协会专职人员服务企业的专业能力有待进一步提升；三是高层次专业人才相对不足；四是突破创新的意识较为薄弱。

## 六 关于"十四五"时期全省企业家人才培养的若干建议

在"十四五"时期，作为培养企业家人才的重要主体，河北省企业家协会可以着重从党建工作、服务大局、青年人才、排忧解难、设施建设等方面，进一步提升培养能力与水平。

### （一）企业家协会要始终把党建工作放在人才培养的首要位置

在"十四五"时期，要把党建工作放在全省企业家人才培养的首要位置。把学习与贯彻落实党和国家大政方针放在第一位，更加充分地发挥企业家党员的作用，鼓励更多优秀企业家向党组织靠拢，把企业家培育成为"又红又专"的高层次人才，鼓励、支持和引导企业家人才为国家、为河北做出新的更大的贡献。

### （二）要坚持服务全国及全省发展大局

在新的历史时期，第二个百年奋斗目标新征程已经开启。当前及今后较长一个时期，加快确立"双循环"新发展格局，加强基础科学研究，鼓励支持自主创新，实现产业链、供应链自主可控，在关键领域培育一批世界一流企业，将成为党和国家的重要工作内容。从全省层面看，在"十四五"时期，一是为北京非首都功能疏解、北京冬奥会等重大国家战略和国家大事在河北落地见效做好相关服务工作；二是大力支持实体经济和产业龙头企业、科技领军企业发展；三是协助企业做好转型升级等工作，为国家、为河北做出新的更大的贡献。

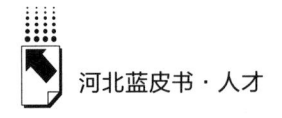

### （三）企业家协会要着重抓好青年企业家培养工作

习近平总书记为培养企业家人才指明了方向，寄予了厚望。青年强则国强，青年企业家作为河北省企业家人才队伍中最有活力、最有激情、最具创造力的群体，在现代化经济强省、美丽河北建设中发挥着越来越重要的作用。在"十四五"时期，进一步加强青年企业家人才队伍建设，一是要学习借鉴山东省的做法，协助河北省工信厅等部门成立河北省青年企业家培育中心，以优秀企业家为导师，促进对青年企业家的"传帮带"。二是建立完善青年企业家培育机制，由省财政每年拨付专项经费，通过专题研修班、专题研讨班、上党课、企业家沙龙、企业家论坛等多种形式，做好理想信念教育和核心价值观教育，引导他们树立崇高的理想信念，自觉遵纪守法，始终保持艰苦奋斗的精神风貌。

### （四）企业家协会要更加重视为企业家排忧解难

企业是协会服务的对象，在"十四五"时期，河北省企业家协会可以重点围绕服务企业做好以下几个方面的工作：一是要积极参与，与政府相关部门形成合力，进一步优化提升全省营商环境；二是加快扶持高新技术企业成长，帮助企业参与国内市场以及全球市场竞争，占领技术前沿和制高点，培育造就一大批科技含量高、技术全球领先的高科技企业；三是助力传统产业企业转型升级，助力企业加快数字化转型，加快信息化建设，加快技术智慧企业建设，全面提升企业的竞争力；四是协助企业加快融入"一带一路"，帮助河北省传统优势产能企业"走出去"，到东南亚、中东、非洲以及南美洲等投资建厂，在服务当地经济发展的同时，助力企业提升在全球市场中的竞争力和份额；五是要进一步强化协会自身能力建设，逐步完善河北省企业家调查系统，改造提升现有法律咨询、宣传推广等服务平台，规划建设河北省青年企业家培育中心，进一步完善河北省企业家培训体系，为全省企业提供更加高效、便捷、务实的高质量服务。

## （五）企业家协会要重点做好数据库设施建设

作为培养企业家人才的基础设施，河北省企业家人才信息数据库与企业家信息采集分析制度亟待完善。河北省企业家人才信息数据库作为全省企业家人才培养的大数据综合平台，在"十四五"时期将发挥重要作用。一是可以对全省企业家人才状况进行动态、实时更新与分析，可以充分发挥大数据在人才分析方面的优势，对全省企业家人才队伍发展状况进行动态跟踪；二是可以对企业家群体精准分类和精准培养，重点鼓励支持中青年企业家人才、高新技术产业领域企业家人才、女性企业家人才、返乡创业企业家人才以及新经济新业态领域企业家人才等干事创业，为经济强省、美丽河北建设做出新贡献；三是可以对企业生产经营状况进行动态监测，通过大数据分析，提前预警企业可能遇到的各种风险，助力全省企业健康成长；四是可以为企业家提供量身定制的个性化培养和服务，协助企业家解决在事业、生活等各方面的疑难问题，让他们把更多的智慧、能力与技术投入到企业发展中来，为国家、为社会、为河北做出新的更大的贡献。

**参考文献**

《中共中央办公厅　国务院办公厅印发〈关于改革社会组织管理制度促进社会组织健康有序发展的意见〉》，《人民日报》2016年8月22日。

《中国共产党第十九届中央委员会第六次全体会议公报》，中国政府网，2021年11月11日，http：//www.gov.cn/xinwen/2021 –11/11/content_ 5650329.htm。

《中国共产党河北省第九届委员会第十四次全体会议决议》，河北网信网，2020年11月22日，http：//www.caheb.gov.cn/system/2021/11/22/030127370.shtml。

河北省企业家协会：《河北省企业家协会2020年工作报告》，2021年3月。

河北省企业家协会：《2021年河北省企业家队伍调整报告》，2022年2月。

# 人才引进篇

Talent Introduction

# B.10
# 石家庄市人才引进战略研究

——基于建设现代化、国际化美丽省会城市的背景

鲍志伦*

**摘　要：** 从2017年开始，我国大部分城市颁布了不同的人才政策，全国范围内的人才竞争愈演愈烈。河北省省会石家庄市以创新人才引进机制为主题，召开了关于制定和优化人才引进政策的相关会议，并颁发了相应的制度。本报告立足于建设现代化、国际化美丽省会城市，对石家庄市人才引进战略进行了深入的探讨。首先，对石家庄市实施人才引进战略的重要性和必然性进行了分析；其次，阐述了当下石家庄市人才引进战略实施的具体效果，指出了其中存在的主要问题，找出了引发问题的主要因素；最后，提出了增强合作力度、破解京津虹吸效应、落实石家庄人才柔性引进工程、明确企业人才引进主体地位、定位城市发展需求

---

* 鲍志伦，河北省社会科学院人力资源与劳动经济研究所助理研究员，主要研究方向为人力资源管理和人才学。

以及改善生态环境、完善城市公共基础服务设施等提升石家庄人才吸引力的对策。

**关键词：** 人才引进　人才政策　石家庄市

党的十九大对新时代人才工作提出新要求，要加快建设人才强国，实行更加积极、更加有效、更加开放的人才政策。从 2017 年开始，我国大多数城市针对人才引进制定了相应的政策，各个城市对人才的争夺越来越激烈。一线城市以及众多省会城市出台了关于人才引进的相关策略，引进人才不仅局限于高层次人才，还包括青年人才、技能型人才、学历型人才、社会事业人才以及资格型人才等，人才引进的类别越来越多样，引进人才的数量也越来越多，人才引进的目标随着城市的发展变得越来越高。武汉所开展的百万大学生留汉创业就业工程，以及百万大学生留西安就业创业 5 年行动计划、南京宁聚计划等，越来越多人才政策的制定和实施，表明城市的发展不仅注重人才的质量，也十分关注人才的数量。

国家的强大与发展，离不开人才，民族振兴也需要大量的人才。石家庄市深入学习贯彻新时代人才工作新理念新战略新举措，扎实落实省委"三六八九"工作思路和省委、省政府《关于大力支持省会建设和高质量发展的意见》，始终将人才引领发展作为人才战略的发展目标，进一步加快构建人才友好型城市，营造良好的生态环境，推动现代化及国际化省会城市的建设及发展。"人材者，求之则愈出，置之则愈匮。"近几年来，石家庄市越来越注重人才的发展，意识到人才才是推动经济社会高质量发展的关键因素，通过各项措施营造良好的人才就业及创业环境，尊重人才的社会地位，在全市范围内形成尊重人才的良好风尚。只有环境更加美好，才能够吸引更多的人才。处于发展阶段中的石家庄市，以开放、包容、共享的理念，吸引着越来越多的人才就业。

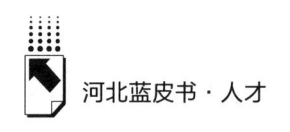

# 一 石家庄市实施人才引进战略的重要意义

2021年7月3日，石家庄市召开新闻发布会，针对石家庄市贯彻实施河北省推进省会建设发展工作会议部署，及省委、省政府《关于大力支持省会建设和高质量发展的意见》（以下简称《意见》）精神有关情况进行发布。《意见》指出，要进一步加快现代化、国际化省会城市建设。在2025年初步实现现代化省会都市圈构建的目标，常住人口城镇化率达到75%左右，数字经济占GDP比重达到50%左右，经济外向度上升至25%以上，万元GDP能耗相较于2020年降低19%，$PM_{2.5}$浓度降至$49\mu g/m^3$以下，全市的经济总量以万亿元为发展目标。2021年7月，石家庄出台了《关于落实〈省委省政府关于大力支持省会建设和高质量发展的意见〉的实施方案》，该方案进一步落实了河北省的"强省会"战略（见表1）。

表1 石家庄"强省会"战略相关目标

| | |
|---|---|
| 现代化省会 | 到2025年，形成现代化省会都市圈，常住人口城镇化率达到75%左右，数字经济占GDP比重达到50%左右 |
| 国际化省会 | 到2025年，实际利用外资增速高于全省平均水平2个百分点以上，经济外向度达到25%以上 |
| 美丽省会 | 到2025年，石家庄万元GDP能耗比2020年降低19%，实现城镇地下水全面回升 |
| 全省排头兵 | 到2025年，石家庄市经济总量力争超万亿元 |

资料来源：《关于落实〈省委省政府关于大力支持省会建设和高质量发展的意见〉的实施方案》。

如何通过有效的措施不断提升石家庄市在人才争夺方面的竞争力，实现河北石家庄"强省会"战略目标，为当地的经济发展及建设储备更多的资源，是当前石家庄需要重点考虑的人才发展问题。为进一步推动城市的建设和发展，吸引更多的人才，石家庄市出台了关于人才引进以及人才创业等方面的政策，然而，石家庄市仍然面临各地人才抢夺的压力，要赢得这场人才抢夺大战，最为关键和根本的要素在于政策的内容和实施方案。从当前全国范围内人才抢夺的情况来看,石家庄市仍然处在人才引进和创新提升的决胜阶段,迫切需要加快引进以及培养高素质水平的高层次人才,从而有效地进行产业转型和升级,创新驱动发展的动力。为了能够达到人才发展的目标,石家庄市必须要重点考虑产业的实际发展需求,通过人力资源素质提升和科技创新等诸多方面,有效地推动各个产业的完善和延伸,从而不断地增强内需动力,推动城市的进一步发展。

河北省委人才工作会议在2021年10月正式召开,在会上,河北省委副书记、代省长王正谱指出,要抓住人才培养、引进、使用等环节,走好人才自主培养之路,加大人才对外开放力度,用好用活各类人才。随着当前社会的不断发展,面对人口老龄化以及少子化、城市资源枯竭等诸多问题,为了有效保持城市的长远可持续发展,多地出台了相关的人才引进政策,以现金奖励、户口、住房等一系列优越条件吸引人才,从而满足本地产业的发展需求。在各地人才资源抢夺大战越来越激烈的背景之下,出现了一系列不合理的问题,如人才引进的盲目性引发了岗位不匹配以及人才利用率低等社会问题。如何能够科学有效地创新人才引进机制,制定出更加科学合理的人才吸引政策,是当前城市发展所面临的重要问题之一。

近年来,石家庄市结合国家以及省有关人才引进的相关政策,有效结合自身发展需求,在人才引进方面做了诸多的探索和尝试,逐渐将人才引进纳入地方重点工作,以持续加大对人才培养的投入力度。

## 二 目前石家庄市人才引进战略的显著效果

石家庄市在发展的过程当中,高度重视人才工作,始终将人才的培育和提升作为重点工作推进,有效地促进了石家庄人才事业的发展。尤其是2018年《石家庄市人才发展促进条例》颁布实施之后,各级各地的政府以及相关部门将人才吸引放到了工作的核心位置,开展人才工作成为石家庄市高质量发展的战略举措,以"4+4"现代产业发展格局的构建为基础,不断完善和改进现有的人才政策体系，营造良好的人才发展及创业环境，当下，人才工作持续向好，逐步形成了区域性的人才高地。

(一) 大力招才引智

截至 2019 年 11 月，全市共计通过柔性人才引进战略吸引了近百名国家高层次人才在石家庄市就业；共计引进国家"双一流"建设高校毕业生 5100 多人；全市累计办理及发放绿卡 A 卡 723 张、绿卡 B 卡 5000 余张，县（市、区）卡 12477 张。"高质量建设人才强市"始终是人才引进政策制定和实施的目的，石家庄市高新区成为人才引进的重点战场，培养供给和引进国家级人才 65 名、两院院士 9 名，除此之外，拥有引导相关产业发展方向并且获得了市级以上称号的高层次创新型人才共计 305 人。人才的引进，为石家庄市高质发展提供了强有力的人才支撑。鹿泉经济开发区一直是石家庄市电子信息产业发展的重点区域，该区域在发展过程当中，逐渐打造了休闲旅游、电子信息、绿色食品、智能制造"1+3"的新型产业发展模式，有效地贯彻落实了人才强区战略，对人才生态环境进行了有效优化，取得了十分显著的人才工作效果。在人才政策实施的过程当中，共计引进了 8 名院士、15 名国家级人才、59 名省级人才、91 名市级人才。高素质人才对于区域经济发展的重要性不言而喻，在人才引进政策得到良好落实的背景之下，石家庄市高新技术产业增加值同比增长了 17.3%。除此之外，石家庄重点发展校地合作，先后与北京工业大学以及中国地质大学、西安电子科技大学等"双一流"高校签订了人才对接以及人才引进的相关协议，对人才未来的培养机制建立以及人才发展战略进行了深入的研讨，构建起了长久有效的合作机制，与多家高校签订了校地合作协议，为石家庄市的发展持续不断地输入人才。

(二) 积极搭建人才发展平台

据统计，截至 2019 年 11 月，石家庄处于建设阶段的院士工作站共计 73 家，联络院士 130 多名，在全省中居于首位。全市共计拥有 1326 家高新技术企业，拥有11494家科技型中小企业；共计建立了193家国家级以及省级重点实验室，院士工作站、博士后科研工作站等共计90家，拥有127家众创空间。新获批的博士后科研工作分站共计3家。相关部门组织了区内15家大型重点企业在各大"双一流"高校进行人才招聘，满足了企业的人才发展需求。加快促进人才发展战略布局的科学构建，促进政策朝着个性化的方向不断发展，帮扶资金的使用更加精准化、明确化。人才是推动区域高质量发展的关键因素，为了能够有效促进石家庄市各区域之间的优化发展，应当以高新区以及鹿泉经济开发区为依托，构建新时代发展背景之下的电子信息及生物医药千亿级产业园区，不断吸引更高层次以及更高水平的人才，推动项目顺利开展，起到良好的示范引领作用。

为进一步鼓励创新人才精神，提升人才留存率，计划将北斗公园建设成为人才主题公园，营造良好的人才文化氛围。为促进辐射带动作用的发挥，高新园区和方亿科技工业园区达成了有效合作，在对实际需求进行充分考虑的前提之下，构建起了全市第一家人力资源服务微型工作站，服务内容包含人力资源服务全链条，依托相关延伸服务，达到了人力资源服务和区域重点产业协同发展的目的。

（三）健全完善人才机制、人才政策体系

只有重视人才对于区域发展的重要性，对原有的引才聚才长效机制进行不断的健全和完善，营造良好的就业及创业氛围，保障人才生态环境，吸引海内外高素质人才，才能够为石家庄市的高质量发展创造不竭的动力。在人才引进、政策制定和实施的基础之上，石家庄市又出台了诸多关于人才引进和落实的政策文件，对石家庄市当前生产发展紧缺的人才类型进行了统计，并印发了鹿泉人才手册，构建起了完善的人才保障机制，避免人才的流失。

（四）改善引进人才的生活环境

按照高标准、高配置的要求，建设人才公寓，促进人才安居工程的落地。始终坚持优先、集中转化以及高配置配套打造的原则，建设开发区人才公寓。在引进人才以及申请人才公寓之前，必须要保障持续型人才住房需求，使人才的基本需求得到满足。促进人才绿卡服务项目的贯彻和落实，对整个区域的服务资源进行有效的整合，让人才能够得到多方面的照顾，例如，在人才子女入学、医疗保健以及社会保险等多个方面给予优惠支持，提供更加便捷的服务，做好人才的后勤保障工作。始终关注人才日常消费需求，构建人才绿卡惠享联盟，持卡人可在相关的配套门店享受相应的优惠，从而提升人才的自豪感和生活幸福感。

## 三 石家庄市人才引进战略的问题与不足

### （一）京津两地的虹吸效应

石家庄市与京津两地在地理位置上十分接近，在虹吸效应的影响下，石家庄市大量的高素质人才持续向京津两地流动。京津两地的经济发展水平较高，拥有诸多大中型企业，工资待遇更加优越，一般情况下，具有更加良好的职业发展前景。不仅如此，服务设施也更加完善，交通、教育、医疗等多个方面都比较发达，更能够吸引高层次及高素质人才就业。相比之下，石家庄市在人才、就业、环境以及社会保障和公共设施配套等多方面都较弱，难以吸引高素质外来人才，本地的高素质人才流失率也较高。

### （二）政策制定没有做到因地制宜

各个地区人才资源的争夺政策出现了较为显著的同质化现象。在我国各个地区都开始制定和实施人才战略之后，多地政府持续加大人才政策制定的力度。但是，相关的调查比对分析结果显示，石家庄市人才争夺政策和重庆以及西安等多个城市有相同的内容，这充分说明石家庄市政府在人才政策制定的过程当中，并没有充分结合当地的发展现状，没有按照自身发展的个性化需求以及地域特点制定人才吸引策略，没有对当地的人才引进问题进行深入的研究和分析。经过与多地人才引进政策相比较之后发现，石家庄市的人才引进政策更多地关注了高层次人才，高层次人才引进的资金扶持力度更大。政策的同质化将会进一步制约石家庄市的人才引进，进一步引发人才恶性竞争事件，导致后期资源投入量大却收效甚微的局面。

政策激励出现了明显的碎片化。当前，石家庄市出台的相关人才争夺政策对补贴方面有高度的关注，然而，对后续的补贴情况却没有持续跟进。石家庄市对高层次人才的引进政策，主要是以物质吸引人才，但是政策补贴绝不是长久之计，不是一种能够可持续发展的激励机制，存在后劲不足的问题，容易造成人才流失的情况。人才引进之后，需要较长的时间进行孵化。对于企业来说，企业更愿意把资金投放到高学历以及高技术人才身上，因此，其补贴的力度将会远远超过一般人才，为了能够形成人才主动投靠的局面，应当进一步建立健全科学有效的激励机制。

（三）人才政策的持续性和稳定性欠缺

首先，不具有充足的可持续性，主要指的是人才争夺政策制定并没有构建起一套科学的体系，针对人才的长远计划不够完善，带有较为严重的随机性和盲目性，对于人才的后续管理，仍然存在诸多漏洞。石家庄市在制定人才政策的过程当中，没有充分结合国家的人才发展政策，也缺乏地方产业特色。在政策实施过程当中，人才选择盲目性较大，只是选择水平更高的人才，没有充分结合地方的发展特征以及需求，因此，最终选用的人才价值无法实现最大化。

其次，稳定性仍然不够，缺乏高等院校在人才方面的有力支撑。高等院校拥有大量高层次及高素质的科技工作者，也是青年人才聚集的场所。高等院校拥有大量高精尖科技型人才，拥有多种类型的科技项目和丰硕的科研成果，因此，高等院校也是培养科技型人力资源的重要场所。当前，石家庄市面临科技工作者团队人数严重不足的局面，科技发展队伍缺乏有能力和有才干的引导者。石家庄市的制造业基础较为雄厚，当前正处于经济结构优化以及转型的关键阶段，如果产业的升级和转型没有强有力的领军者，那么石家庄市的整体经济结构转型将会受到巨大的影响，新产业的进一步发展也会受到制约。另外，石家庄市本地自主培养的人才数量较少，创新型以及创业型人才主要依靠从外地引进，相较于生活以及工作在石家庄市的本地人才来说，外来人才的稳定性较低，流失量较大。从石家庄市当前人才的发展状况来看，如果不具备高等院校的有力支撑，不营造人才成长和发展的有利氛围，仅仅依靠物质激励来引进外部人才，不仅会进一步增加成本，还会加大维持人才稳定的难度。

### （四）政策制定与执行主体过多

从对近年来石家庄市所制定和颁布的人才引进政策的分析来看，最为关键的制定和执行主体较多，涉及政府多个部门和多个机构，相关部门立足于自身的职责范围，对人才协调相关的事宜进行服务和落实。人才政策制定实施的行政以及决策机构较多，并且决策和执行机构相互分离。人才政策措施没有整体规划，尽管不同类型的人才政策都有不同的侧重点，然而，政策措施不统一，主要包含两个方面的情况：内容不统一，并且政策重复；执行力较低，整体缺乏强有力的协调性。在政策具体实施的过程当中，涉及多方面的问题，需要协调和解决，成本支出较为高昂，联系机制平台构建不合理，政策落地贯彻周期过长，政策运行周期不合理。政策的执行过程当中仍然存在诸多问题，如执行主体较多，没有建立起有效的协调机制。

### （五）政策中的引才渠道较单一

根据当下的分析结果，高层次人才引进渠道较为单一。石家庄市人才的引进由政府主导，引进渠道也是由政府牵头打通，主要包含校园招聘、政府招才、高洽会等形式。虽然政府运用了多种方式引进民间机构，但是比例仍然过低，没有真正达到社会开发的目的，也没有构建起社会力量引才的相应平台和机制。人才中介是高层次人才最直接的服务供给者，也是人力资源配置的关键媒介。石家庄市人才市场并不具备对高层次人才进行市场配置和开发的能力。人才中介机构高层次人才引进的比例较低,进一步表明了当前石家庄市并没有构建起完善的市场引进机制,也不具备该方面的资源。仅依靠政府进行人才引进不可避免地会出现人才开发资源过少、从业人数不足、资金投入有限等多方面的问题,进一步降低地区高层次人才引入的精准性。

### (六)在生态环境方面存在劣势,环境较差

石家庄有较为严重的雾霾天气,整体的生态环境较差。石家庄市在近几年的发展历程当中,由于城市发展速度过快,工业废气排放量逐年递增,另外,受地理因素的影响,空气流动性较差,空气污染较严重。根据生态环境部的相关数据,2020年1~5月在168个重点城市中,石家庄、安阳、临汾等城市空气质量过低,位于重点城市的倒数。[①] 由于大气污染较严重,石家庄的声誉也受到了较大的影响,当前社会人才在选择落户城市时,会优先考虑城市的生态环境,部分企业员工虽然对就业发展前景较为满意,但是考虑到家人及自身的身体健康,通常情况下会选择放弃在石家庄落户。环境污染问题影响了人才留存率,不利于中小企业的发展。

## 四 石家庄市人才引进战略面临的挑战

### (一)区域人才结构与京津冀协同发展功能定位不适应

北京作为我国的首都,有十分丰富的人才资源和人才储备量,然而,仍然缺乏世界级顶尖战略科学家和科技领军人才,这与全国科技创新中心的发展目标是不匹配的。天津市产业人才结构存在不合理的情况,普遍缺乏企业经营管理以及高技能人才,不利于打造全国先进制造研发基地。相

---

① 《前5月168个重点城市中石家庄空气质量排名垫底》,"经济日报-中国经济网",2020年6月12日,https://district.ce.cn/zg/202006/12/t20200612_35123367.shtml。

比之下，河北省的人才资源显得更为薄弱，尤其是配套产业转型升级、创新和技术技能方面，人才的短缺更为严重，不能满足全国产业升级试验区建设的相关要求。协同发展的背景之下，京津地区和河北人才发展的落差逐渐增大，会进一步推进区域内的人才差异化配置，人才优势互补问题仍然难以得到解决。

### （二）优质教育资源缺乏，内培力不足

尽管石家庄市有十分丰富的教育资源，但是整体上缺乏优质的教育资源。河北全省仅拥有一所"211"院校，即河北工业大学（主校区位于天津）。石家庄作为省会城市，没有"211"和"985"院校。然而，北京拥有26所"211"院校、8所"985"院校，天津市拥有3所"211"院校、2所"985"院校。在此种情况下，石家庄市在人才培养和发展方面显得资源十分薄弱。不仅如此，石家庄高校的专业设置和"4+4"产业布局也存在不匹配问题。

### （三）人才公共服务水平差距大，外引力欠缺

河北与京津地区在公共服务水平方面的差距较大，尽管石家庄市与北京和天津地区之间的距离较近，通勤时间只需不到两小时，但是对人才的吸引力仍然不足。河北教育资源相较于京津地区来说显得十分薄弱，北京和天津地区拥有多家知名高校，然而，河北的高等教育资源相对来说比较落后。不仅如此，河北人口平均受教育年限也普遍落后于京津地区2~3年。医疗资源方面的差距更加显著，北京作为首都，拥有最先进的医疗资源，在每千户籍人口执业医师以及注册护士和医院床位等诸多方面都有显著的优势，而石家庄市和天津市医疗资源明显不足。石家庄市的社会保障力度较天津市来说更低，企业退休人员养老金水平差距较大。

### （四）招才政策吸引力仍需进一步提升

自2019年以来，我国多个地区上演了"抢人大战"。大部分城市为了

更加有效地吸引多类型的人才，出台了诸多重大利好政策。例如，南京市在2018年发布了一号文件——《关于进一步加强人才安居工作的实施意见》，该文件指出，设置B级以及C级高层次人才，通过产权房以及人才公寓和购房补贴、租赁补贴等多种形式留住人才；济南市出台政策指出，区域内就业的全日制本科及以上学历的高校毕业生，可办理"泉城人才交通卡"，免费乘坐全市范围内的公交、地铁。和这些经济发展水平较好的城市相比，石家庄市在人才吸引方面的政策并不具有突出的优势，因此，在越来越激烈的人才争夺战之中，往往处于下风。

## 五　石家庄市加强人才引进的对策

### （一）打破壁垒加强合作，破解京津虹吸效应

持续加大深化改革的力度，消除京津冀协同发展存在的体制以及行业壁垒，结合实际情况制定有利于京津冀协同发展的支持政策；加快促进产业一体化，对产业链进行合理的分工，促使京津冀三个区域的经济发展深度融合。石家庄市中小企业应当承接京津地区人力以及财力等资源，提升区域的科研创新水平，使产业制造与科研发展能够相互促进。石家庄地区应当与京津地区的科技企业进行深度合作和交流，持续引进京津地区的优质科技资源，通过合作的方式，不断吸引更多优秀成果和创新项目落户。

### （二）大力实施石家庄人才柔性引进工程

石家庄应当大力鼓励京津地区高层次及高技能人才到本区域挂职、兼职，对本区域人才进行技术培训、指导，助力本区域产业的高水平发展。有效地发挥感情基础、友情效应、历史关联的作用，通过柔性的人才吸引政策，提升人才留存率。学习贯彻习近平总书记在正定工作期间发布的"人才九条"，以尊重人才、培养人才、发展人才作为人才吸引的基础。搭建专

业的机构，加大驻省会高校的合作力度，以高校学科专业调整作为发展契机，将石家庄市重点发展产业和高校的专业进行有效的连接，为石家庄市产业的发展培养充足的后备人才。拓展市校合作领域，丰富市校合作具体内容。

### （三）突出企业人才引进的主体作用

企业在应用人才的同时，享受着人才带来的益处，然而，在当前大部分城市的人才引进政策中，政府部门仍然占据着主导地位，此种现象会使企业对政府产生十分严重的依赖心理，不利于激发企业人力资源环境建设的主动性。政府仅仅只是企业人才引进的辅助方，不能够长久地占据人才引进的主导地位，政府经过实际情况调研出台的人才政策以及圈定的人才范围和选中的人才类型，极有可能和企业的实际发展存在不匹配的问题。所以，在人才引进政策制定和推进的过程当中，尽管政府有总览大局的作用，但是企业更应该凸显主体地位，扩大用人的自主权。石家庄市政府建立了政府猎头机构，对劳动力市场的数据以及供需信息收集进行了完善，使得劳动力市场供需双方能够实现更好的匹配；石家庄市的企业也不能过分依赖政府的作用，应当结合企业的实际用人需要对内部的人才引进机制进行不断的完善，营造良好的人力资源环境，向政府等相关部门提供更加准确的用人需求状况。只有企业和政府进行深度的配合，才能进一步推动人才引进政策的落地和实施。

### （四）精准定位城市需求，培育人才产业发展环境

对于城市的产业结构以及需求情况，要做好充分的调研，在数据需求的考量之下，精准地协调人才类型和数量，促使人才和地区之间实现更高的匹配度。根据地区产业的基础，对区域产业进行精准的定位，明确产业发展的优势所在，营造良好的人才产业发展环境，将人才发展战略和城市发展战略进行深度的融合，发挥人才集聚的最大效应。除此之外，要以更加前沿的视野做好人才顶层规划设计，对人才发展制度进行全局规划。不仅如此，还要

和地方发展特色以及实际情况相结合,有效地运用城市所具备的资源优势,构成产业互补,根据区域发展的产业基础,重点推进特色项目的发展。

## (五)结合城市自身禀赋定位与规划建设

在现代化的发展背景之下,石家庄市应当对当前的发展概况进行综合的分析,对城市未来发展的走向和定位进行重新定义,对产业结构的布局以及发展趋势进行重塑,重点建设和京津地区错位的产业链以及产业圈,在产业定位方面,达到互补的目的,对人口分布进行合理的规划和安排。石家庄市城市规划必须要将未来城市发展人口总量作为考量的基础,人才竞争持续加剧,将会引起一波人才流动。未来的发展过程当中,必须要对该常态问题进行充分的认识,在对城市发展进行规划和建设之前,准备好充足的应对政策。石家庄市必须开展新一轮的城市定位,对自身存在的优势进行全面的总结,根据城市的实际发展需求,寻求匹配度较高的人才定位,只有在明确自身定位并且扎实发展优势产业的基础之上,才能够进一步提升人才的比较优势。未来城市将会朝着越来越专业化的趋势发展,石家庄市要利用好本身所具备的优势资源,对原本具有的优势产业进行大力扶持,构建城市品牌,树立城市形象,吸引更加优质的人才,走多元化发展道路。受人才引进政策的影响,石家庄市人口规模在未来将会持续扩大,城市交通道路容量也会进一步扩大。未来,石家庄市在基础设施建设方面必须要重点考虑城市交通道路规划设计,加大城市轨道交通建设力度,构建起网络化道路管理平台,对原有的运营组织管理体系进行完善和强化。除此之外,还应当搭建起网状安全管控机制,构建社会化应急体系,推进城市的平稳发展。

## (六)优化生态环境,增强环境对人才的吸引力

近年来,石家庄市不断加大城市生态环境治理的力度,并且取得了较为显著的成效。然而,由于地理位置较为特殊,且工业化发展容量较大,环境污染情况仍然较为严峻。在每年的考评当中,石家庄环境污染指数仍然较高,环境污染问题将会对企业的投资造成较大的影响,不利于人才留存率的

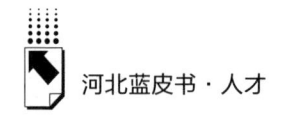

提升。政府应当将环境治理作为整体工作的重点。未来，石家庄市政府必须要不断加大环境治理力度，构建起环境污染治理体系，实施环保网格化管理，对于环境污染问题，通过举报奖励等方式，提升治理有效率，增强城市建设管理，对环境污染问题进行科学治理。

### （七）大市场配置人才资源，建立多途径人才引进渠道

首先，建立科学的人才市场体系。为了进一步打破人才市场发展过程中存在的行政性壁垒和体制性障碍，应当构建起科学化及规模化的人才市场体系，使人才市场和高校毕业生以及劳动力市场之间形成供需关系，构建起城乡一体化的全面型人才市场服务体系。不断加大石家庄市龙头人才市场的建设力度，大力发展行业性人才市场和专业型人才市场，培养典型的人才服务市场，推动信息化建设，有效地发挥石家庄市人才市场的辐射和示范作用，带动全省人才市场的进一步发展，对现有的人才资源配置进行改善和优化。对猎头公司以及人才调研机构、人才评价中心等人才中介机构的建立进行大力支持，构建起公平公正且开放统一的人才服务体系。

其次，搭建人才信息网络系统。推动信息化平台的构建，加大软件设备资金方面的投入，从而构建起全省人才市场交流的网络平台。石家庄市可通过与全国性人才服务机构以及科研院所和知名院校的合作，吸引更多的优质人才。通过信息化建设，搭建起国内外人才机构交流的平台。加强网站平台多类型人才信息的统计，致力于构建较为完善的市场信息网络平台。

最后，创新改革人才市场管理机制。按照政事分离、政府与中介组织分离、管理分离的原则，构建由政府部门宏观调控，市场主体公平竞争，行业协会自律自控，中介组织提供服务的格局。对人才市场的服务功能进行有效的完善和改进，通过互联网技术手段不断提升服务的效率，从而促进社会人力资源配置能力的提升。建立起科学有效的人才市场一体化运行机制，不断强化人才市场运营以及人才框架结构调整，加大人才资源服务平台的建设力度。

## （八）营造良好的引人环境，完善城市的公共服务设施

营造良好的人才引进环境，加大地方宣传的力度，通过报刊以及网络、电视等新闻媒体传播介质，对石家庄市人才创新创业的典型案例进行推广和宣传，对各个行业在人才培养以及人才队伍建设方面的优秀做法进行传播，从而逐步完善石家庄市现有的人才引进策略，积极营造尊重人才、尊重知识、尊重创造的社会氛围。对于引进的高层次人才，石家庄市政府必须要满足其日常生活需求，提升其福利待遇水平，划拨足够的科研经费使其拥有平稳的科研环境。不仅如此，要通过激励手段促使高层次人才将科技成果转变为实践，保障高层次人才享受利益分成，获得技术入股以及资金入股的资格。加大人才培养力度，组织人才进修或者开展学术交流，构建起以能力和业绩为主的人才评价机制。

不断改善城市的基础公共服务设施，全国多个城市的人才吸引政策在落户以及配偶工作和住房补贴等方面提出了较为充足的条件，基于长远的发展来说，工作环境以及发展平台才是提升人才留存率的重要因素。如果仅仅依靠物质条件吸引到了人才，却没有构建起完善的配套设施，如子女没有享受到优质的教学资源，将不利于人才的长远发展。部分地区尽管在短期内留住了人才，但是人才最终由于公共资源方面的问题而选择退出，无疑会造成巨大的浪费。高层次人才更理性，会对各种条件进行综合考虑，因此，企业的人才引进政策必须要做到"引用结合"以及"引培结合"，让人才在安稳的环境下就业，进一步帮助石家庄市争取"人才争夺战"的胜利。

**参考文献**

刘冬、苏建宁：《京津冀协同发展背景下石家庄人才外引内培机制研究》，《中国市场》2021年第19期。

张爱华：《京津冀一体化背景下石家庄市聚集人才机制研究》，《科技风》2018年第20期。

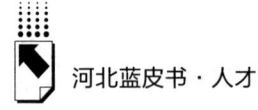

黄婷燕、李远辉：《城市人才引进政策及启示》，《合作经济与科技》2019年第11期。

王伟青、姜玉婕、郝书俊：《石家庄中小企业人才流失问题与对策》，《合作经济与科技》2020年第21期。

吕波：《城市人才引进问题与对策研究——以山东省济南市为例》，硕士学位论文，山东大学，2021。

冯博雅：《城市人才争夺政策研究——以Z市为例》，硕士学位论文，郑州大学，2020。

初冰茹：《社会学视角下的城市"人才竞争"现象研究》，硕士学位论文，天津理工大学，2019。

《石家庄市不断引进高层次人才稳步推进各项目发展》，"石家庄日报客户端"百家号，2021年10月11日，https：//baijiahao.baidu.com/s？id=1713289660810362567&wfr=spider&for=pc。

# B.11
# 完善青年人才政策　实施人才强冀战略

——河北省"三三三人才工程"政策评估研究报告

房保国　申博　张宏玥　邢明强*

**摘　要：** 人才是创新的第一要素，青年科研队伍作为最具创新活力的主力军，是科技自主创新的中坚力量，对区域高质量发展具有重要意义。本报告从公共政策角度评估河北省"三三三人才工程"政策，得出如下主要结论：河北省人才政策取得了良好成效，青年人才政策能够促进人才优化、个人成长和团队建设，为促进河北省经济发展做出巨大贡献。本报告进一步总结了"三三三人才工程"若干优势做法，并针对河北省青年人才政策存在的发展空间，提出了开展河北省"青年人才阶梯培养工程"的具体建议，为推动河北省在"十四五"期间完善青年人才政策体系提供依据。

**关键词：** 青年人才　政策评估　人才政策

"十四五"规划指出，"坚持创新驱动发展　全面塑造发展新优势"。在知识资本时代，创新已然成为国家和区域竞争力提升的首要推动要素，创新驱动归根结底要靠高水平创新人才。青年专业技术人才是我国人才队伍中数

---

\* 房保国，雄安新区人才发展服务中心主任；申博，河北经贸大学数学与统计学学院讲师、统计系副主任；张宏玥，河北经贸大学数学与统计学学院；邢明强，河北省人力资源社会保障科学研究所副所长、省政府参事特约研究员、省人大社会建设委专家顾问。

量最大、专业水平最高和创新能力最强的一支队伍,是整个人才队伍的骨干和中坚力量,也是推动我国科技创新和发展方式转变的关键因素,在科技创新舞台上发挥着越来越重要的作用。《国家中长期人才发展规划纲要(2010—2020年)》指出,"建立政府指导下以企业为主体、市场为导向、多种形式的产学研战略联盟,通过共建科技创新平台、开展合作教育、共同实施重大项目等方式,培养高层次人才和创新团队"。实施青年人才政策作为建设青年科研队伍的重要手段,科学有效的青年人才政策是推动青年人才发展、激发青年科研人才活力动力的制度保障,对区域高质量发展具有重要意义。

河北省最具代表性的青年人才政策为《河北省"三三三人才工程"实施方案》(以下简称"三三三人才工程")。"三三三人才工程"通过有效的政策服务手段,营造优良的人才环境,重点选拔能引领和支撑重大科技、关键领域实现跨越式发展的高层次青年专业技术人才,扶持各类优秀青年专业技术人才的成长与发展,以达到集聚人才、推进经济社会发展的目的。"三三三人才工程"对标《国家百千万人才工程实施方案》,此项实施方案2020年已经收官,河北省新的青年人才政策体系尚未落实,结合自身经济社会发展现状,提出新的可行有效的青年人才政策已经迫在眉睫。

## 一 河北省青年人才政策实施效果

本报告根据河北省人才发展现状综合设计指标体系,采用专家打分、问卷调查等方式征求政策利益相关者的意见,将指标体系与评估主体、评估模型与方法、评估流程、评估信息的收集、评估结果的使用等多元要素相配合,对青年人才政策实施效果的微观层面进行评估。

### (一)河北省"三三三人才工程"政策实施效果评估指标体系设计

本报告根据政策的实际情况,按照系统性、易理解性、数据易得性的原则,采用专家座谈会及调查分析方法,对通用的青年人才政策实施效果评估指标及权重稍做调整,形成了三级指标体系结构。实际操作中,根据特定的评估目标、评估需求、评估政策的特点等,考虑青年人才政策的可度量性、相关数据的可获取性、政策对象的参与程度等因素,灵活地选择和增减指标,并相应地调整指标权重。

本报告采取层次分析法,目标层为河北省"三三三人才工程"政策实施综合绩效;一级指标反映河北省"三三三人才工程"政策实施效果的主要评估要素,包括政策知晓度(A1)、政策认可度(A2)、政策执行度(A3)、政策受益度(A4)4个指标,其权重分别为10%、10%、25%、55%;二级、三级指标分别将上一要素层指标细化为可评价的具体指标,评价指标不变,为9个二级指标、28个三级指标,但指标权重发生了变化。除了政策直接产出(B6)考虑到数据获得较困难,将其权重定为0之外,其他的指标均被认为对于上一级指标同等重要,即权重相同。如政策知晓程度(B1)和政策知晓途径(B2)两个二级指标的权重均为5%,由政策知晓度(A1)的权重10%均分得到。

## (二)河北省"三三三人才工程"政策实施效果评估方法

采用文献收集法、专家会议法、问卷调查法等对河北省"三三三人才工程"政策实施效果进行评估。邀请河北省"三三三人才工程"的制定者进行座谈,了解政策制定的背景、目的及预期达到的效果;邀请河北省"三三三人才工程"的目标群体进行座谈,了解他们对政策的认可度,征求其对政策实施的意见;邀请与河北省"三三三人才工程"有关的单位管理人员进行座谈,了解政策的执行情况及对政策实施的效果评价等。评估组根据评估目标需要,认真设计了调查问卷,将指标体系中涵盖的评估指标全部纳入调查问卷,针对与河北省"三三三人才工程"政策有关的单位、企业和个人开展广泛的问卷调查。调查对象主要是政府的人才管理机构、高新技术企业、研究型组织和学校中的高层次人才、骨干青年人才、人力资源管理者以及有关社会组织的高层管理人员等。问卷调查历时2个月,向50多家单位发放了调查问卷,共回收有效问卷214份。问卷中对评估指标制定了详细的五级评分标准：效果很好95分，效果较好85分，效果一般75分，效果有限65分，效果不好55分。问卷调查结束后进行统计分析，从而获取所需的评估数据，并对收集到的信息和问卷调查结果进综合分析，经加权汇总后得到最终的评估结果。

### （三）河北省"三三三人才工程"政策实施效果评估结果

评估结果显示，河北省"三三三人才工程"政策的总体实施效果良好，总评分为80.65分。前二级指标的得分如表1所示。

表1 河北省"三三三人才工程"政策实施效果评估结果

单位：分

| 一级指标 | 评分 | 二级指标 | 评分 |
| --- | --- | --- | --- |
| A1 政策知晓度（10%） | 77.35 | B1 政策知晓程度（5%） | 76.34 |
|  |  | B2 政策知晓途径（5%） | 78.36 |
| A2 政策认可度（10%） | 79.89 | B3 对政策内容的认可（5%） | 81.68 |
|  |  | B4 对政策目标受益的认可（5%） | 78.10 |
| A3 政策执行度（25%） | 78.59 | B5 政策贯彻落实（25%） | 78.59 |
|  |  | B6 政策直接产出（0%） | — |
| A4 政策受益度（55%） | 82.33 | B7 目标群体受益（13.75%） | 76.88 |
|  |  | B8 单位人才结构变化（13.75%） | 85.98 |
|  |  | B9 单位效益成果增加（13.75%） | 85.04 |

**1. 对河北省"三三三人才工程"政策知晓度的评价**

该项指标的评分为77.35分。其中政策知晓途径（B2）评价相对较高，政策对象对"三三三人才工程"政策的了解途径主要为互联网、传统媒体以及相关部门政策培训、政策介绍或宣讲等，在政策的宣传上，各类媒体和传播手段已经得到广泛应用并取得了较好的效果。对政策知晓程度（B1）的评价结果说明，政策对象对"三三三人才工程"政策的知晓程度不高，"三三三人才工程"政策的宣传普及工作虽然取得了一定成效，但深度、广度还有待提升。

## 2. 对河北省"三三三人才工程"政策认可度的评价

该项指标的评分为 79.89 分。其中对政策内容的认可（B3）评价结果相对较好，政策对象对现行"三三三人才工程"政策的有效性给予了充分的认可，但是在近 5 年"三三三人才工程"政策目标是否得到有效实现的评价问题上，对政策目标受益的认可（B4）这一指标评分稍低，这说明政策对象对"三三三人才工程"政策总体认可。

## 3. 对河北省"三三三人才工程"政策执行度的评价

"三三三人才工程"政策的执行过程及效果直接关系政策的实施绩效，该项指标的评分为 78.59 分。调查结果表明，"三三三人才工程"政策总体执行情况基本得到肯定，但评估结果也反映出此项指标有上升空间，执行力度需进一步加大，同时在执行过程中还需注意与其他政策之间的协调平衡。

## 4. 对河北省"三三三人才工程"政策受益度的评价

此项指标是权重最大的指标，同时是得分最高的一级指标，评分为 82.33 分。除了目标群体受益（B7）评价较低之外，其他 2 项二级指标评分都在 80 分以上，评估结果最好的是单位人才结构变化（B8），为 85.98 分，引进青年人才对优化单位人才结构的作用主要体现为"增加高层次人才数量"，"三三三人才工程"政策确实对企事业单位的发展起到了积极作用，有助于促进人才结构优化、科技成果数量增加和质量提高以及科技成果转化。此外，单位效益成果增加（B9）指标 85.04 分的评价结果也说明了"三三三人才工程"政策对全社会尊重人才意识的强化、高新技术产业的发展、社会综合竞争力的提升以及创新氛围的营造等都起到了良好的促进作用。对于政策对象群体的受益度评估，生活保障方面最大的受益是户籍和配偶、子女安置，科研工作方面受益最多的是政府资金支持，这两方面受到了较多的关注，对引进人才起到了较大的促进作用，政策对象已经从"三三三人才工程"政策中获得了一定收益，但受益面有待拓展，软环境需进一步优化。

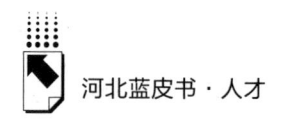

## 二 河北省青年人才政策宏观成效评估

政策的制定、出台、落实和反馈是一个复杂多元的系统。青年人才政策实施效果评估指标体系只是政策评估体系的组成之一，将微观主体评价和宏观评价要素协同运作，才能构成完整、科学的青年人才政策评估体系，使评估结果更加体现人才政策作为公共政策的本质属性。微观层面的评估主要结果表明，参与评估的人才对于政策实施效果整体满意，就更需要从政策落实的宏观层面对其优势做法做出总结和提炼。

### （一）人才优化效应不断凸显

#### 1. 改善人才队伍结构

"三三三人才工程"人选选拔的基本条件有两个：一是具有副高以上职称，二是年龄在45周岁以下。一层次选拔人员较少，按要求年龄大多数在45周岁以下，是优秀的中青年高层次人才。这些人才年富力强、经验丰富、富有创造力，是单位的专业骨干和社会发展的中坚力量。

#### 2. 人才评价效应

各层次都详细制定了选拔推荐的条件，突出重能力、重业绩、重贡献的导向，对人选的专业技术工作能力和业绩水平进行科学评价。各单位对选拔推荐工作很重视，对申报人员严格按条件把关，集体研究确定推荐人选，并在本单位进行公示。坚持"严选优质"原则，组织专家召开评审会，评审确定推荐选拔人选，并向社会进行公示，保证了人选质量。

#### 3. 人才激励效应

"三三三人才工程"明确人选享受相关待遇，如一、二层次享受专家津贴，三层次部分地市享受1000元一次性补贴或100~300元/月的补贴；优先申报高一级专家；定期体检、休假，对配偶、子女随迁调动、就学等适当照顾；一、二层次人选不受单位岗位结构比例限制聘任等。工作中，各地市大力宣传人才政策，如石家庄编印了《专技政策汇编》，送政策入企业；编印了《石家庄市专家名录》，对人才进行推介。落实人才的各项待遇，按时发放专家津贴，由市财政提供经费保障，统一组织专家体检等，将"三三三人才工程"一层次人选纳入人才 A 卡申领范围。

4. 人才培养效应

"三三三人才工程"设立专项经费用于人选的培养资助，高级研修班、出国培训同等条件下向"三三三人才工程"各层次人选倾斜。享受政府特殊津贴专家没有专门的项目资助，"杰出专业技术人才"等资助项目要求较高，"三三三人才工程"项目资助对象明确、涵盖范围较广、注重挖掘中青年人才潜力，对于加快培养中青年人才发挥了积极作用。

5. 人才应用效应

"三三三人才工程"人才皆已成为各行各业中的领军人物，在自己的岗位上创造经济价值的同时，主动参加各类专家服务基层活动。各地市启动了"专家服务基层示范基地"建设，2014~2019 年多批"三三三人才工程"人才以专家团队的形式参加服务基层活动，成为人事人才扶贫的主力军。

（二）个人成长效应日新月盛

1. 激发投入科研或设计的积极性

各等级人才在入选"三三三人才工程"后，有机会和动力从事更多人才资助的各类项目。通过对一、二层次人选评定前和评定后的各类荣誉、专著、论文、承担项目、发明专利、省级以上奖励、团队建设等详细成果信息进行对比发现，人才在入选之后有了更好的和更多的成果产出，而且在访谈中发现，人才入选"三三三人才工程"之后会有对更高层次称号的追求，自然而然会为之付出努力，也会产出更多的科研成果，从而更好地规划自身的职能生涯。

2. 相应待遇或福利

各地市按照人社厅规定发放一、二层次人才补贴的同时，根据地市情况的不同对三层次人才给予月补贴或一次性奖励。各类人才获得人才补贴的同时，人才所在地市或单位也给予一次性现金奖励和进行相应的工资调整。各类人才还可享受子女入学、课题审批、资助供给、体检等相关人才福利政策。如唐山市"三三三人才工程"三层次人才即认定为本市青年拔尖人才，所有的"三三三人才工程"人选均可申请"凤凰英才服务卡"，享受免费乘坐公交、免费体检，以及配偶、子女随迁调动、就学等十项"凤凰英才服务卡"的高端人才服务；对比较优秀的人才开发项目，获得省级资助的，市里1:1给予配套支持，获得市级资助的，给予最高50万元的支持。唐山市二层次人才郭万青表示："在唐山，三三三人才能体会到从全社会层面给予的充分尊重和荣誉感。"

### （三）团队建设效益明显

#### 1. 师徒制的团队建设

保定市一层次人才韩庆芳为河北省曲阳陈氏定窑瓷业有限公司工艺师，先后被授予享受国务院政府特殊津贴专家、全国五一劳动奖章、河北省工艺美术大师等荣誉。作品多次获国内外重要奖项，有作品被国家博物馆等权威机构收藏。论文发表于《陶瓷科学与艺术》《中国陶瓷画刊》等。韩庆芳在自身成长的同时，积极通过师傅带徒弟的方式将自身技艺进行传授，在河北省曲阳陈氏定窑瓷业有限公司内起到了示范作用，先后有同公司人员成为"三三三人才工程"三层次或二层次人选。

#### 2. 高精尖的团队建设

邯郸市二层次人才曹延萍，在2014年建立了邯郸市第一家肾脏病理实验室，并组织了相应的研究团队，利用这一平台培养了一批肾病研究人员和工作人员。在研究和治疗病人的同时，通过积极开展肾脏病理培训班，建立邯郸地区肾脏病理联盟、腹膜透析联盟、慢性肾病管理联盟等形式，共享研究成果，普及肾病知识，在区域内既树立了团队权威，又塑造了良好的社会形象。

### （四）地域经济促进效应显著

#### 1. 改善区域人才结构

"三三三人才工程"人选按照政策要求大多数在45岁以下，是优秀的中青年高层次人才。我国科技事业发展的经验也表明，青年科技人才已经成为中流砥柱。"三三三人才工程"凸显了党委、政府对中青年人才的重视，各层次人才依次递进、层次分明、体系完整，对加强人才储备、改善专业技术人才队伍结构、推动社会发展发挥了重要作用。如保定现有享受国务院政府特殊津贴专家48人、享受河北省政府特殊津贴专家33人（含省突贡专家）、一层次人选2人、二层次人选19人、三层次人选478人、杰出专业技术人才3人。各类专家人才齐备，人才结构基本合理，人才呈"正三角形"结构。这在很大程度上得益于人才评选、培养和激励共进的"三三三人才工程"政策，该政策为高一层次人才的推荐选拔储备了充实的人才资源，发掘培养了大批一线专业技术人才，对实现引进人才、留住人才、用好人才发挥了重要作用。

2. 提升区域成果贡献

入选的省人才工程人选是各地市、各单位、各级专业技术人才的杰出代表，在推进各地市经济转型升级，各行业科技创新、成果转化、人才培养、服务基层等方面起着示范带头作用。通过政府政策支持与单位重点培养和锻炼，他们立足本职岗位，发挥专业优势，利用所学知识和积累的经验进行科学决策、科学监管，为企业提供高质量服务，增强了工作的科学性和实效性。他们在不同岗位、不同研究领域起着技术引领作用，逐渐成长为一专多能的多面手，在自己的研究领域取得了更好更大的成绩。以唐山市2017年度申报省科技进步奖获奖情况为例，获一等奖1项，第一主研人为2007年度市优秀年轻人才；获二等奖3项，第一主研人分别为2004年度、2005年度、2013年度市优秀年轻人才；获三等奖4项，第一主研人分别为2013年度、2014年度、2016年度省"三三三人才工程"人选。如邯郸市一层次人才任爱民，自入选"三三三人才工程"以来完成国家重大转基因专项、"863"计划、省重大技术创新科研课题，培育邯杂98-1、邯杂301、邯6203等8个棉花新品种，获得河北省科技进步一等奖、中华神农奖二等奖、中国农科院特等奖、河北省科技进步三等奖、邯郸市突出贡献奖等10项奖项。

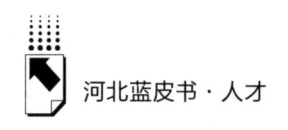

## 三 河北省"三三三人才工程"实施效果总体分析

本报告以评价"三三三人才工程"政策实施效果为目标,设计了指标体系构建的原则和逻辑框架,运用专家座谈会、问卷调查等方法,构建了包括4个一级指标、9个二级指标、28个三级指标的青年人才政策实施效果评估指标体系,采用专家评定法等方式确定了指标的权重,并且运用这一指标体系对河北省青年科技人才政策开展了实施效果评估,进一步对河北省青年人才政策成效进行整体评估,主要得出如下结论。

### (一)河北省青年人才政策整体取得了良好成效

**1. 青年人才政策能够促进人才优化**

青年人才政策能够改善人才队伍结构和人才评价效应,各层次人才依次递进、层次分明、体系完整,对加强人才储备、改善专业技术人才队伍结构、"严选优质"作用显著;营造尊重人才、爱护人才的良好氛围,对人才起到了很好的激励作用;有助于挖掘中青年人才潜力、发挥其积极性创造性,使其参加各类专家服务基层活动,进一步促使其在岗位上创造经济价值。

**2. 青年人才政策能够促进个人成长**

称号设置的梯队性使得入选成员享有相应待遇和福利,同时,更高层次的学术氛围和成就动机氛围能够激发青年人才的科研热情,并不断持续实现自我价值。

**3. 青年人才政策能够促进团队建设**

师徒制的团队建设、高精尖的团队建设,不仅能够吸引更多的相关青年人才落地生根,持续壮大团队,打造引领区域的"先锋部队",还能够塑造良好的社会形象,对推动社会高质量发展做出巨大贡献。

**4. 青年人才政策能够促进河北省经济发展**

评选、培养和激励共进的青年人才政策,为高一层次人才的推荐选拔储备了充实的人才资源,在推进各地市经济转型升级、各行业科技创新、成果转化、人才培养、服务基层等方面起着示范带头作用,对推动河北省经济社会发展发挥了重要作用。

## (二)河北省青年人才政策存在发展空间

### 1.青年人才政策的供给和保障力度尚待加大

京津冀地区人才分布呈现以北京为中心向外逐渐减少的趋势,北京最多,天津其次,河北最少。在产业人才分布上,京津两地以高精尖产业、金融产业、服务业为主,而河北地区则以工业为主。由于马太效应,具有资质优势的专业技术领军人才能够得到更多的政府资金投入和市场资源,但河北省内一些青年人才的项目却受到限制,获得的政府或企业的支持力度不大,其面临的生活压力也更大,青年人才政策的供给和保障力度尚待加大。

### 2.青年人才规模尚待扩大,人才结构尚待优化

省内人才队伍总体评选人数并未实现明显跃升,各层次人才分布依旧以高校、科研机构为主,青年专业技术人才所占比例较小,政策与企业的需求吻合度不高。一方面,引进的人才往往集中于高校、科研机构及大型国企;另一方面,人才引进政策鲜少考虑中小企业的科技发展需求。这既是对政策制定的科学性评价反馈,又可为后续政策出台提供思路方向。

### 3.青年人才政策人才管理与退出机制尚待完善

河北省人才工程多把获得国家奖励、省部级奖励、发明创造等作为主要考虑因素,但对杰出青年人才选拔之后的绩效考核和长效评价不够重视,不能真正发挥人才的潜力和创新能力。

## 四 对策与建议

新时代中国经济实力、科技实力将大幅跃升,青年是实现跻身创新型国家前列这一阶段性目标的主力军。河北省经济正处于机遇叠加的黄金发展

期，经济转型升级，更应该加大对青年人才的培养、选拔力度。已经结束的"三三三人才工程"很好地适应了河北省过去的经济社会发展形势，为了更好地学习贯彻习近平新时代中国特色社会主义思想和坚持"四个面向"，延续"三三三人才工程"优势做法，开展河北省青年人才政策"青年人才阶梯培养工程"工作已经刻不容缓。

（一）加大政策供给，完善体制机制

"栽下梧桐树，引得凤凰栖。"全方位吸引省外企业界、科研界青年人才，一是要全力营造良好的人文环境、工作环境、投资环境、服务环境，打造人才的向往之地；二是要充分立足河北发展实际，出台与完善一系列优秀人才引进优惠政策，加大政策供给，完善体制机制，确保政策畅通，不断释放政策红利，吸引广大人才落户。

（二）加强组织保障，扩充绩效考核指标

河北省在"青年人才阶梯培养工程"的基础上，应该改革现行的创新型人才培养机制，始终坚持在整个培养机制中贯彻落实政策与法律、法规，提升创新型人才自我发展的动力、工作积极性，为人才和人才培养者的各方面利益提供良好的保障。"青年人才阶梯培养工程"要加大对人才工作的重视力度，扩充绩效考核指标。需要大力选拔培养河北战略发展需要的中青年学术技术领军人才，科学扩大人才评选规模，实现专业技术人才数量与结构梯次。要把青年人才潜在的持续发展能力作为评估的核心，根据人才所处年龄阶段的不同，对他们取得的相应成果进行纵向对比，并将其作为潜在能力指标的一部分来完善人才评价机制。

（三）加强资金支持，契合人才诉求

在"青年人才阶梯培养工程"政策体系中增加专门的人才评价制度和成果激励制度，了解青年人才在科研、生活中的刚性需求，从制度上加以保障和激励，提高高端专业技术人才贡献效益。政府要加强资金支持，把青年人才资金支持纳入财政预算，纳入每年人大审核预算方案审核范畴。一方面，建议对人才进行科研经费支持、扩大科研项目审批资助面，支持和鼓励更多的人才参与到科技发展、经济建设活动中来；另一方面，制定对应的配套政策，如住房、子女上学、科研机构管理等人才保障政策，最大限度地发挥各类青年人才的积极性，激发青年人才的潜能，从人才待遇角度切实实现人才"引进来，留得住，用得上"。

（四）扩大人才评选规模，优化人才结构

"青年人才阶梯培养工程"政策在对省外引进青年人才进行级别评价时，应打破壁垒，以科研成果、承担项目、发明专利、国家级奖励、省部级奖励等进行直接定级，吸引省外人才落户，让优秀的省外人才能够在引进河北省后获得评选青年人才的资格，为河北高质量发展提供全方位、多层次的人才支撑。鼓励当地政府引进和善用各层级专业技术人才，结合地区特色产业，促进当地经济发展。

（五）建立人才管理与退出机制，激发人才的积极性

"青年人才阶梯培养工程"政策应实行长期追踪的人才评价方式并完善退出机制。通过定期的成果考核，对人才的表现进行审核和评价，然后以考核的结果为依据做出相应的决策，如降级、减少补贴甚至退出计划。实施人才退出机制将对选拔出的人才形成一定的压力，压力又产生动力，有利于发挥人才的积极性，增加成果产出，提升青年人才政策质量。

（六）与其他人才政策错位，发挥系统效应

在人才政策体系中，加强内部的联系、协调，从宏观、微观的维度对人才的发展进行引导，发挥政策的整体效益。"青年人才阶梯培养工程"政策应与其他人才政策、工程形成协同效应，通过人才资源在主导产业的集聚，形成人才结构、产业结构和城市功能有效互动，高效、持续进行创新驱动。如与"引进高层次创新创业团队"和"巨人计划"形成联动，组建高层次

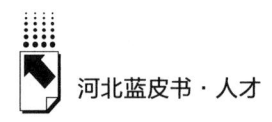

专业技术人才、管理人才队伍，聚焦科研、经济等领域发展，做出突出性贡献。

**参考文献**

胡跃福、马贵舫：《西部人才政策：何去何从?》，《开发研究》2008年第3期。

张光虎：《地方分权背景下的高新区人才政策评估——以大连市为例》，硕士学位论文，大连理工大学，2013。

李锡元、陈俊伟：《国家级高新区人才政策效能评估——以武汉光谷、北京中关村、苏州工业园为例》，《科技和产业》2014年第7期。

吴江、孙锐：《构建人才发展规划绩效评估机制》，《人民论坛》2011年第35期。

顾玲琍、王建平、杨小玲：《科技人才政策实施效果评估指标体系构建及其应用研究》，《中国人力资源开发》2019年第4期。

陈锡安：《构建国家人才政策体系的思考》，《中国人才》2004年第4期。

沈荣华、金莉萍、汪怿：《构建中国特色的人才政策法规体系》，国际人力资源开发研究会，北京，2007年11月。

张冬梅、罗瑾琏：《上海市人才政策体系改进与设计构想》，《现代管理科学》2008年第11期。

陈莎利、李铭禄：《人才政策区域比较与政策结构偏好研究》，《中国科技论坛》2009年第9期。

吴江：《为集聚人才营造法制环境》，《中国人力资源社会保障》2014年第6期。

路瑶：《地方政府高层次人才政策效能研究——以苏州为例》，硕士学位论文，苏州大学，2011。

# B.12
# 河北省人才引进政策与发达省市比较研究

罗 坤*

**摘 要：** 进入21世纪，人才引进成为推动地方经济增长的主要因素，对地方的发展至关重要。随着河北省高新技术的发展、财政投入力度的不断加大，人才引进政策已取得显著成效，但与发达省市相比，仍存在诸多薄弱环节。完善引才政策、构建科学有效的人才支撑体系已迫在眉睫，本报告通过对河北省与发达省市人才引进政策的比较，发现河北省当前的人才引进政策存在引进人才培养机制不完善、政策不够有吸引力等情况，并针对目前所存在的问题提出对策建议。

**关键词：** 人才引进 比较研究 河北省

随着我国经济社会的发展，人力资源成为关系一个区域可持续发展的重要因素，不仅可以合理开发和有效利用当地的自然资源，还能够进一步发挥人才的主观能动性，弥补自然资源的不足。[①] 在此背景下，人才的作用就显得尤为突出，人才引进政策作为一种公共政策，承担着推动科技创新发展的重任。为争夺高、精、尖人才资源，各地纷纷推出一系列人才引进政策，开发人力资源的力度不断加大。当前，河北省与北上广深等城市相比，不管是

---

\* 罗坤，中共顺平县委宣传部四级主任科员，主要研究方向为社会保障政策与管理。
① 邢敏：《双维度下河北省人才政策体系建设及实施成效研究》，硕士学位论文，河北地质大学，2021。

经济发展还是社会环境都不占优势，人才资源流失严重，高新科技人才更是匮乏。[1] 面对当前河北省人才现状，优化引才政策体系具有无比重要的理论和现实意义。

## 一 河北省人才引进政策现状分析

当前，日益激烈的人才引进竞争直接导致了全国范围内人才流动和经济发展差异化加剧。为了进一步强化自身在未来发展中的优势，各地不断推出各种优惠措施，提高自身对优秀人才的吸引力。河北省也有针对性地提出了一系列人才引进政策，人才队伍建设取得突破性发展。在引才方面，河北省拟定并推出了人才引进战略规划，出台了一系列人才引进政策，有针对性地实施了一系列专项引才计划。[2]

### （一）河北省人才引进环境现状

各地采取多种形式引进人才的目的是促进区域经济社会高质量发展，同时，良好的区域经济社会环境也是吸引人才的关键因素，河北省的经济及社会发展体现出以下特点。

一是新旧动能接续不力，GDP的增长速度相对于其他发达省市有所降低，全国经济发展水平排名有所下降。在过去，河北省的GDP一直排在全国前6位，然而近几年却出现下滑趋势，尤其是2018年以来，已经掉出前10位。不过，伴随着京津冀区域协同发展战略的不断推进和深化，河北经济已经出现回暖。

二是人均发展层次相对落后，进步空间较大。据统计，2020年河北人均GDP为47691亿元，列全国第26位，远低于沿海的发达省市，甚至与中

---

[1] 邢敏：《双维度下河北省人才政策体系建设及实施成效研究》，硕士学位论文，河北地质大学，2021。
[2] 唐潇、穆晓龙：《河北省城市人才竞争力现状及其提升路径研究》，《全国流通经济》2019年第22期。

部的一些省市也有较大差距,未来仍需付出更多努力来加快追赶的脚步。

三是产业结构完成"三二一"转型。河北省正在积极推进自身产业的优化升级,构建现代化的产业链,正在由长期的"二三一"模式向"三二一"模式转变。根据2020年的数据统计,2020年河北第三产业增加值远高于其他两大产业,表明河北的第三产业保持平稳增长态势。

四是对外贸易程度低,开放水平有待持续提升。河北省经济增长主要依靠投资的方式来进行拉动,但外贸发展一直是其发展短板,未来在自贸试验区红利带动下,经济外向度有望进一步提升。

五是城镇化速度不断提升,但整体仍处于较低水平。在2019年的全国城镇化调查中,河北省城镇化率仅排在全国第19位,属于较低水平,各地级市中除石家庄、唐山、秦皇岛城镇化率高于全国平均水平外,其他几个地级市的城镇化率都低于全国平均水平。

### (二)河北省人才资源现状

#### 1. 人才就业现状

河北省人口总量大,人力资源在数量上较为丰富,2016~2018年河北省就业人员均达到总人口的50%以上。产业结构的不断调整,带动了人才在不同产业间的转移。过去,河北省就业人员主要集中在第一产业。从2016~2018年就业人员结构变化看,通过不断优化产业结构,河北省就业人员也在一步一步向第二、三产业转移(见表1)。

表1 2016~2018年河北省就业人员现状

单位:万人,%

| 年份 | 总人口数 | 就业人员 | 就业人员/总人口数 | 第一产业就业人员 | 第二产业就业人员 | 第三产业就业人员 |
| --- | --- | --- | --- | --- | --- | --- |
| 2016 | 7424.92 | 4223.95 | 56.89 | 1380.33 | 1439.74 | 1403.88 |
| 2017 | 7519.52 | 4206.66 | 55.94 | 1366.9 | 1396.58 | 1443.18 |
| 2018 | 7556.3 | 4196.20 | 55.53 | 1360.10 | 1367.70 | 1468.40 |

资料来源:历年《河北经济年鉴》。

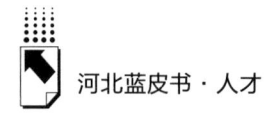

### 2. 河北省人才发展现状

在人才质量方面：学历和专业对人才的质量具有重要影响，学历体现的是人才的基本素质，而专业则决定了一个地区的特色能力。国家统计局数据显示，2019年河北省常住总人口7447万人，全省高等教育在校学生147.4万人，其中本科在校生82.29万人，专科在校生65.11万人；2019年全省毕业生35.78万人，大专及以上学历人数占比较低，远低于全国平均水平。伴随京津冀协同发展战略的深入推进，北京、天津的经济和人才环境与河北省相比有明显的优势，对高质量人才也具有更强的吸引力。除此之外，河北的高质量人才集聚度与发达省市相比也存在一定差距。

在人才产出方面：根据国家统计局2019年统计出来的工业企业研究与试验发展（R&D）活动和专利申报情况，在研究经费方面，河北省投入438.5亿元，相对于北京市的285.1亿元与上海市的590亿元并没有很大的差距，甚至更多。但在研究产出上，河北省有效发明专利仅有21487件，而上海市和北京市的有效发明专利均在5万件左右，与河北省差距明显，暴露出河北省人才质量低、研究产出比低的问题。江苏省经费投入2201亿元，有效发明专利18.1万件；广东省经费投入2314.8亿元，有效发明专利37.5万件。无论是在经费投入还是在科研产出上，河北省都与发达省份有较大差距。

### （三）河北省人才引进政策现状

近年来，河北省实行开放、包容、积极的人才引进政策，注重引进高层次科技人才。具体内容如下。

#### 1. 引进高层次创新创业团队政策（"巨人计划"）

（1）引进对象

"巨人"是指以创新创业团队为形式、由领军人才对团队进行组织管理、一大批技术管理人才集聚组成的具有强大发展潜力的科技型企业、创新型企业或科研机构。河北省计划在"十四五"时期，通过"巨人计划"重点支持100名高层次创新创业领军人才，打造100个高水平创新创业团队。

（2）享受待遇

①财政税收支持措施。省财政会给予符合条件的创业团队 200 万元的创业支持资金，其在 3 年内向地方财政缴纳的所得税，可以按照一定比例以奖励的形式进行补助。对于团队中年薪在 10 万元以上的成员，其个人所得税会在 3 年内以奖励的形式返还给本人。

②充分的自主权和经费支配权。领军人才对于自己团队中的人力资源分配有较大的自主权，同时对于经费的使用也有很强的自主性，帮助其开展设备购置、学术活动等。

③贷款优先支持。

④项目立项给予重点支持。

⑤落实安居和医疗相关待遇。对于创新创业团队的重要项目，落户地要帮助提供 100 平方米左右的周转房，同时省财政给予团队 3 年的持续租金补贴；领军人才及团队优秀人才的配偶随迁、子女入学等事项由当地政府进行妥善安置，同时帮助解决医疗保障等问题。

**2. 河北省省管优秀专家政策**

（1）选拔对象

主要选拔河北省自然、社会、管理和专业技术方面的学科带头人，属于高层次人才队伍中的拔尖人才。

（2）享受待遇

①政治待遇。颁发"河北省省管优秀专家"荣誉证书。人大代表、政协委员推荐。

②每月享受一定的工作津贴。

③享受与公务员相同的医疗保险待遇。

④每年进行一次体检，每两年进行一次健康休养。

⑤退休年龄可延长至 65 周岁。

⑥健全的科研指导、人才培养和科研项目合作机制。

⑦积极创造科研条件和提供资金支持。

⑧建立学术休假制度，以支持其参加国内外的高层次学术交流活动和学

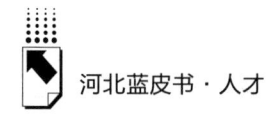

习深造。获评"河北省省管优秀专家"的人才，按规定每年可以享受15天的学术休假。

3. 河北省"三三三人才工程"政策

（1）选拔对象

面向河北省的企事业单位、非公组织和直属单位选拔能够引领技术突破和重点领域跨越式发展的高层次技术人才。

（2）享受待遇

入选"国家百千万人才工程"和"工程"一级、二级人选的，按有关规定享受省政府岗位补贴。同时，在管理期内表现特别优秀的人选，在申报享受国务院政府特殊津贴和省政府特殊津贴时，不受所在市或所在部门申报总量的限制。所在单位定期安排体检、组织学术休假，同时帮助解决配偶随迁、子女入学等问题。

4. 河北省青年拔尖人才支持计划

（1）目标任务

该计划重点支持35周岁以下学历和技术水平高、发展潜力好、急需紧缺的青年拔尖人才。该计划自2013年起实施，每两年举行一次评选。每次选拔自然、哲学、社会、文化等重点学科120名35周岁以下青年人才，予以重点培养。

（2）支持措施

①资金支持。由省财政设立专项资金，对自然科学领域青年拔尖人才每人每年资助10万元，对哲学、文化等领域的青年拔尖人才每人每年资助3万元。

②政策倾斜。在青年拔尖人才申请重要科研项目或者重大专项课题时，政府方面给予大力支持和政策倾斜。

5. 其他政策

除以上省级政策外，省内各地级市也相继研究并出台了相应的人才引进政策。

一是创业优惠政策。为鼓励优秀人才在保定创业发展，保定对在保创业的优秀人才提供最多10万元的担保贷款以及对小微企业提供最多200万元的贴息贷款，同时对孵化基地进行租金、水电补贴，最大限度地为创业者营造合适的创业环境；对于高校毕业生，按照每个项目5000元的标准对其进行创业补助，帮助其快速发展。石家庄市对在市内创业的符合条件的优秀个人提供最多20万元的创业担保贷款，同时，对电子信息产业和生物医药产业两类高新技术产业的特殊人才，进行最高50万元的奖励支持。优秀的大学毕业生，在创办企业时可通过申请得到不高于500万元的担保贷款。

二是住房优惠政策。2021年保定市规定，高水平人才在保定市租房时，经审核评估通过后，可以在5年内给予其每月1000元到5000元不等的租房补贴。带技术、成果、项目来保定创业并取得优秀成果的，其在购买自用商品住房时，经审核评估通过后，最高给予购房款1/4的购房补贴；石家庄市2021年出台政策，持有人才绿卡B卡的优秀人才，可以在自进入石家庄工作起的5年内获得每月不高于2000元的租房补贴，对于在石家庄市内购买第一套自用房的博士、硕士、学士分别补助15万元、10万元、5万元的购房补贴。

三是生活保障政策。2020年保定市发布十条引才措施，规定高校大学生毕业后或者海外留学生回国后到保定就业创业的，以及满足条件的专业技术人才，在保定购买第一套自住房时，分别发放15万元（博士）、6万元（硕士）、2万元（学士）的安家费。

2021年石家庄在产业、人才集聚区域，集中规划建设人才公寓，稳步推进高新区、鹿泉区高端人才公寓项目建设。提升人才公寓建设品质，着力打造文化多元、宜居宜业、服务完善的人才社区，为人才提供职住一体的生活配套服务。

## 二 河北省人才引进政策与北京、上海、广东、浙江等发达省市的比较分析

### （一）引才政策外生环境比较分析

人才发展所需要的生态环境包括能够影响人才成长的外部环境条件，是

一个较为复杂的生态系统。本报告从区域的创新能力、经济发展水平、教育资源这几个层面分析了河北与发达省市的差距。

一是创新能力差距明显。《2020年中国区域创新能力评价报告》显示，我国区域创新能力排名前十的地区依次为广东省、北京市、江苏省、上海市、浙江省、山东省、湖北省、安徽省、陕西省和重庆市。2020年区域创新能力综合效用值排第一名的广东省得分为62.14，而河北省得分仅为23.28，排第19名，河北省创新能力明显落后于发达省市。高层次的优秀人才选择工作的侧重点往往为综合的和长远的发展。整体创新能力更强、科研氛围更加浓厚的工作环境往往是他们更加看重的，在相同的条件下，他们会更倾向于选择能够激发他们活力、帮助他们开阔思维的工作环境。在这样的大环境下，河北省的人才引进工作开展有较大的难度。

二是经济发展水平较低。一个地区对人才的吸引力与其经济发展水平是脱不了关系的，二者往往成正比关系，经济发展越好、增长越快，往往越受高水平人才的青睐，也就更能够引进自身需要的人才。在2021年的经济数据统计中，河北省GDP排第13名，不仅名次下降一名，增速也有所降低，与广东、江苏、山东等省份的差距不断增大。受限于较低的经济发展水平，河北省的人才引进政策不论是在力度上，还是在配套设施的完善程度上，与发达省份都有较大差距，投资创业、科研项目、子女入学等方面的配套政策不够完善。同时，河北省缺乏帮助人才实现价值的平台和舞台，虽然也建设发展了一些科技、产业、创业园区，但普遍规模小、水平低、功能不健全、缺乏知名度。① 2021年《财富》世界500强企业统计中，我国共有143家企业进入世界500强，其中广东有16家、浙江有8家企业上榜，而河北仅有河钢集团和敬业集团两家企业上榜，能提供给高层次人才的工作岗位自然也就与其他省份产生了较大差距。

三是教育资源差。高校是人才培养基地，也是人才引进必不可少的重要渠道，对人才引进和人才培养都具有重要意义。而河北的教育资源无论是与

---

① 王欢：《浅析河北省在京津冀一体化过程中的产业结构分析》，《商》2015年第24期。

北京、上海等直辖市比较，还是与广东、江苏等发达省份比较，都存在非常大的劣势。2020年，河北省建有高等院校125所，但其中并没有"985"大学，"211"大学仅有1所，在"双一流"院校评选工作中，河北省除河北工业大学外的其他高校也无一入围，与其他省份形成了鲜明对比。以沿海三省份为例，广东拥有2所"985"大学、2所"211"大学，省内高校有5所高校入选"双一流"建设；浙江省内有"985"大学1所，3所高校入选"双一流"建设；江苏省内建有"985"大学2所、"211"大学9所，并有15所高校入选"双一流"建设。这样的情况对河北省的人才引进是非常不利的，一方面，薄弱的教育资源不利于引进人才自身的成长，当他们想要通过升学深造的方式提升自己时，就不得不面临周围教育资源稀少的困境；另一方面，人才在选择工作时，必然会考虑子女的教育问题，拥有更多教育资源的省份自然而然就有更多的优势。薄弱的教育资源也导致了比较严重的人才流失问题，在人才流失情况调查中，河北高居第三，人才流失率达55.6%。

## （二）引才政策重视程度比较分析

省内某些城市和单位部门存在一定的认识偏差，没能真正认识到人才引进的重要性、紧迫性，很多工作停留在口头上。虽然目前已经出台了一部分文件，但是落实力度并不够，存在一定的空喊口号的现象，这种情况既不利于人才引进，也会让已经引进的人才感觉自己不受重视。目前，大部分地方和单位把引进项目和资金作为自己的主要任务，是硬指标，而把人才引进当作软指标，对于人才引进工作很少有统一部署和规划，也没有与北京、天津协同配合，导致人才引进工作难以开展。[①]

人才引进政策的一些数据能很明显地反映出引才工作上重视程度的问题。北大的统计数据显示，截止到2021年4月，位于沿海地区的福建和广

---

[①] 孙琳琳、张祎恺：《京津冀协同发展下河北省科技人才聚集现状及对策》，《商讯》2019年第35期；张艳丽、王建华、许龙：《京津冀协同下河北省创新型科技人才引进环境与培育能力对策研究》，《中小企业管理与科技》（下旬刊）2021年第9期。

东的人才引进和保障政策数量属于第一梯队，福建的政策数量高达99条，其次是广东的98条，江苏（45条）处于第二梯队，北京、浙江、上海、山东、海南、新疆均属于第三梯队，而河北与以上省区市均有不小的差距。

（三）人才引进政策比较分析

让高端人才进得来、留得下，一是要做好引才政策的落实，让高层次人才真正扎根河北。二是要保证相关配套政策的完善，消除高层次人才在河北发展的后顾之忧。出台人才引进政策是引进人才的第一步，但如何做到引进人才后留住人才并让其发挥作用是更加重要的工作。不难发现，很多地方热衷于用华丽的政策吸引高层次人才，但是引进之后却对后续的政策落实并不关心。这就导致不少人进入单位后滋生不满情绪，产生消极怠工甚至离职现象，或许政策落实不到位只是受限于工作效率，完全落实只是时间问题，但难免会给人不受重视或者上当受骗的感觉，这些都是需要引才单位予以重视并改正的。据北京大学法库统计，截至2021年4月底，福建出台的人才管理政策达40条，属于第一梯队，说明福建十分关注实施人才管理和维护政策。此外，中西部地区的内蒙古、河南、四川等政策出台数量属于第二梯队，人才管理相关政策分别为18条、11条、11条，而河北相关政策数量低于第二梯队。

此外，引进人才后配套政策的出台和实施，对河北高层次人才的发展也具有重要意义。对知识产权的保护是保护高层次人才科研成果的重要保障，以浙江为例，杭州现在有了知识产权法院和互联网法院，可以更好地保护知识产权，尤其是与高新技术相关的知识产权。但是，河北现行的激励政策体系不完善，缺乏后续跟踪评价体系，导致高层次人才政策落实不力。

（四）人才引进方式比较分析

经过对河北省人才引进政策的研究不难发现，主要吸引人才的方式仍是落户、购房、奖励等一些比较传统的形式。这样的引才方式如果放到北京、上海等城市确实会产生比较大的吸引力，但是对于经济、教育都欠发达的河北来说，吸引力明显不足。因此，河北省的引才政策需要在现有条件的基础上增加更多的创新性举措。以天津为例，天津在对高层次人才进行资助和奖励的同时，还会给予高层次人才父母优先医疗的优待，这样的政策不仅惠及人才自身，还照顾到其家庭，让其有更多的精力投入工作。经过对各地区人才政策进行分析和统计，除去北京、上海、天津、重庆这四个直辖市外，最具人才吸引力的城市100强中，浙江省有11个城市的排名上升（浙江共有11个城市上榜，即全部城市都在上升），其对人才的有效吸引力是100%。除此之外，江苏、福建、广东等省有效吸引力均为正值，而河北对人才的有效吸引力为负值。

同时，在人才引进渠道方面，河北省与北京、上海以及广东等省市也存在不小的差距。北京、上海、广东由于具备较好的教育资源，人才引进工作可以在本省市内进行，而河北的单位在进行人才引进时，由于自身教育资源较差，需要更多地去其他省市与本土单位进行竞争，这就使得河北需要在人才引进上投入更多的精力。

## 三 完善河北省人才引进政策的建议

### （一）优化产业结构，提升人才引进政策外部环境质量

近年来，虽然"人才大战"如火如荼，但是我国的就业形势依然不乐观，真正能够留住人才的关键还在于产业结构的不断优化。

河北省"内环京津、外环渤海"，地理位置具有绝对优势，同时被定位为全国现代商贸物流重要基地、产业转型升级试验区和京津冀生态环境支撑区。在这样的产业定位导向下，应该加快金融、信息技术等产业发展，促进经济发展转型升级；[①] 应大力发展高新技术开发区和产业集聚区，形成适

---

[①] 李倩：《数字经济下河北产业结构现状及转型路径》，《石家庄职业技术学院学报》2021年第1期。

合自身发展的产业集群，推动产业结构向技术密集型转变；应培育特色产业，以更加优惠的政策措施办好各类创业园区，使创业园区成为高新技术成果转化基地，通过提升外部经济环境吸引人才集聚于冀。同时，雄安新区的规划和建设也为河北的人才发展带来有利条件，雄安新区的战略定位是疏解北京的非首都功能，调整优化京津冀发展的空间布局，推动京津冀更好地协同有序发展。[1] 河北省可以紧紧抓住这个发展机遇，完善城市的基础设施、提高绿化程度、改善交通状况、促进城市智能化发展，通过"软硬件"的提升，吸引更多的高科技企业入驻，促进人才集聚。[2]

（二）提高思想认识，树立求才导向

习近平总书记曾说过，"硬实力和软实力归根结底取决于人才的强弱"[3]。当前正是推进京津冀协同发展的关键时期，大量高层次人才的支持是不可或缺的。区域经济不断发展的经验表明，发展是一个多元素共同发挥作用的进程。在这个进程之中，高水平人才发挥了决定性、关键性作用。做好这方面的工作，一要坚持党管人才的方针，切实发挥各级党委统领统筹全局的重要作用。各级要快速成立以党委书记为组长的完善的人才工作领导小组，制定切实可行的人才工作计划和行动方案，建立针对高水平人才的服务和办事机构，建立健全完整的领导体制和工作体系。二是要强化职责分工，不断强化教育，督促各级部门真正把人才作为发展的首要资源。三是要落实人才工作的目标责任制，对高水平人才引进工作的成员单位以及高校、科研院所、企业等用人单位实行全覆盖的人才考核，以考促建，帮助其形成完善的人才工作体系。

---

[1] 任宏斌：《助力雄安新区 提速区域发展》，《求知》2019年第3期。
[2] 姜玉婕、王伟青、王晓华：《河北省借力雄安新区扩大对外开放的路径研究》，《现代商业》2020年第11期；杨蕾：《新时代雄安新区智慧新城建设政策动态及机遇分析》，《中国建设信息化》2018年第5期。
[3] 徐侠侠：《习近平关于创新人才重要论述研究》，博士学位论文，西安理工大学，2020。

## （三）引才育才并重，完善人才引进配套政策

只有引才育才并重，才可以真正留住人才。近年来，河北省加大引才力度，吸引不少人才来冀，但要留住人才还应该完善人才服务机制，建立育才制度体系。① 一要丰富激励方式，激发人才的潜能。通过建立合理的人才评价机制，对人才的工作能力、工作绩效进行实时监测，激发人才工作动力，必要的情况下可以制定先进的绩效评定模式，通过精准的考核给人才一定的物质和精神奖励。二要强化对引进人才的培养，满足人才需求。一方面要不断提升培养层次，人才培养的基础是接受高等教育，可以根据目前河北省产业体系建设的主要发展方向，调整高等院校的专业设置，增加博硕授权点、博士后科研流动站、重点实验室等科研机构的数量，针对各类创新型人才现状特点，并考虑其分布情况，实行分类培养。另一方面要通过建立人才跟踪培训机制，满足人才终身学习的需求，可借鉴广东省建立的学术休假制度，支持人才选择继续教育的内容和方式，鼓励人才参与国际高水平学术交流和培训活动，使引进的人才不断完善自身专业技能。企业、科研院所、高校、社会组织等各类创新主体也要关注人才的后续培养，可以借助京津冀协同发展战略的绝对优势，与京津地区的科研机构、高校、社会组织签订协议，对人才进行有针对性的培养，提高人才的实践能力。三要完善人才服务机制，提升政策普惠性。要深刻把握人才成长规律，完善人才在创业就业、租房购房、子女入学等方面的配套政策，同时要注重对引进人才家属的安置，提高人才的满意度，真正留住人才。②

## （四）创新引才方式，拓宽人才引进渠道

### 1. 精准引才

对于人才的引进，首要原则是满足自身发展需求，而不应过分追求

---

① 孙锐：《进得来、留得住、用得好、流得动——如何切实提升我国高层次人才集聚水平》，《人民论坛》2020 年第 15 期。
② 张艳丽、王建华、许龙：《京津冀协同下河北省创新型科技人才引进环境与培育能力对策研究》，《中小企业管理与科技》（下旬刊）2021 年第 9 期。

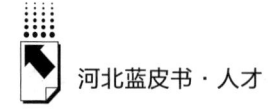

"塔尖"人才。[1] 各地市各单位应该着重研究自身人才需求的侧重点，精确精准地找到自身人才缺口，以更实用、更开放、更精细的人才引进机制帮助自身做好引才工作。

2.抓好机遇

河北省应借助"内环京津"的地理优势以及京津冀协同发展的战略优势，通过与京津深度合作，填补河北省自身的人才资源空缺；通过面向京津重点大学及科研院所，引进创新型人才，实现京津冀人才资源的共享。依托省内重点项目和重要产业，引进一批能够产生重大效益的科研团队和领军人才，重点引进一批高新技术产业和先进制造业的精英人才。[2] 也可以每年征集省内项目人才引进需求，制定引进人才目录，定期向国内外发布，大力组织和实施人才引进活动，建立长期稳定的人才引进渠道。

总之，综观国内人才引进政策，河北省引才政策的整体水平仍处于下游水平，但随着京津冀协同发展战略的实施及雄安新区建设的发展，河北省有直接接触京津先进技术、引进高新技术产业等优势，要不断完善相关引才机制，解决人才来河北工作的后顾之忧，做到引才、育才、用才、留才并重，积极引进和吸纳高层次人才为建设河北做贡献。

---

[1] 沈思怡：《苏州国际创新人才精准引育机制优化路径》，《人才资源开发》2021年第5期。
[2] 桑广世等：《加强高精尖缺人才引进的对策与思考》，《石油组织人事》2021年第7期。

# 年度热点篇
Annual Hot Spots

## B.13 河北省人才评价制度改革实践探索与展望

赵砚文[*]

**摘　要：** 人才评价制度改革直接影响着全省人才体制机制改革的整体进程。近年来，国家与省人社部门相继颁布并实施了一系列深化人才发展体制机制改革的政策，人才评价标准进一步完善，评价方式多元创新，重点领域人才评价制度改革逐步深入，社会化评价机制逐步健全。科技的发展和社会的进步对人才评价标准与评价方式等提出了更高的要求，人才评价制度改革面临着新挑战。本报告回顾了人才评价制度改革的基本历程，聚焦2019年以来河北省人才评价制度改革的实践经验，以深化改革面临的新挑战为切入点，提出了河北省人才评价制度改革的方向。

[*] 赵砚文，河北省社会科学院人力资源与劳动经济研究所研究员，主要研究方向为人力资源开发与管理、人才制度。

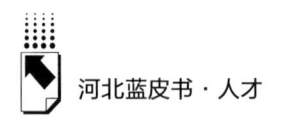

**关键词：** 人才评价　评价标准　评价制度

创新是民族进步、国家兴旺的动力源泉，而科学、公正、多元的评价体系则是激发人才创新活力的关键所在。2021年9月，习近平总书记在中央人才工作会议上讲到，要加快建立以创新价值、贡献、能力为导向的人才评价体系。人才评价是人才资源开发的前提，以职称制度、职业资格制度等为主体的人才评价制度是人力资源开发制度的重要组成部分。经过几十年的发展，我国人才评价已形成较完善的理论和政策体系，在人才培养、使用、引进与激励等方面发挥了重要作用。

# 一 人才评价制度改革的不凡之路

人才评价是一门既年轻又古老的科学。说年轻是因为20世纪初期，科学的人才评价相关理论才开始形成，说古老是因为我们国家早在2000多年前就有了人才选拔的活动。1978年之前，我国人才评价的实践与应用基本处于学习国外经验的状态，改革开放之后，人才评价经历了不平凡的发展历程。

## （一）改革开放以来人才评价的发展历程

改革开放以来，国家层面不断大力推进各项制度改革，取得了显著成效，人才评价"指挥棒""风向标"作用进一步彰显。概括起来讲主要经历了以下阶段。一是重建阶段。该阶段从1978年开始，这一年的明显标志是国家恢复了专业技术人员的职称评审制度，教授、副教授为省、市、自治区批准，教育部备案。1986年，由中央职称改革领导小组牵头，颁布了《关于实行专业技术职务聘任制度的规定》，实行专业技术职务先评审再聘任的办法，这是专业技术人员评价改革的重大举措。1988年，国家建立了29个序列的专业技术职称，涵盖了社会发展各个领域的所有行业，教学人员占了较大比重。1986年,《中华人民共和国注册会计师条例》颁布,其内容非常周密、细致,建立了第一项专业技术职业资格制度,适应了当时对内搞活、对外开放的发展形势。二是普及阶段。此阶段建立了国家公务员考试录用制度,这对提高公务员队伍整体素质,提高政府效能起到了巨大推动作用。1989年,国家下发《关于国家行政机关补充工作人员实行考试办法的通知》,通过考试选拔机关工作人员的工作就此展开。现代评价方法在公务员人才队伍建设中得以应用,为行政管理改革顺利进行奠定了基础。人才评价开始"走进大众视野"是1990年在上海举办的人才交流会上,任职资格评价中心首次"露面",当时采用了"新奇"的招聘形式,用人单位可以和求职者面对面洽谈,这种人才服务方式起到了很好的带动示范作用。在这个阶段,国际化进程加快,外资企业大量进入,对劳动者素质提出了更高的要求,职业资格证书成为人们择业的通行证,职业资格制度得到迅速普及和发展。三是创新阶段。此阶段的标志是2003年全国人才工作会议召开,提出要由人口大国转变为人才资源强国,实施人才强国战略,发布了《关于进一步加强人才工作的决定》。党的十八大以来,中央多次强调要着力破除体制机制障碍,释放人才创新活力,进一步发挥人才评价"指挥棒"的作用。为推动改革向纵深发展,国家出台了一系列改革举措,如《关于深化项目评审、人才评价、机构评估改革的意见》《关于分类推进人才评价机制改革的指导意见》等,以政策突破带动体制机制创新,为实现中华民族伟大复兴提供了坚实的人才保障。

(二)人才评价制度改革的主要特征

通过对国家与河北省人才评价政策的梳理可以发现,近年来,河北省主要以中央文件精神为核心,结合本省实际,实施了一系列改革措施,主要特征归纳为以下几方面。一是破除"四唯",强调品德、能力、业绩兼具的评价体系。德才并重,以德为先,对学术造假、学术不端的科研人才"零容忍"。二是坚持以分类评价为主线,针对各领域人才特点分类施策。如河北省采取了"1+6"的形式全面推进人才分类评价机制改革,各地市根据自身科研与产业创新发展的现实需求，对人才进行不同的类型划分与评价考核。三是评价方式多元化。对于应用技术研究、基础研究等各领域人才采用不同评价方法，如同行评价、社会评价与市场评价等。四是尊重用人单位自主权，推动有能力的单位开展自主评审与聘任。五是畅通人才评价"直通车"与"绿色通道"，对做出贡献的特殊人才实行"特殊方式"评价。

## 二 河北省人才评价制度改革的实践探索

### （一）人才评价制度改革总体进展

**1. 推进各系列职称制度改革**

2019年以来，省人社厅根据中央对人才评价改革的部署要求，坚持问题导向，着力探索职称制度改革新方法和新举措，激发了人才创新活力，实现职称制度改革与经济社会发展同频共振。2019年相继完成了工程、会计等10个系列的改革工作，进一步打破户籍、地域、所有制、身份、档案、人事关系等限制，凡在河北工作的专业技术人才，全部纳入职称申报评审范围。2019年共评审中、高级职称专技人才9.9万人，其中非公企业1.3万人，占比达到13.1%。为进一步提高人才评价的科学性，河北省加快推进分系列职称制度改革，截至2021年9月底，已累计制定出台艺术、民用航空、播音等22个系列职称制度改革实施方案，促进了各领域、各行业专业技术人才评价工作不断完善。

**2. 简政放权深化职称制度改革**

2019年，在教育领域，全面下放高等院校职称自主评审权，全省113所普通高校、4所成人高校实现自主评审全覆盖；在卫生领域，对全省17所三甲医院实行医院自主评审；在科研领域，向3家省级科研单位下放职称自主评审权；在工程领域，向6家国有大型企业、4家大型民营企业下放职称自主评审权。通过简政放权深化职称制度改革，人才个体与用人主体的工作积极性增强，工作效率有了明显提升。2021年召开的全省人才工作会议上提出，要进一步向用人主体授权，赋予用人单位岗位评聘、职称评定、编制使用等更大自主权，发挥好用人主体（高校、研究机构、医院、企业等）的作用，坚持谁用人谁评价。简政放权深化改革，取消一批在人才招聘、评价等环节中的行政审批和备案事项。

3. 健全完善技能人才评价制度

近年来，随着《关于改革完善技能人才评价制度的意见》《关于提高技术工人待遇的意见》《职业技能提升行动方案（2019—2021年）》等改革措施的颁布与实施，河北省在国家政策框架内，进一步完善技术技能人才评价、培养、使用、激励和保障等方面的制度，注重职业道德养成及工匠精神培育，建立健全了以工作业绩为重点、以职业能力为导向的技能人才评价体系。截至2021年6月底，河北省技能人才总量达到1046.6万人，其中高技能人才309.7万人，约占技能人才总量的30%，技能人才队伍规模不断壮大，结构更趋合理，技能人才支撑经济社会发展作用日臻明显。此外，为推动技能人才评价制度改革，政府还引导、鼓励企业等用人单位和社会培训评价组织开展技能人才评价。2019年以来，全省已认定195家企业自主开展技能人才评价，101家社会培训评价组织向企业和社会提供评价服务。同时，专项职业能力考核作为技能人才评价的重要组成部分，近几年在全省范围内大力推进，围绕促进乡土人才成长和服务新兴产业、特色产业发展，两年开发引进专项能力考核规范1097个，成为技能人才评价方式的重要补充。

（二）健全人才评价标准

1. 修订完善职称评价标准

一是分级分类明确评价标准，坚持干什么评什么，提升评价的科学化水平。近几年，河北省加大改革力度，相继颁布了教育、医疗、科研等6个领域人才分类评价的具体实施方案，包括《关于加快推进技术技能人才评价机制改革的实施意见》《关于加快推进教育人才评价机制改革的实施意见》等，分类分层评价专业技术人才，评价标准更加细化和具体。根据不同行业领域、不同职称级别和不同单位性质等，修订完善27个系列63个专业职称评价标准，逐步扭转片面强调学历、资历、论文、奖项的倾向，强化重品德、重贡献、重能力、重业绩的评价导向，鼓励各级各类人才脱颖而出。二是重视职业道德评价。在职称评审中，用人单位重点考察专业技术人员的职业道德，坚持德才兼备。采用灵活多样的方式，包括考核测评、考核者述职、民意调查等，全面了解、评价被考核人的职业道德。健全失信惩戒相关机制，完善职称申报评审黑名单制度，守住道德底线。对学术造假行为坚决制止，大力倡导科学精神。

**2. 职业技能标准与岗位要求相衔接**

职业技能标准是开展技能鉴定和技能培训的"凭据"，是衡量从业人员技能水平和能力的"一把标尺"。具体来讲，职业技能标准是依据职业活动内容，在职业分类基础上，对所分工种进行综合分析，根据各工种的不同要求而列出的综合性技能评价标准。为了更好地开展职业技能评价工作，人社部于2019年颁布了143个职业技能标准，结合生产技术特点、工艺等情况，增强了标准的针对性和可行性，对规范职业教育培训，提升从业人员素质起到很好的促进作用。河北省加大职业技能标准开发工作力度，在执行国家职业技能标准的同时，指导骨干企业、行业协会开发行业企业评价规范。2020年，省人社厅发布了15个职业（工种）的行业企业评价规范，为今后开展技能培训和技能鉴定提供了基础依据，其中与防疫相关的5种新职业评价规范的公布，填补了全国空白。与此同时，为保证评价的客观、公正及社会认可，全省职业技能等级认定工作本着业绩评定与操作技能相联系、岗位要求与职业标准相衔接的原则，对促进就业、引导企业产业化发展起到较好的作用。

**（三）改革人才评价机制**

**1. 贯通高技能人才与专业技术人才职业发展通道**

为促进技术、技能人才融合发展，河北省大力推进人才评价机制改革，着力探索符合高技能人才与专业技术人才特点的评价途径与方法，搭建职业技能评价与职称评审的"桥梁"，进一步健全了技术技能导向的评价机制。

2021年8月，省职改办印发了《关于进一步加强高技能人才与专业技术人才职业发展贯通的实施方案》，坚持问题导向、以用为本、科学评价的原则，将两类人才贯通领域扩大到工程、农业、文物博物、工艺美术、艺术、实验技术等8个职称系列，高技能人才可以参评相应专业的职称，同时，专业技术人才可以参加相应的职业技能评价，为两类人才的职业发展"除障铺路"。为了能让高技能人才"脱颖而出"，不以文章和学历等作为技能人才参评的限制性条件，注重科技成果转化应用、解决生产难题、技术革新等方面的能力，明确具有高级工以上职业资格或职业技能等级相应条件的人才，均能参加8个系列职称评审。除此之外，还成立了高技能人才职称评审专家库，实行单独评审，为高技能人才职业发展"减负提速"。

2. 推行社会化职业技能等级认定

推行社会化职业技能等级认定，就是鼓励用人单位或社会组织开展职业技能评价。2014年以来，国家层面逐步推行职业资格制度改革，清理和整顿不规范鉴定项目，先后分7批取消了434项职业资格。2020年初，国家又取消了技能人员水平评价类职业资格。为做好技能人才评价工作，2020年11月，省人社厅发布《河北省职业技能等级认定工作规程（试行）》，规范和完善职业技能等级认定程序，建立了与终身职业技能培训制度相适应的职业技能等级制度。人社部门负责职业技能等级认定的监督、管理与协调，省职业技能鉴定指导中心负责用人单位和社会培训评价组织的征集遴选及全省评价机构（含驻冀央企）的备案等工作，全省建立了权责清晰的职业技能等级认定管理体制。截至2021年6月，河北省两次向社会公开征集职业技能等级认定社会评价组织，建立社会培训评价组织遴选工作常态机制。河北省人力资源开发研究会被列为河北省首批职业技能等级认定社会培训评价组织。2021年9月，河北省发布了首批职业技能等级认定社会培训评价组织目录，河北省家政行业协会、河北省康养产业商会、河北省就业促进会等均在其中。

3. 开辟职称"绿色通道"

坚持特殊人才有特殊政策，避免"一把尺子"衡量。2020年9月，省人社厅印发《进一步明确职称工作有关问题》，明确不拘一格选拔、培养和使用人才，突出品德、贡献和业绩、能力的评价，为符合条件的特殊人才"一步到位"开辟"绿色通道"。如业绩贡献特别突出的科研人员，可以不受学历、资历、地域、身份、单位性质和岗位结构比例限制，采取一事一议、一人一策、特事特办的方式申报专业技术职称，并按照特设岗位予以聘用；为国家和河北省重大战略实施做出突出贡献的高技能人才，可以"一步到位"直接申报评审高级工程师职称。2019年，全省共有55人享受了该项政策。

### （四）完善评价管理与服务

**1. 做好特定群体评价的管理工作**

一是职称评聘向新冠肺炎疫情防控一线医务人员倾斜。2020年，省人社厅、卫健委联合下发了《关于新型冠状病毒肺炎疫情防控一线医务人员优先晋升职称的通知》，提出在职称申报评审和聘用工作中，对奋战在疫情防控一线的医务人员实行政策倾斜。医务人员在疫情防控一线的业绩作为申报评审职称的重要依据，在量化评审时，根据其实际贡献及突出表现予以加分。全省共有2123名抗疫一线医务人员通过"三优先"（优先申报、优先评审、优先聘任）政策晋升了高级职称。二是职称政策关注乡村和山区中小学教师。近两年，河北省用政策激励城镇教师到乡村任教，研究制定农村教师职称"定向评价、定向使用"办法，鼓励教师扎根基层。目前，全省享受该项政策的乡村中小学教师已达2.7万人。

**2. 加强疫情期间人才评价工作**

一是疫情期间做好人才评价工作的组织保障。2020年，据国家《关于进一步做好新型冠状病毒感染的肺炎疫情防控工作的通知》要求，省级以及各地市人社部门对技能人才评价工作非常重视，疫情期间暂停开展集中考核评价，加强了对技能等级认定、职业资格鉴定等工作的调度协调与组织保障。二是实施部分职业资格"先上岗、再考证"的"特殊"举措。受疫情影响，2020年，一些职业资格考试停止或延期，国家政策随"疫"而调，提出了"先上岗、再考证"的阶段性措施。河北省配合落实国家总体部署，对教师资格等5项准入类职业资格和申请律师执业实习人员全部实施了"先上岗、再考证"，因"疫"制宜做好人才评价工作。

## 三 人才评价制度改革面对的新挑战

### （一）改变传统评价方式适应新就业形态

新冠肺炎疫情突如其来，新就业形态呈现快速发展态势，出现了多种多样的新型工作岗位和工作方式，具体来讲是生产方式的变革，催生了劳动者与生产资料结合的就业形态。新就业形态对人才的专业精神和创新能力有了更高的要求，而传统的人才评价方式在职业培训和职业技能认证等方面还存在短板。习近平总书记在2020年"两会"上指出，要顺势而为、补齐短板。新就业形态除了存在比较突出的劳动者法律保障等问题外，劳动者的职业发展前途也备受关注。省市各级人社部门如何为新就业形态劳动者提供个性化职业介绍、职业指导、创业培训等服务，明确新就业形态可持续的职业发展前景，成为人才评价制度改革面临的重要问题。

### （二）以训稳岗需要培训与评价相衔接

技能人才培训体系包含了职业标准、职业资格、技能鉴定、人才评价等内容。近几年，劳动力就业市场技能人才短缺的结构性矛盾突出，如何增加就业人口、实现高质量就业成为迫切需要解决的问题。加强职业技能培训，推动培训与评价相衔接是提升劳动者就业创业能力的根本举措。疫情防控常态化之后，对重点群体和重点行业应着力加强就业支持，"千方百计稳定和扩大就业"的相关内容多次出现在2020年的政府工作报告中。以训稳岗，推进职业技能培训与评价有机衔接，迫切需要强化培训基础能力建设，在突出职业技能培训"短平快"、灵活实施的同时，通过人才评价制度改革搭建

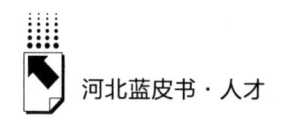

人才成长阶梯，整合多种人才评价制度，完善贯穿学习和职业生涯全过程的终身培训服务。

### （三）新职业发展对人才评价提出新要求

新技术、新职业的涌现对人才评价改革提出了新的要求。一是产业结构升级催生一批新职业。近几年，随着大数据、人工智能与物联网的广泛应用，产业结构快速升级，一些高新产业成为全省经济增长点，逐渐形成了有一定规模的从业人群。伴随着新职业为经济发展带来新活力，全社会对从业人员的整体需求也在大幅增长。二是科技快速发展引发的传统职业变化，对从业人员的科学文化素质和能力水平提出了更高的要求。新职业群体的产生以及职业技能要求引发了新的人才评价需求。而现阶段人才评价体系还存在制度设计整体性不强、等级标准不够健全、缺乏有效衔接等问题。按照匹配新职业特性、贴近新产业需求、适应新产业发展的原则，需要发展完善新职业人才评价制度，引导社会了解和从事新职业，提升从业人员整体技能水平，满足产业发展过程中的新型技能人才需求。

### （四）技术技能人才评价需"量身定制"

目前，技术技能人才的重要作用日益凸显。他们既是生产一线的技术骨干，又是企业、行业乃至国家竞争力的重要组成部分。营造技术技能人才发挥作用的良好制度环境，必然要求改革和完善人才评价制度。国家《关于改革和完善技能人才评价制度的意见》要求对技能人才实行差别化评价，强调要根据技能人才的工作特点和不同类型进行评价。受传统人才分类的影响，我们对技术人才和技能人才的分类仍较为粗略，评价方式也欠精细化。应适应发展需要，基于专业特点，做到"量身定制"，建立健全技术技能人才的科学评价体系，客观公正地评价技术技能人才的业务水平。

### （五）构建多元化评价体系是大势所趋

构建多元化评价体系，让人才真正服务于国家需要，这样的要求在

《关于深化项目评审、人才评价、机构评估改革的意见》等文件中曾经多次被提到。目前，企业主体、社会组织和市场认可的多元评价机制尚未形成，人才评价主体总体上还是由行政部门直接管理，政府认定、专家评定、企业选定仍是评价人才的主要方式。中国人事科学研究院的调研数据显示，非公单位62.5%的受访者具备条件而不申报职称，其原因是认为职称没什么用。专业技术人员对多元人才评价"产品"的认可度，由高到低依次为国家职业资格证书、学会协会职业水平评价证书、国际认可的职业资格认证和专业技术职称。所以，政府部门及用人主体应以更加积极、更加开放、更加灵活的理念，深化多元化人才评价制度改革，尽快构建定位明晰、层次分明、并行发展的多元化人才评价体系，激发人才创新活力。

## 四 河北省人才评价制度改革发展展望

2021年省人才工作会议提出，要加快建立以创新价值、贡献、能力为导向的人才评价体系，着力深化人才评价制度改革。不断完善人才评价标准，创新人才评价方法，优化人才评价环境，切实提高人才评价的权威性和公信力。唯有不断深化改革，才能使人才评价结果更具客观性和说服力，进而推动全省人才工作长效发展。

### （一）健全完善技术技能人才评价制度

全省各级人社部门要针对企业开展技能人才培养积极性不高、社会对职业技能等级证书认可度不高以及质量督导监管难度大等问题，进一步完善技术技能人才评价制度。一是发挥多元主体作用，形成互补互促的技术技能人才评价体系。技术技能人才评价改革涉及政府、用人单位、劳动者、中介组织等多个主体，政府要在评价工作中明确角色，做好"裁判员"，鼓励和开展用人单位自主评价、技工院校学生评价、社会培训评价组织第三方评价，使更多优秀技术技能人才脱颖而出。未来，社会化的职业技能等级认定将成为技术技能人才评价的主要方式。二是完善技术技能人才的评价标准。加大开发新兴职业技能评价标准的力度，同时要适应新产业新业态技术特点和岗位要求；有序引导企业和行业组织开发岗位评价标准和行业评价规范；分类建立技术型和技能型人才的评价标准，尤其要重视两类人才融合发展的趋势，适时调整评价标准。三是完善技术技能人才评价内容和方式。重点抓品德和能力评价，用人单位和社会培训评价组织要结合实际，运用技能考核、竞赛选拔等多种考评方式，提高技术技能人才评价的科学化水平。

### （二）整合多种人才评价制度

目前，全省虽已初步建立了涵盖专业技术人才和技能人才、贯通各级各类人才职业发展全过程的职业技能标准和职业资格证书认证体系，为推动人力资源整体性开发，培养高层次人才提供了重要的制度保障。然而，随着新兴科技广泛运用，专业领域人才需求量大增，一批专业技术类新职业应运而生。人才评价制度改革应顺应新业态新职业的发展需要，结合产业人才结构特点，按照等值性原则，研究制定职称证书、技能等级认定证书、职业资格证书、继续教育证书的衔接办法，构建涵盖职称层级、学历层次、技能等级、职业资历等要素的资历框架，搭建各级各类职业资历与学历资历贯通的立交桥。构建专业资格信息综合服务平台，运用大数据、互联网等现代信息技术，在标准制定、能力测评、继续教育和职业前景方面，提供信息系统支撑，按照"全覆盖、可及性、均等化"目标，实现数据资源互联互通。

### （三）深化职称评审社会化改革

随着职称评审需求的增加，以及评审专业性的增强，原有的评价方式亟待改变，推动职称评审社会化改革是一种新的途径和探索。将社会通用性强、人才流动性强的职称评审工作交给社会组织承担，更加贴合行业实际。为尽快适应全省产业结构优化升级，更好地满足非公有制经济组织、新职业发展需求，未来要逐步健全包括单位推荐、个人申报、业内评价等内容的社会化评审机制。一是强化质量保障，制定承接职称社会化评价职能的行业组织资质标准；研究制定行业组织职称社会化评价标准审定和备案管理办法。

二是健全第三方评估机制，完善职称社会化评价质量监测标准。引导和促进行业组织将职称社会化评价与各自内部的会员管理服务改革有机结合、同步推进。

### （四）实现职业资格与职称制度有效衔接

为避免交叉设置，减少重复评价，应在职业分类基础上，研究和谋划职业资格制度和职称制度框架，加快推进职业资格制度与职称制度的有效衔接。进一步明确三类职业资格与职称对应关系，包括国务院已取消许可和认定的部分职业资格、准入类职业资格和水平评价类职业资格。对符合相应条件的人员，用人单位作为专业技术岗位聘用工作主体，应根据自身需求，在岗位聘用管理规定基础上，从获得职业资格证书人员中择优聘任。

### （五）逐步扩大职称申报评审人员范围

扩大职称申报评审人员范围，有效地解决民营企业人员、自由职业者、公务员流动到企事业单位后申报"无门"等问题。打破户籍、档案、身份等因素限制，扩大职称申报评审人员范围，为民企人员、自由职业者申报职称提供更多便利，畅通非公有制经济组织人员的申报渠道。对紧缺的专业技术人才，或是在工作中做出突出贡献的人才，可适当放宽工作年限、学历、资历等条件限制，这些特殊人才可直接申报评审高级职称。

### （六）推动人才评价数据共享平台建设

随着区块链、人工智能等新技术的兴起，其应用场景呈现爆发式增长，人才评价制度改革也必须适应新技术变化。以技术手段助力人才评价体系的革新，通过技术手段实现将客观行为信息作为评价的基础，减少主观判断在评价结果中所占的比重。利用新技术、新手段建立一套完整的技术技能人才评价数据共享平台与报送制度，实现人才评价结果在不同区域、不同机构、不同企业的互认互通。将人才评价成果数据化，助力人才培养体系改革，推动人才评价成果的应用与推广。

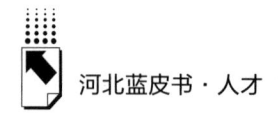

## （七）加快形成多元协同的工作格局

人才评价涉及的主体较多，包括政府部门、培训机构、职业（技工）院校、行业企业、行业组织、社会个体等，而各主体之间缺少评价的联合行动，也缺少评价结论的相互对接。建立科学合理的人才评价制度，必须完善协同机制，逐步实现多元主体的良性互动。要坚持党管人才原则，明确各主体、各部门、各单位的职能职责，健全完善人才工作机制，充分激发和调动各方工作的主动性和创造性。各级主管部门要加大统筹力度，建立并拓宽沟通联系渠道，统筹谋划、分类指导，提高指导的针对性和有效性，合理布局各主体要素，使各主体相互联动协调。

**参考文献**

孙一平、戴丽静：《让人才评价"指挥棒"更有效用——解读〈关于分类推进人才评价机制改革的指导意见〉》，《中国人力资源社会保障》2018年第4期。

姬养洲、郑俐：《分类推进人才评价机制改革的重点、难点分析与思考》，《中国人事科学》2018年第5期。

赵永乐、刘扬：《分类推进人才评价机制改革》，《群众》2018年第10期。

萧鸣政、张湘姝：《新时代人才评价机制建设与实施》，《前线》2018年第10期。

田野：《职业技能等级评价认定制度的探索》，《劳动保障世界》2019年第33期。

胡载彬、刘翠伟：《我国技能人才评价制度改革研究》，《就业与保障》2020年第2期。

朱从明：《探索开展职业技能等级认定 推动新时代技能人才工作高质量发展》，《职业》2019年第14期。

谭永生：《促进我国技术技能人才发展的对策建议》，《中国经贸导刊》2019年第23期。

韩秉志：《职称评审重在破除人才成长羁绊》，《经济日报》2019年12月24日。

苏仁宣：《探索中小学教师评价改革》，《中国组织人事报》2019年7月4日。

# B.14
# 河北省激发人才创新创造活力的对策研究<sup>*</sup>

王小玲<sup>**</sup>

**摘　要：** 聚焦建设"六个现代化河北",围绕重大国家战略实施、产业转型升级、推动经济社会高质量发展的重大任务,河北比以往任何时期都更加需要科技引领、创新支撑和人才保障,关键是如何激发各类人才的创新创造活力。本报告针对河北省在激发人才创新创造活力方面存在的主要问题,从加快人才制度建设,为人才创新创造提供法制保障;探索成果转化导向制度,促进人才发展与科技创新深度融合;搭建"揭榜挂帅"产研融合平台,为人才创新提供"淘宝店"式服务;优化人才创新生态,为人才潜心研究提供服务保障等方面,提出了河北省激发人才创新创造活力的对策建议。

**关键词：** 人才创新　创新创造活力　河北省

习近平总书记强调:"发展是第一要务、人才是第一资源、创新是第一动力,强起来要靠创新、创新要靠人才。""激发各类人才创新活力,建设全球人才高地。"[①] 河北省第十次党代会提出建设"六个现代化河北"的奋斗

---

\* 本报告为中共河北省委党校(河北行政学院)创新工程科研项目的阶段性研究成果。
\*\* 王小玲,中共河北省委党校(河北行政学院)教授,主要研究方向为人才管理制度与人才政策。
① 《习近平:发展是第一要务,人才是第一资源,创新是第一动力》,新华网,2018年3月7日,http://www.xinhuanet.com/politics/2018lh/2018－03/07/c_1122502719.htm;《两院院士大会中国科协第十次全国代表大会在京召开　习近平发表重要讲话》,新华网,2021年5月28日,http://www.gov.cn/xinwen/2021－05/28/content_5613702.htm。

目标，围绕重大国家战略实施、产业转型升级、推动经济社会高质量发展的重大任务，河北迫切需要科技创新作为引领，人才创新作为保障。因此，要积极构建有利于干事创业的载体和平台，充分激发各类人才的创新创造活力。

## 一 河北省激发人才创新创造活力的现状

### （一）激发人才创新创造活力的相关政策梳理

**1. 深化人才发展体制机制改革，优化人才创新创造环境**

2016年3月，中共中央出台了《关于深化人才发展体制机制改革的意见》，该意见前所未有地从国家发展和党的建设制度改革的高度，分别从人才管理、培养、引进、流动、评价、激励和创新创业等方面明确了改革的要求，并强调要建立人才发展优先保障机制，最大限度激发人才创新创造创业活力。河北省为了贯彻落实中央人才改革有关精神，2016年7月印发了《关于深化人才发展体制机制改革的实施意见》（以下简称《意见》）。《意见》从人才管理体制和人才引进、培养、评价、激励、流动等方面提出了具体的改革措施，并在创新创业机制等方面颁布了一系列创新举措。2016年出台的支持科技创新的配套文件有《河北省扩大高校和科研院所开展科研自主权实施细则（试行）》《科研人员创新创业税收优惠和纳税服务实施细则（试行）》《关于扶持高层次创新团队实施细则（试行）》等。2019年出台的优化人才创新生态的改革政策有《关于深化"放管服"改革优化科研管理若干政策措施的通知》《关于加强科研诚信建设的实施意见》等。这些政策的相继出台，营造了更好的创新氛围，进一步激发了人才创新创造活力。

**2. 实施人才分类评价机制，促进人才潜心研究**

习近平总书记强调，要发挥好人才评价"指挥棒"作用。[1] 近几年来，

---

[1]《用好人才评价"指挥棒"》，中国共产党新闻网，2017年4月10日，http：//theory.people.com.cn/n1/2017/0410/c40531-29200015.html。

围绕创新型河北建设需求和河北经济社会高质量发展需求，为了充分调动科技人才创新创业积极性，河北省委、省政府相继出台了关于人才评价的一系列政策，为促进人才潜心研究提供了政策保障。

2017年出台《关于深化职称制度改革的实施意见》，2018年出台《关于分类推进人才评价机制改革的指导意见》，同时分别出台了关于加快推进哲学社会科学和文化艺术人才，教育人才，医疗卫生人才，技术技能人才，企业、基层一线和青年人才等领域人才分类评价的实施意见。2019年出台《关于深化"放管服"改革优化科研管理若干政策措施的通知》和《关于深化项目评审、人才评价、机构评估改革的实施意见》等。这些文件进一步明确了科技人才评价不能搞"一刀切"，强调用人单位在人才评价中的主体地位和作用，对落实职称评审权限下放提出了切实可行的改革措施。针对广大科技人才的所思所想，多方探讨提出了不同的解决思路，比如：研究机构不允许以各种人才帽子和学术头衔为依据来配置学术资源、确定薪酬待遇；用人单位要逐步取消人才计划与职称评定和薪酬待遇直接挂钩的做法；一个人才不能同时被多个类似的人才项目共同支持，人才计划项目结束后不得再使用有关人才称号；等等。深入推进科技领域"放管服"改革，通过项目评审、人才评价、价值分配、收入和保障服务等多方面的政策创新，为准确评价科技人才提供了顶层设计，目的是营造科技人才潜心研究、专心工作、安心生活的科研生态环境。

3. 加大人才奖励激励，鼓励人才创新创造

收入分配政策对人才创新创造起着激励和引导的作用，为了充分调动科技人员的积极性和创造性，中共中央办公厅、国务院办公厅发布了《关于实行以增加知识价值为导向分配政策的若干意见》。2017年河北出台了《关于落实以增加知识价值为导向分配政策的实施意见》，该意见从8个方面提出了32条具体举措，初步建立了科技人员深入分配政策框架体系，让智力创造和高端服务获得合理回报，进一步激发了人才创新创造的热情和活力。河北要深入实施创新驱动发展，就要抓住科技创新这个"牛鼻子"，其关键就是激发科技人才创新创造活力，加大人才奖励激励力度，营造良好的创新生态。

2018年出台了《河北省科技奖励制度改革方案》，改革后的科技奖励制度，一方面结合省情丰富奖项设置，结合京津冀协同发展战略，增加对省外人员（组织）的奖励。在科技进步奖中单列"企业技术创新奖励"，是激励河北省企业创新发展、高质量发展的一项重要举措。另一方面适度提高奖励奖金标准，省突出贡献奖奖金从50万元提高到100万元，一、二、三等奖的奖金标准，分别由8万元、5万元、2万元调整为30万元、20万元和10万元。

2021年11月，河北省委、省政府印发《关于大力推进科技创新工作的若干措施》，分别从研发投入水平、关键核心技术、高端科技创新平台、开发区创新高地、科技人才资源、科技成果转化、科技创新综合服务体系和保障措施等十个方面，进一步提出了更高的要求，为"六个现代化河北"目标的实现，提供强有力的政策支撑和人才智力保障。

### （二）多措并举激发人才创新创造活力的主要成效[①]

近年来，河北持续深化人才制度改革，充分发挥用人单位的主体作用，为人才松绑，多措并举激发和释放人才创新创造活力，取得的主要成效如下。

**1. 以人才工程和人才发展载体为依托培养创新人才**

在高层次人才队伍建设方面，以"三三三人才工程"和高层次人才资助项目等为抓手，为全省培养优秀青年人才16648名。廊坊固安是我国第一家博士后成果转化实践创新基地，引来了138个科技创新成果在此转化，带来了346亿元的投资。全省各地共建设博士后工作站和创新基地386个，并以此为人才发展载体，培养2313名博士后。在高技能人才队伍建设方面，实施高技能人才振兴计划、职业技能提升行动，建立133个高技能人才培训基地，在企业全面推行新型学徒制，2021年培养学徒2.3万人，在全国排名第二。截止到2021年11月，全省共有专业技术人才302万人、高技能人才309.7万人，就人才增量来说，比全国平均水平要高一些。

**2. 充分发挥用人主体在职称评审中的主导作用**

在人才评价方面，一是进一步深化职称制度改革，以突出品德、能力、

---

① 解楚楚、张德成：《河北省多措并举激发人才创新创造活力》，《河北日报》2021年11月14日。

业绩为导向，分类分级完善27个系列63个专业的评价标准。充分发挥用人单位的主体作用，117所高校、17家医院、3家科研院所、10家企业实现自主评审，职称制度焕发出新的生命力。主动服务新冠肺炎疫情防控，2123名抗疫一线医务人员通过"三优先"（优先申报、优先评审、优先聘任）政策晋升高级职称。二是深化职业资格制度改革，360家大型企业可自主确定考评条件、考评方式开展技能人才评价，751个职业由社会评价组织实施人才评价。三是通过省级荣誉称号选拔激励人才。近年来，河北省不断完善省级特聘专家、省政府特殊津贴制度，开展省级杰出专业技术人才、优秀回国人员和科技创新团队评选活动，选拔各类专家5315人。国家级专家2634人，包括享受国务院政府特殊津贴专家2564人、入选国家级"百千万人才工程"62人、入选国家杰出专业技术人才8人。省级专家2681人，包括享受省政府特殊津贴专家2327人、省级特聘专家164人、河北省杰出专业技术人才190人。与此同时，加强高技能领军人才和大国工匠选拔，6人获中华技能大奖，134人获全国技术能手。

3. 围绕破解企业技术难题，开展招才引智活动

围绕企业转型升级、绿色发展和科技创新等高质量发展过程中遇到的人才短缺问题，大力开展招才引智活动，连续3年编制雄安新区急需紧缺人才目录，发布雄安新区671家用人单位3518个岗位，搭建岗位对接平台。"十三五"期间举办京津冀招才引智大会等各类人才招聘活动2.75万场，帮助1500万人次实现就业。举办"河北高层次专家服务民营企业暖心活动"，帮助企业破解6大类23项技术难题，向企业推介423项科技成果，高校、科研单位与当地政府签订8份战略合作协议，有力推动民营企业健康发展。

## 二 河北省激发人才创新创造活力存在的问题

### （一）激发人才创新创造的政策红利释放不足

自国家科技创新大会召开以来，我国深化科技创新人才体制机制改革，

陆续出台了科研管理、成果转化、收入分配、人才评价、"放管服"等方面的一系列"新政"。各地政策亮点纷呈，受到了各类人才的热烈欢迎，对激发人才创新创造活力和增强他们的获得感起到了积极的促进作用。然而，通过对河北激发人才创新创造活力的相关政策进行梳理，发现有部分人才政策红利释放不足，在一定程度上影响了人才创新创造的积极性，主要表现为以下几个方面。一是在科研项目、人才项目、学科和机构评估以及用人单位人才评价等方面，"四唯"现象依然比较普遍。比如在科研项目、人才项目评审过程中，具有高级职称、核心期刊论文、博士学位以及重大奖项获奖经历的人员，占有绝对优势。二是党中央和国家为新时代人才评价指明了方向，出台了《关于深化职称制度改革的意见》，河北省也出台了相关实施意见，其中要求促进职称制度与人才培养有效衔接，然而有些高校和科研院所受职称指标数量限制，高级职称评审已经停止多年，导致已经符合相应职称评审条件的人员不能正常晋级。一方面影响个人收入，另一方面影响个人发展，因为有不少项目甚至是外出学习都有职称资格要求，进而直接影响这些人创新创造的积极性。三是近几年来，国家和省级层面在科研项目经费使用管理方面的改革力度空前，但是具体到每一个科技人才来说，科研项目经费报销依然是一件令人头疼的事，相当一部分原本可以用来潜心研究的时间用在了报销方面。

## （二）产学研用结合不紧密导致创新成果转化率较低

当前，河北正面临新一轮科技革命与产业变革的重大机遇和挑战，面对加快经济社会全面绿色转型、优化产业结构、推动河北经济社会高质量发展的任务，迫切需要科技创新作为重大支撑。要推动科技创新，不仅需要激发各类人才的创新创造活力，使其积极投入研发活动，更需要将其研发成果进行转化，实现科技创新与经济发展、研发成果与产业发展相互对接，实现供需双方协调发展。目前，河北的科技成果转化率比全国平均水平要低近10个百分点，产学研用结合不紧密是主要原因，一边是企业全面绿色转型需要科技创新，一边是研究人员许多有价值的科研成果在"闲置"。一是企业是创新主体,应该发挥创新出题者的作用,高校和科研院所应该发挥答题者的作用,但二者之间缺乏有效沟通机制,结果导致企业自问自答。实力强的大型企业一般都有自己的研发机构,研发成果比较对路,研发产品基本上能够用于自身产业发展。而其余的企业则做不到重点项目和研发活动一体化。二是部分高校、科研院所"项目导向""论文导向""帽子导向"等片面的人才评价体系,导致部分高校和科研院所的研究人员,往往为了满足考核要求而去做科研、写论文,有的为了拿到绩效奖励,有的为了职称评审和年度考核,科研成果在国际期刊、核心期刊发表或者是出版专著,完成课题结项后基本上就束之高阁了,缺少对国家更有价值的科研成果转化,这样十分浪费国家的科研资源。

### (三)"淘宝式"立体化的创新供需对接平台有待完善

2016年以来,河北省制定了《河北省科技创新"十三五"规划》《关于支持企业技术创新的指导意见》《河北省科技创新三年行动计划(2018—2020年)》等科技创新举措,对于高校、科研院所和高科技企业来说,这些政策的实施在激发人才创新创造活力方面起到了一定的促进作用。但对于全社会来说,激发各类人才创新创造活力的载体和平台建设方面,仍需要进一步完善和优化。一是创新主体和创新对象之间缺少"淘宝式"立体化的供需对接平台,在该平台上,创新主体企业可以设立技术、人才、资金等需求榜单,创新对象科研人员像逛淘宝店一样,随时随地查看企业需求榜单,使创新供需实现互相对接和精准匹配。然而,当前缺少类似的平台,导致以下问题:一方面是企业转型升级急需高新技术,另一方面是高校、科研院所有大量高价值的发明专利和研究成果在"沉睡"。企业遇到相关技术难题,很难精准找到相关研究专家,研究人员同样难以找到服务对象。研究者没有和企业这个创新主体很好地对接,导致务虚性研究,只要科研课题能够结项,就万事大吉了,科研成果转化率低,造成科研资源的浪费。其实质就是缺乏交流平台,信息不对称。

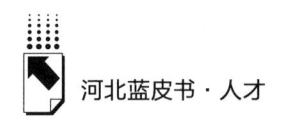

## （四）激发创新创造的人才生态环境有待改善

近几年来，全省各地认真贯彻落实省委、省政府有关人才政策，各类人才的工作和生活环境均有较大的改善，但与创新发展先进的省市相比，还存在一定的差距，主要表现为以下几方面。一是激发人才创新创造活力的市场氛围尚未形成。河北省与激发人才创新创造活力有关的政策可以说是出台了不少，但科技创新的效果却不尽如人意。究其原因，尤其是在常态化疫情防控背景下，创新创造的需求端是企业，供给端是科技人才，服务端是政府相关部门，目前来说"三端"协同发力不够好，产业链、创新链、人才链和政策链需要进一步深度融合。二是高层次人才创新创造的科研环境有待进一步优化。当前，由政府主导的高层次人才引进大多数通过资金补贴、项目配套等方式实现，有时并没有深入、全面地考虑高层次人才所真正看重的配套条件。比如，除了工资待遇、住房保障和科研条件以外，高层次人才很看重自己的价值能否实现和自身的职业发展前景。三是对人才政策实施过程中的协同保障问题，缺少人文关怀。河北省的人才政策在落实过程中，一般会涉及人社、教育、财政、科技、公安和税务等多个部门，受各自职责限制，所制定的人才政策会出现碎片化现象，结果导致领导很重视，政策有意图，人才有意愿，但中间环节却难以打通。比如引进的高层次人才，其医疗、社会保障、经费管理、住房、子女入学等，分别由不同部门管理，协同保障服务不到位，使得有些问题长期无法落实。

## 三 先进省市激发人才创新创造活力的经验借鉴

### （一）抓住关键问题激发人才创新创造活力的安徽经验

通过分析和经验梳理，具体应该从以下三方面学习安徽合肥在激发人才创新创造活力方面的经验。

一是高度重视产业载体平台建设，2020年，合肥经开区、高新区在全国分别列第10位、第11位。依托壮大"国字号"平台，形成了强大的产业配套能力。合肥搭建了一系列促进成果转化的平台，包括金融资本类平台、技术孵化类平台以及企业培育类平台。通过这些平台建设，让科研人员能迅速"找到地方"开展转化工作。同时，这些平台也能为他们提供一些更便利的条件，加速成果转化。

二是着力打造具有国际竞争力的产业集群。合肥在实施产业集群工程中的关键一招，就是创新实施重点产业"链长制"。"链长"的主要职责是弄清楚产业链发展遇到的具体问题，制定支持产业链发展的相关政策措施，搭建产业公共服务平台，建立常态化服务企业的机制。自新冠肺炎疫情暴发以来，全球产业链和供应链不稳定，企业遇到了各种各样的问题，为了帮助企业共渡难关，保住市场主体，合肥市探索实施产业链"链长制"，梳理出12条重点产业链，分别是人工智能、生物医药、智能家电、集成电路、光伏及新能源、创意文化、新型显示、网络与信息安全、节能环保、新能源汽车暨智能网联汽车、高端装备及新材料和量子产业。12条产业链的"链长"均由市委、市政府相关负责同志担任，大家齐心协力来解决企业遇到的困难和问题，千方百计地保供应链和产业链稳定。

三是聚心聚力营造创新生态环境。合肥在出台实施一系列人才政策的同时，大力引进全国乃至全世界的各种资金、资源、资本。支持集成电路、量子信息和人工智能等重点领域龙头企业组建创新联合体，通过"揭榜挂帅""定向委托"等多种方式，解决"卡脖子"的核心技术问题，激发科技人才的创新创造活力，形成有利于创新发展的竞争新优势。千方百计培育和发展科技服务型企业，举办科技成果转化交易会，为科技成果的转化、交易及应用搭建"立交桥"，进一步提升服务企业的能力，使引导科技成果转化的政策落地落实，开花结果。

（二）人才评价政策创新的广东经验

为了克服人才评价的"四唯"倾向，改进科技人员职称评价办法，

2015年广东省颁布实施了《广东省关于进一步改革科技人员职称评价的若干意见》（粤人社规〔2015〕4号），其相对于其他省市出台的宏观性人才评价指导原则而言，便于操作和落实，使科技人才真正享受到政策红利，值得借鉴。具体做法为将人才的技术创新情况和科技成果转化等方面的业绩作为职称评审的重要条件，纳入职称评价指标。具体体现在以下几方面。

一是明确了科技成果转化和纵向课题之间的替代问题。科技人员作为课题负责人，主持完成的高新技术成果进行转化并实现产业化，单个技术项目转化交易额累计达到50万元，或者多个技术转让项目交易额在3年内累计达到100万元的，在职称评审时可替代一项纵向课题要求。二是明确了专业技术分析报告和论文之间的替代问题。科技人员获国家杰出青年科学基金、省政府科技奖、主持完成企业技术创新并且创新产品在近3年平均年销售收入超过800万元或者每年平均缴税超过100万元，评职称时可以用1篇专业技术分析报告代替1篇论文要求。三是明确了发明专利和论文之间的替代问题。科技人员获国家专利优秀奖、广东省发明人奖、广东省专利金奖，在职称评审时可替代2篇论文要求；排前3名且获1项广东专利优秀奖的可替代1篇论文要求；排前3名且获1项授权发明专利的，在申报高级职称资格时可替代1篇论文要求。

综上所述，应针对从事不同专业的科技人员，制定相应的职称评价评审条件，建立激励科技成果转化的职称评审导向，进一步促进产学研用的深度结合，为经济社会高质量发展提供科技支撑。

### （三）苏州工业园区人才生态环境建设模式

苏州工业园区于1994年2月经国务院批准设立，回顾20多年来园区的发展，其在人才生态环境建设方面积累了一些宝贵经验。实现创新驱动发展的核心是人才，中新合作的对外开放模式是园区发展20多年来的最大亮点。一是打造一个全方位的类海外环境。苏州根据自身实际，自主地、有选择性地参考利用了新加坡城市规划、经济发展、行政管理三个层次的先进经验，做到合作中有特色、学习中有发展、借鉴中有创新，在对外开放中持续打造一个全方位的类海外环境。二是打造人才软环境的"苏州生态"品牌。园区实施人才软环境建设战略"3341"，第一个"3"是指人才开放度、集聚度、满意度三个方面要大幅提升，第二个"3"是指人才政策机制、市场配置机制和社会文化体制三个方面的创新，"4"是指实施高层次创新型科技人才、现代服务业人才、先进制造业人才和社会工作人才工程，"1"是指全力打造"苏州人才生态"这个国际品牌，进入全球最具竞争优势的产业园区行列。

通过实施"3341"战略，重点打造园区产业化发展环境、政府监管环境、法制政策环境、公共服务环境、社会文化环境、人才市场配置环境、创新创业环境和国际化环境，在全球范围内打造人才软环境的"苏州生态"品牌。仅2019年上半年，来此落户的外资项目就有130个，科技项目达363个，盛迪亚生物医药、强生医疗爱惜康、艾默生研发及整体方案中心等一批优质项目建成投运，华为、微软、腾讯、西门子等7家知名企业和院所在此设立人工智能应用创新中心。目前，除了企业设立的研发中心外，园区已集聚了哈佛大学、麻省理工学院、牛津大学等一批国际顶尖研究机构。汇聚全球顶尖创新资源，才能汇聚世界一流人才。中新合作的意义不仅在于通过合作吸引和凝聚人才和项目，其对周边乃至国内其他地区的示范和引导效应也是不可估量的。

## 四 推进河北省激发人才创新创造活力的对策建议

### （一）加快人才制度建设，为人才创新创造提供法制保障

河北省第十次党代会提出，加快建设创新驱动、跨越赶超的现代化河北。这个目标的实现，离不开科技创新作为支撑，河北要围绕国家重大战略实施，结合碳达峰碳中和目标、产业转型升级、推动经济社会全面绿色转型和高质量发展的重大任务，实现创新驱动发展；要聚焦高端制造、生物医

药、生态环保、人工智能等重点领域发展，激发各类人才的创新创造活力，集中力量攻克一批关键核心技术，努力培育产业竞争新优势。这些目标的实现关键在于人才和创新。为了最大限度激发各类人才的创新创造活力，确保各项人才的政策红利充分释放，应加快人才制度建设，加强人才立法工作，为人才创新创造提供法制保障。

从全国的人才立法工作实践来看，广东省、山东省等陆续颁布了相应的《人才发展促进条例》并实施，积极营造良好的人才法治环境，人才工作取得了明显的成效，人才立法工作走在了全国的前列。《河北省中长期人才发展规划纲要（2010—2020年）》提出："针对人才培养、引进、使用、流动、评价、激励、管理、考核等环节和方面，推进人才政策法规体系建设。""研究制定人才促进条例及人才权益保护、人才市场管理、人才继续教育和职业资格管理、人才安全保障、事业单位人事管理等方面地方法规。"由此可见，河北省对于人才立法工作早就提出了明确的要求，眼下做好此项工作是当务之急。2018年《石家庄市人才发展促进条例》的出台，可以说是开创了河北省人才立法工作的先河。省级层面和其他各市应及时清理影响人才创新创造发展的政策和规定，把经过实践检验、实施效果较好的人才政策上升为法律法规，适时出台《河北省人才发展促进条例》，为人才创新创造提供法制保障。

## （二）探索成果转化导向制度，促进人才发展与科技创新深度融合

目前，就河北高层次人才分布情况来看，高校和科研院所可谓人才济济。而高质量的人才集聚，不是简单的人才数量比拼，而在于能否将人才链、产业链、创新链、创业链紧密融合，为人才发挥作用提供机会和平台。人才发展只有与河北的产业、重点项目、资源禀赋相互对接，才能显现其价值和意义。一是借鉴广东在职称评价方面的做法，建立激励科技成果转化的职称评审导向制度。要解决企业转型升级急需高新技术而科研人员具有高价值的研究成果在"沉睡"的矛盾，就要将技术创新创造、高新技术研究成果转化业绩，以及转化所产生的经济效益和社会效益等作为职称评审的一个

重要条件，必要时可适当提高权重。为了确保科研成果转化人员真正享受到政策红利，要制定出科技成果转化达到什么标准就可以替代一项纵向课题要求或者是相关论文要求的具体做法，让科技人才结合自己的科研实际找到努力方向，实现科研和个人提升的更好融合。二是进一步落实以增加知识价值为导向的收入分配制度，鼓励科技人员获取更多科技成果转化收入。全面落实科技成果转化收益分配有关法规政策，一方面要加大对科技人员科技成果股权、期权激励的力度，另一方面要完善绩效工资激励制度，绩效分配向做出突出贡献的科研人员和创新团队倾斜。对做出重大贡献的科研人员要实行重奖，提高最高科学技术奖奖金额度，激励科研人员积极向上、崇尚科研，增强成就感和荣誉感。三是借鉴安徽经验，聚焦人工智能、生物医药、高端装备制造、碳达峰碳中和等重点领域，构建京津冀协同创新联合体，集中攻克"卡脖子"的关键技术，并提高科技成果转移转化成效。科研成果要成功实现产业化，不仅需要技术发明人耗费大量时间和精力，还要克服意想不到的重重困难，如果政策导向不明确的话，就会导致科研成果转化率偏低。因此，建议由河北省科技厅牵头，引导和支持有相应需求的科技企业和有具有产业化价值的相应技术成果的京津冀高校、科研院所等构建协同创新联合体，发挥企业出题者作用，推进重点项目协同和研发活动一体化，从而实现产品市场化，加速京津科技成果在河北向现实生产力转化，带动整个河北的产业转型升级。

## （三）搭建"揭榜挂帅"产研融合平台，为人才创新提供"淘宝店"式服务

为了适应河北经济社会高质量发展的要求，企业迫切需要转型升级、调整能源结构，实现低碳绿色发展，尤其是中小企业面临的难题能不能解决好，直接关系企业的生死存亡和转型发展。与此同时，高校及科研院所的相关科研成果转化率却很低，主要是存在信息不对称的问题。为此，借鉴安徽合肥重视载体平台建设的成功做法，既能解决企业和科研人员"两头"找不着的问题，解决二者的实际困难，又能促进科研成果转化，提高企业的创

新效益。因此，要依靠改革激发科技创新活力，建议搭建"揭榜挂帅"产研融合平台，为人才创新提供"淘宝店"式便利服务。一是及时发布"揭榜挂帅"的榜单信息。由人才、科技、人社等部门以企业创新实际需求为导向，在对企业存在的技术问题进行大量摸排调研的基础上，经过反复筛选和论证，提出"揭榜挂帅"榜单，创新不问出身，英雄不论出处，谁有本事谁来揭榜，激发各类人才的创新创造活力。二是为科研人员提供"淘宝店"式的服务。企业和高校科研院所之间互相"找不着"，主要原因是信息不对称，实际上企业碰到的技术难题，对高校、科研院所来说也是具有挑战性的课题，技术难题就是它们的科研清单。"揭榜挂帅"产研融合平台，使得科研技术人员可以像逛淘宝店一样，随时查看企业需求并揭榜。从而精准打通企业和科研院所之间的需求，实现产研用的融合。三是坚持引才活动与"揭榜挂帅"同步开展。"揭榜挂帅"产研融合平台，便于企业动态发布、专家实时对接。一方面，可以提高科研成果的转化率，有效实现人才链、创新链和产业链的融合；另一方面，可以对接、吸引与产业契合度较高、科研实力较强的人才团队。

### （四）优化人才创新生态，为人才潜心研究提供服务保障

习近平总书记连续多年出席国家科学技术奖励大会，亲自为国家最高科技奖获得者颁奖；多次主持召开会议，就重大方针政策制定当面听取党内外各方面专家人才的意见建议。总书记这种强烈的人才意识，带动了全社会厚植尊重劳动、尊重知识、尊重人才、尊重创造的良好氛围。河北要实现高质量发展，创新是关键，科技创新离不开科技人员持久的时间投入，因此，迫切需要优化人才创新生态，为人才潜心研究提供服务保障。一是树立人才生态竞争意识，积极营造创新创造的市场氛围。在新时代，随着全国各地人才生态环境的发展，高层次创新人才更看重发展的软环境。因此，要推动河北经济高质量发展，首先要完善能够体现河北特色的人才生态系统。优化人才创新生态，为人才潜心研究提供良好的服务保障尤为重要。二是发挥京津冀区位优势，创新人才服务供给方式。一方面，要继续提高河北省现有"人

才绿卡""绿色通道"等政策的含金量，为高层次创新人才提供户籍、住房、医疗、教育、配偶安置、子女就学等方面的便捷服务，使人才获得感与日俱增。另一方面，要充分发挥京津冀区位优势，按照《京津冀人才一体化发展规划（2017—2030年)》要求，根据河北转型发展和高质量发展需要，以高标准建设雄安新区为契机，借力京津高层次人才资源优势，创新三地人才服务机制，促进京津重点领域的科技创新成果转化在河北落地开花结果，从而激发河北人才创新创造活力，实现京津冀人才一体化发展和科技创新协同发展。三是借鉴苏州工业园区人才软环境建设方面的经验做法，通过重点培育产业发展环境、公共服务环境、法治政策环境、社会环境、文化和创新氛围、国际化环境，建设雄安新区人才创新高地，打造全球人才软环境的"雄安"品牌，吸引国内外顶尖研究机构和创新资源，汇聚全球一流创新人才，为雄安新区建设提供创新人才支撑和智力保障。

## 参考文献

《河北省中长期人才发展规划纲要（2010—2020年)》，河北新闻网，2010年9月9日，http：//gov. hebnews. cn/2010 – 09/09/content_ 648995. htm。

《中共河北省委河北省人民政府关于深化人才发展体制机制改革的实施意见》，河北新闻网，2016年7月14日，http：//hebei. hebnews. cn/2016 – 07/14/content_ 5652745. htm。

河北省委办公厅、省政府办公厅印发《关于深化职称制度改革的实施意见》，河北长城网，2017年5月9日，http：//news. hebei. com. cn/system/2017/05/09/018157580. shtml。

《关于深化项目评审、人才评价、机构评估改革的实施意见》，河北新闻网，http：//hbrb. hebnews. cn/pc/paper/c/201901/10/c117276. html。

《河北省人民政府印发关于深化"放管服"改革优化科研管理若干政策措施的通知》，河北省人民政府网站，2019年1月10日，http：//info. hebei. gov. cn//eportal/ui?pageId = 6806152&articleKey = 6848631&columnId = 6806589。

《河北印发〈关于落实以增加知识价值为导向分配政策的实施意见〉》，河北新闻网，2017年9月13日，http：//hebei. hebnews. cn/2017 – 09/13/content_ 6619258. htm? from = singlemessage。

《河北省多措并举激发人才创新创造活力》，中国政府网，2021年11月14日，

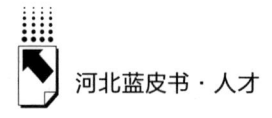

http：//www.gov.cn/xinwen/2021 -11/14/content_ 5650818.htm。

《浙江金华："揭榜挂帅"激活引才路径变革》，光明网，2021年6月22日，https：//share.gmw.cn/news/2021 -06/22/content_ 34937738.htm。

康振海主编《河北人才发展报告（2018~2019）》，社会科学文献出版社，2019。

康振海主编《河北人才发展报告（2021）》，社会科学文献出版社，2021。

中华人民共和国科学技术部：《中国科技人才发展报告（2020）》，科学技术文献出版社，2021。

中国人事科学研究院编《苏州工业园区人才软环境建设研究》，党建读物出版社，2016。

# B.15
# 河北省深化人才激励体制改革研究

岳国震 张秀岩*

**摘 要：** 本报告围绕河北省人才激励体制这一主题，对河北省人才激励体制的现状、存在的主要问题进行了详细剖析，提出了深化河北省人才激励体制改革的对策建议。本报告介绍了河北省人才激励体制的发展完善历程，又进一步从激励组织体系、人才激励制度、人才激励措施三个方面分析了河北省人才激励体制的现状，并通过测算人才政策效能分析比较了河北省人才激励体制的运行效果。在此基础上，本报告提出了河北省人才激励体制中存在的主要问题：人才激励缺乏比较优势，一般人才激励不够充分，人才激励措施的数据化、动态化程度不够，人才发展环境质量有待进一步提升，存在人才流失现象。本报告提出了河北省深化人才激励体制改革的对策建议：一是充分发挥人才工作领导小组作用，完善人才激励机制；二是建立河北省人才激励比较优势；三是加大对一般人才的激励力度；四是进一步提升人才发展环境质量。

**关键词：** 人才激励体制 体制改革 河北

多年来，河北省委、省政府在人才工作方面一直坚持深入领会党和国家的人才工作精神，积极贯彻落实党和国家在人才工作方面的安排部署。

---

\* 岳国震，河北经贸大学工商管理学院副教授，主要研究方向为高层次人才创业管理、组织运营管理；张秀岩，河北经贸大学工商管理学院讲师，主要研究方向为创意创新管理。

第一次全国人才工作会议后,河北省委、省政府为贯彻落实会议精神,分别于2004年、2006年制定发布了《关于进一步加强人才工作的若干意见》《河北省"十一五"人才发展规划》,全面部署实施了人才强冀战略;2010年,河北省委、省政府为贯彻落实第二次全国人才工作会议党和国家关于人才工作的安排部署,制定发布了《河北省中长期人才发展规划纲要(2010—2020年)》,对河北省2010~2020年人才工作的指导思想、发展目标、主要任务、重点人才工程、保障措施等做出了统筹规划和部署落实。

党的十九大以来,河北省委、省政府坚持把人才工作放在全省大局中的突出位置来抓,坚持党管人才的基本原则,不断完善人才管理工作体制机制,大幅增加人才开发投入,持续改进人才发展环境,全省人才工作取得重要阶段性成效。人才总量持续增长,人才素质普遍提高,人才结构不断优化,重点领域招才引智取得新的突破,人才创新创造活力显著增强。

中央和河北省委的人才工作会议分别强调深化人才发展体制机制改革是实现人才强国、人才强冀战略的关键工作之一。2016年,河北省委、省政府发布《关于深化人才发展体制机制改革的实施意见》,从人才管理、人才引进、人才培养、人才评价、人才流动、京津冀人才一体化发展、人才保障、党对人才工作的领导等八个方面对河北省人才发展的体制机制改革进行了指导部署。

人才激励体制是人才发展体制中极为重要的组成部分,人才激励是留住人才用好人才、提高人才使用效率的关键,也是人才管理工作中最重要、最具挑战性的工作。

## 一 河北省人才激励体制现状

体制一般是指管理系统为了实现管理目标,在管理机构设置、权利划分等方面的具体组织体系和一系列管理制度的总称,包括约束调节管理对象行为的制度、方式、方法等。体制本质上说是一个管理系统，其构成要素主要有组织体系、管理制度、管理方式方法。由此，人才激励体制则是人才管理系统的一个重要组成部分，作为人才管理系统的一个重要子系统，其构成要素为：人才激励的组织体系——激励主体、客体（激励对象）及其相互作用关系；人才激励制度；人才激励方式方法。在人才管理的实践中，相关管理部门出台的各种形式的政策文件通常包含激励对象、激励制度、激励方式方法等三个方面的安排，本报告通过对河北省人才激励政策的梳理来分析河北省人才激励体制的现状。

（一）河北省人才激励体制的形成与发展

河北省人才发展体制机制的系统化建立，始于河北省委、省政府《河北省中长期人才发展规划纲要（2010—2020年）》（以下简称《纲要》）的制定出台。《纲要》提出了河北人才发展的总体目标，安排部署了规划期内五大类人才（党政人才、专业技术人才、经营管理人才、高技能人才、农村实用人才等）队伍建设、三大重点产业（主导工业产业、高新技术产业和现代服务业）人才队伍建设、八大人才建设重点工程和七大保障措施。其间河北省各相关部门为贯彻落实《纲要》要求，实现人才强省战略目标，陆续制定实施了涉及创新人才培训培养、选拔使用、激励保障等方面的134项政策措施（其中包括2010年之前制定的后续一直有效实施的重要人才激励政策）。

从政策出台的时间分布（见图1）可以看出，河北省人才激励政策发布时间集中度较高的年份有2010年、2011年、2013年、2018年，所发布政策分别为11项、18项、16项、11项，其中2010年是《纲要》出台的起始年，2013年、2018年是《纲要》实施的关键年份。

（二）河北省人才激励体制现状

人才激励体制也可以看成包括激励组织体系、激励制度、激励措施在内的激励系统长期运行形成的相对规范化、固定化的一系列制度安排。

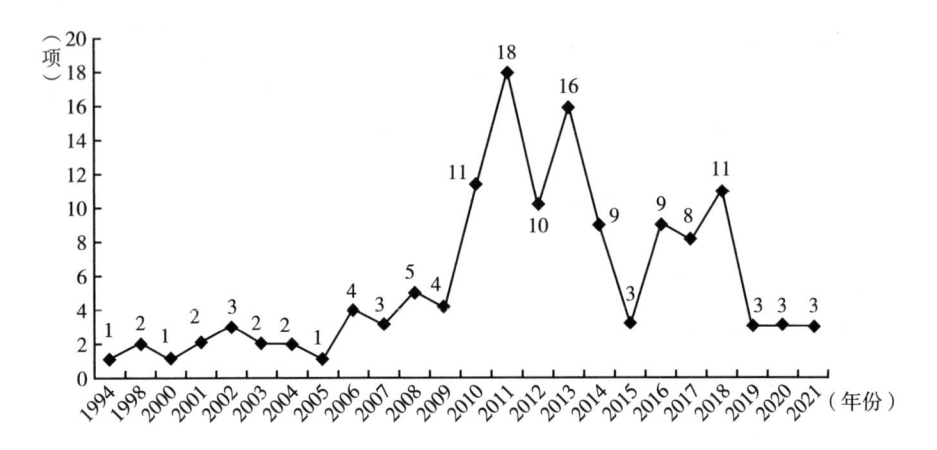

**图1　1994～2021年河北省人才激励政策制定时间分布**

资料来源：根据河北省人民政府网站（http://www.hebei.gov.cn/）相关政策文件整理。

**1. 河北省人才激励体制的组织体系现状**

人才激励体制的组织体系由人才激励的主体、客体及其相互作用关系组成。

（1）河北省人才激励主体

人才激励的主体通常是制定实施激励政策的管理部门。据统计，河北省人才激励政策的制定实施部门主要有省委/省政府、省委/省政府办公厅、省人力资源和社会保障厅、省科技厅、省工业和信息化厅、省教育厅等，各部门出台政策的频数见图2。

（2）河北省人才激励客体

人才激励的客体是指人才政策激励的对象。梳理河北省人才激励政策可以发现，河北省人才激励政策覆盖了针对不同层次的组织和个人的多种激励措施。

从人才激励的层次上看，河北省激励措施针对的人才可以分为高层次人才、一般人才、青年人才、后备人才等。其中，高层次人才主要包括院士、省管专家、领军人才、杰出专业技术人才、博导、博士后、教学名师、高技能人才等，主要的激励方式有荣誉称号、特殊津贴、相关待遇、项目支持等；一般人才、后备人才则包括各专业领域的人才，主要的激励方式有培养

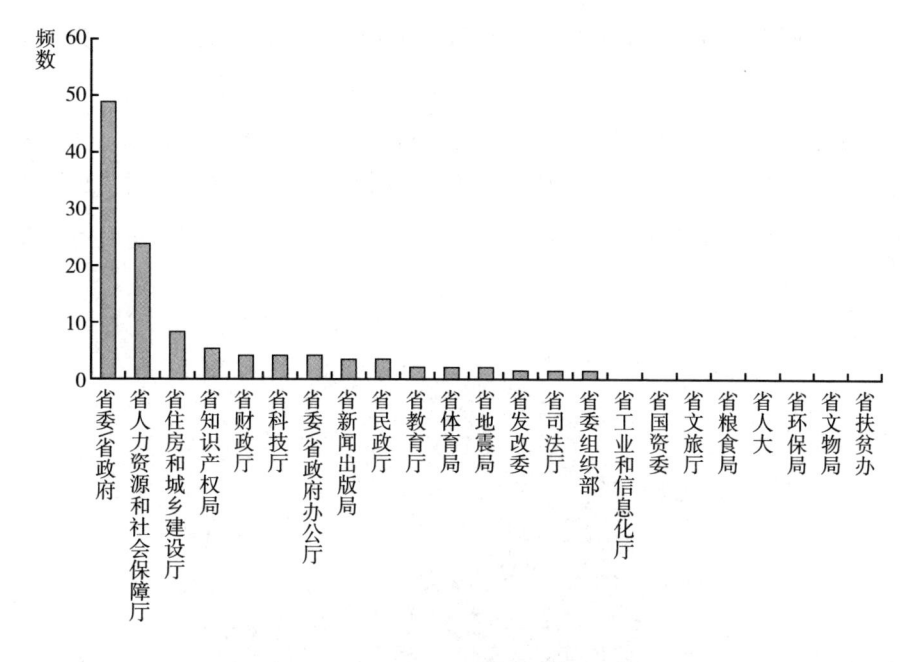

图 2　1994~2021 年人才激励政策制定部门分布

资料来源：根据河北省人民政府网站（http://www.hebei.gov.cn/）相关政策文件整理。

培训、职称评聘、评价选拔、大赛评奖等。

激励政策针对的具体对象可以分为个人、团队和组织。个人主要包括各种专业领域的各层次人才以及各行业的技能人才等；团队和组织主要有各类人才建设队伍、科技创新团队、教学团队、先进单位等。

**2. 河北省人才激励制度、激励措施**

在实施过程中，各种激励政策通常同时包括了相应的激励对象、激励措施、激励制度的有效期、激励过程的管控服务等制度安排。

河北省人才激励体系既包括针对各种层次人才的激励制度，也综合运用了各种激励措施。在河北省人才激励体系里，主要的人才激励措施可以分为以下几种类型：物质激励，如各种津贴、资金、奖金等；精神激励，如各种专家、大师、杰出人才等荣誉称号及大赛评奖称号等；成长激励，如项目支持、培养、培训、晋升等形式；服务保障激励，如住房优惠、家属子女安排等。具体而言，近年来河北省人才激励制度和激励措施可以进一步分为以下七大类。综合类，如人才规划、管理办法等；奖励类，如各种评优、大赛奖励等；培养类，如各种培训、培育等；项目资助类，如各种工作站、实践基地建设、合作项目等；选拔评价类；服务保障类，如人才档案安排、住房优惠政策、家属子女照顾等；队伍建设类。河北省人才激励政策的各种类型所占比重见图3。

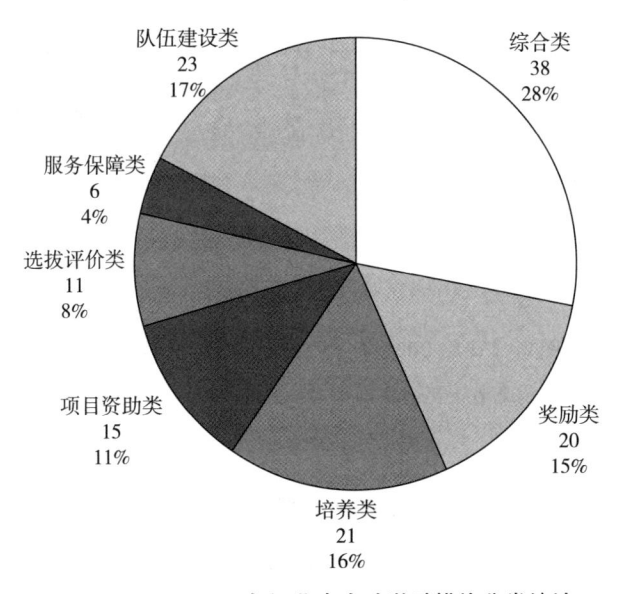

**图3　1994~2021年河北省人才激励措施分类统计**

资料来源：根据河北省人民政府网站（http://www.hebei.gov.cn/）相关政策文件整理。

河北省一直高度重视针对高层次人才的激励，先后出台了一系列相关的激励政策，每一项政策都涵盖了多种激励措施，主要的激励政策见表1。

**表1　河北省高层次人才主要激励制度与措施**

| 序号 | 文件名称及编号 | 激励对象 | 激励措施 | 管理服务期 |
|---|---|---|---|---|
| 1 | 《河北省享受政府特殊津贴人员选拔办法》（冀政〔1998〕58号） | 在规定的相关领域里有突出贡献的专家、学者、专业技术人员 | 一次性奖金5000元，颁发专家证书，享受有关待遇 | 每年一次 |

续表

| 序号 | 文件名称及编号 | 激励对象 | 激励措施 | 管理服务期 |
|---|---|---|---|---|
| 2 | 《河北省资助优秀专家出国培训管理办法（试行）》（冀人发〔2001〕97号） | 省境内享受国务院和省政府特殊津贴的专家、国家和省突贡中青年专家、省管优秀专家、国家跨世纪人才工程、省"双十双百双千人才工程"人员；学术、技术带头人 | 资助相关留学费用支出 | 每年选派50名，其中理、工、农科人员总数不少于60%，管理学科不高于10%，其他学科约占30% |
| 3 | 《关于加强省管优秀专家队伍建设的意见》（冀发〔2006〕11号） | 学科带头人、拔尖人才 | • 政治待遇：荣誉证书，予以表彰；参政议政<br>• 工作津贴<br>• 医疗保险<br>• 身体保健<br>• 退休年龄延长，提高退休费比例<br>• 解决夫妻两地分居、子女上学、就业等问题<br>• 每年享受15天学术休假<br>• 院士对省管优秀专家面对面的指导、培养<br>• 科研项目支持<br>• 支持开展专家咨询服务 | 总量在200名左右，每4年选拔1次 |
| 4 | 《河北省青年拔尖人才支持计划实施办法》（冀办字〔2013〕19号） | 重点支持35岁以下紧缺急需的青年拔尖人才 | 省财政专项资金资助 | • 每2年选拔1次，每次120名左右<br>• 每3年1个支持周期，成果突出、培养前景好的可连续支持2个周期 |
| 5 | 《河北省新世纪"三三三人才工程"实施方案》（冀人发〔2003〕46号） | 2003~2007年，45岁以下学术、技术带头人为一层次人选，30名左右；45岁以下，科технических骨干为二层次人选，300名左右；40岁以下，学术、技术带头人后备人选为三层次人选，3000名左右 | • 颁发证书<br>• 享受省级专家相应工作津贴<br>• 定期体检、组织休假<br>• 妥善解决配偶、子女随迁调动等，要给予妥善解决<br>• 科研经费支持<br>• 培养支持：学术交流、科研项目资助、群体建设、奖励基金 | • 一、二层次人才，两年一选拔、四年一循环<br>• 培养期限为4年 |

续表

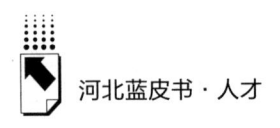

| 序号 | 文件名称及编号 | 激励对象 | 激励措施 | 管理服务期 |
|---|---|---|---|---|
| 6 | 《关于开展河北省创新团队和领军人才选拔表彰工作的通知》（冀人字〔2007〕166号） | 具有自主创新能力的领军人才创新团队 | ●创新团队：授予荣誉称号，颁发奖牌、奖金<br>●领军人才：荣誉称号，颁发证书，记二等功<br>●在职称评定、专家评审、经费资助、出国培训等方面优先安排 | 选拔创新团队30个，领军人才30名 |
| 7 | 《河北省突出贡献技师评选表彰管理办法的通知》（办字〔2013〕54号）《河北省人力资源和社会保障厅关于落实河北省突出贡献技师待遇的通知》（冀人社字〔2014〕189号） | 全省企事业单位高技能人才 | ●荣誉称号<br>●工作津贴<br>●延长退休年龄<br>●晋升为高级技师 | 每2年选拔1次，每次100名 |
| 8 | 《河北省"三三三人才工程"实施方案》（冀人社发〔2014〕25号） | 2014~2020年，分别选拔培养一、二、三层次人才70名、700名、7000名左右 | ●岗位津贴<br>●体检<br>●学术休假<br>●照顾配偶、子女随迁调动、就学<br>●专项经费资助培养<br>●开展专家服务基层活动<br>●对成绩突出者给予表彰奖励 | "工程"各层次人选培养期限为4年，4年为一个循环 |

资料来源：根据河北省人民政府网站（http://www.hebei.gov.cn/）相关政策文件整理。

由上述梳理可知，经过多年来的建设完善，河北省已经形成了比较系统完整的激励制度体系。

### （三）河北省人才激励体制效果分析

人才激励体制运行的效果是指人才激励系统运行能够达到人才激励预期目标的程度，也就是系统中人才这一稀缺资源在工作过程中受到激励、发挥潜能的程度。通常，效能这一概念可以用来反映系统投入某一资源，其产出达到预期效果的程度,可以采用人才政策效能这一概念来分析测算河北省人才激励体制运行的效果。自2004年潘晨光首次提出人才政策效能概念以来,[①] 被广泛认可和使用的人才政策效能指数的计算公式为:人才政策效能指数=人才总量(万人)/GDP(亿元)。人才政策效能指数从人才投入角度反映人才发挥作用的程度,人才政策效能指数的值越低,表明该区域人才利用效率越高,进而表明人才激励的效果越好。

1. 河北省人才政策效能指数分析

选择河北省2010~2018年相关数据,运用人才政策效能计算公式,测算出2010~2018年河北省人才政策效能指数(见图4)。其中,GDP采用《河北经济年鉴》对应数据,人才总量按《河北经济年鉴》中大专及以上文化程度人口数量进行测算。[②]

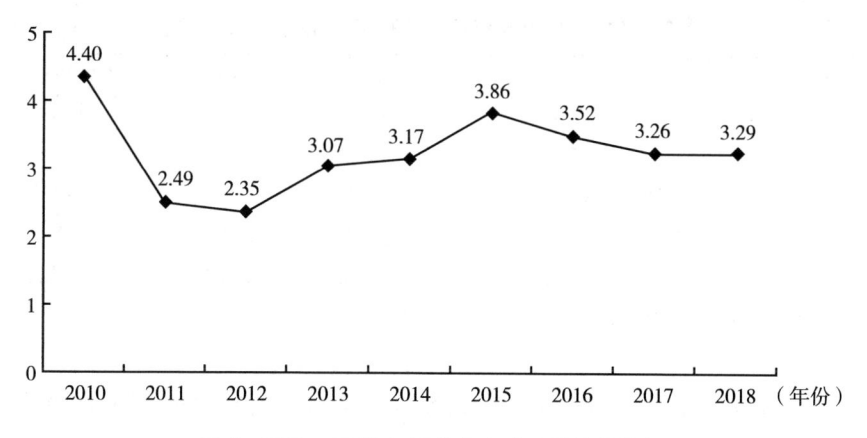

图4 2010~2018年河北省人才政策效能指数

资料来源:2010~2018年《河北经济年鉴》。

由图4数据可知,近年来河北省在人才激励方面实施了一系列政策措施,但河北省人才政策效能指数并没有呈现稳定下降的趋势,说明河北省人才激励体制的运行效果不尽如人意,有待进一步提升。

---

① 潘晨光主编《中国人才发展报告 No.1》,社会科学文献出版社,2004。
② 统计年鉴中2019年人才统计口径有变化,数据不能直接用于对比,故舍弃。

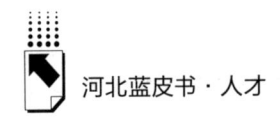

## 2.河北省科技人才政策效能区域比较分析

为了对河北省的人才政策效能进行区域间的横向比较,选择与河北省人才发展密切相关的京津地区以及与河北省人口总量比较接近的湖南、四川两省做比较分析。考虑到相关统计数据的可获得性、一致性和可比性,本报告选择相关地区的科技人才数据进行测算。为此,将人才政策效能的基本计算公式修改为:

科技人才政策效能指数 = R&D 人员总量(万人)/ 人均 GDP(亿元)

人均 GDP(亿元) = GDP(亿元)/ 人口总量(万人)

修改后的人才政策效能指数可用来反映各区域内科技人才的激励效果,进而用来近似表达河北省人才激励体制的运行效果,测算结果如表2所示。

表2 2015~2019年科技人才政策效能指数区域比较

| 地区 | 2015年 | 2016年 | 2017年 | 2018年 | 2019年 |
| --- | --- | --- | --- | --- | --- |
| 北京市 | 3.31 | 0.32 | 0.32 | 0.35 | 0.35 |
| 天津市 | 1.66 | 0.65 | 0.72 | 0.75 | 0.63 |
| 河北省 | 4.09 | 0.24 | 0.24 | 0.28 | 0.25 |
| 湖南省 | 4.07 | 0.24 | 0.24 | 0.23 | 0.02 |
| 四川省 | 5.42 | 0.19 | 0.18 | 0.19 | 0.02 |

资料来源:据2016~2020年《中国统计年鉴》数据计算得出。

由表2中的数据可知,各地的科技人才政策效能指数在2016年都大幅度下降,2016~2019年在波动中保持相对稳定(湖南省、四川省除外),说明相应的科技人才激励效果得以显著提升。

从河北省内数据来看,2016年河北省的科技人才政策效能指数大幅下降,2017年该指数维持不变,2018年有所反弹,2019年与2018年相比有所下降,但依然高于2016年和2017年。

与其他地区比较,河北省在2015年的科技人才政策效能指数明显高于京津地区,与湖南省相当,但低于四川省;2016年,河北省的科技人才政策效能指数下降显著,2016~2019年,该指数均低于京津两地。相比较而言，四川省的科技人才政策效能指数下降幅度最大。

2016~2018年，河北省科技人才政策效能指数明显低于河北省整体人才政策效能指数（见表3）。说明相对于河北省人才整体而言，河北省科技人才的激励效果更好，科技人才激励政策更为有效。

表3  2015~2018年河北省科技人才政策效能指数与整体人才政策效能指数比较

| 年份 | 2015 | 2016 | 2017 | 2018 |
| --- | --- | --- | --- | --- |
| 河北省整体人才政策效能指数 | 3.86 | 3.52 | 3.26 | 3.29 |
| 河北省科技人才政策效能指数 | 4.09 | 0.24 | 0.24 | 0.28 |

## 二　河北省人才激励体制存在的主要问题

### （一）人才激励缺乏比较优势

在人才工作领域，河北省最为突出的痛点是京津两地对河北人才具有的巨大虹吸效应，河北省在人才激励方面短期内无法建立相对于京津两地的绝对优势，而现有的人才激励体制也没有形成突出河北人才特征的人才激励比较优势。

河北省环接京津，长期以来河北的收入水平远远低于京津地区。国家统计局统计数据显示，2019年北京的人均可支配收入为6.8万元，天津为4.2万元，河北仅为2.6万元，而当年全国人均可支配收入为3.1万元，河北省未达到全国平均水平。较大的收入水平差异，加上京津两地良好的社会经济环境优势，形成了京津两地对河北人才的巨大虹吸效应，而这又是河北省短时期内难以改变的现实。河北省要想在人才激励方面形成相对于京津两地的绝对优势，短时期内很难实现，这也是河北省必须面对的客观现实。

分析河北省现在的人才激励政策，有很大一部分属于贯彻落实党和国家人才规划部署的政策，这些政策难免与京津两地和其他地区的人才政策存在较高的趋同度，这就相当于与京津两地正面交锋去争夺人才，其结果必然是

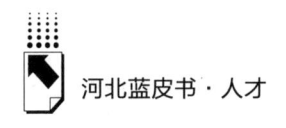

处于劣势地位，被动地陷入"人才洼地"困境。

河北省应该并且能够做到的是根据河北省的社会经济发展环境、要素禀赋、产业结构、人才结构等特征，建立具有河北特色的人才激励体制，形成河北省人才激励的比较优势，借助京津两地人才优势补齐河北的人才短板，实现京津冀三地人才互补、协同发展，变不利为有利，突破河北省人才发展的困境。

### （二）一般人才激励不够充分

河北的人才激励体制中，对一般人才的激励相对不足。河北省现有的人才激励体制中，针对高层次人才的激励制度比较完善，激励措施丰富多样，而且从表2、表3的科技人才政策效能指数中也可以看出科技人才激励效果比较好，甚至在2016~2019年略高于京津两地。相对而言，对一般人才的激励政策则显得不够充分。这就会导致对占据人才大多数的一般人才激励不足，也会对成长中的青年人才激励产生不利影响，最终导致人才整体的激励不够，激励效果偏低。

一般人才也是人才系统中不可或缺的重要组成部分，是工作团队中重要的一分子，一般人才在有效的激励条件下也能发挥出强大的创造力。对于组织而言，所有的人才都是宝贵的人力资源，通过有效激励用好一般人才，也是人才激励管理的重要工作内容，对于提升河北省人才的整体使用效率作用巨大，值得高度重视。

### （三）人才激励措施的数据化、动态化程度不够

河北省人才激励体制运行过程中，已经形成激励政策的制定、颁布、实施、监督、总结等相对完整的工作环节，但还是缺少对人才激励客体受激励程度和状态的动态跟踪分析、持续干预改善这最后一环，没有形成人才激励体系的闭环管理。

人才激励政策最终是通过激发受激励者的心理和行为发挥作用，人才激励政策的一般性与激励客体心理需求的多样性之间存在一定的差异，不同的

人才对于同样的激励措施受激励的程度不同，人才在不同的成长阶段对激励政策的心理感受也会有所不同，因而发挥工作积极性和创造性的程度也不同。

人才激励体制的最好效果应该是尽可能使每个人才在更大程度上和更长时段中受到激励。因此，应利用现代数字技术，建立人才激励的数据化管理平台，对人才受激励状态进行监测、分析、反馈、干预改善，进而不断提升人才的内驱力，最大限度地挖掘人才创新创造的潜能，最终实现人才激励政策实施效果的持续提升。

### （四）人才发展环境质量有待进一步提升

人才发展不仅有赖于人力激励体制本身的健全高效，对人才发展环境中的各种经济、技术、人文等方面要素的质量也有相应要求。良好的社会经济环境可以提高人才吸引力，可以为人才提供更好的就业机会、更多的成长机会、良好的归属感、较高的社会认同度、更好的生活环境、更好的子女教育条件等，能够充分满足人才激励的多层次需求。

关于社会经济发展环境质量的评价，已被世界各国广泛认同的是世界银行每年一次评价发布的《全球营商环境报告》，该报告在我国也已经获得了政产学研各界的高度关注和广泛应用。《全球营商环境报告》发布的营商（doing business）环境指数主要是为了衡量经济体内的中小企业在生存发展过程中可能遇到的问题的解决效率的高低，但我国构建的评价指标体系已经包含了自然环境、基础设施、市场环境、政务环境、法律政策环境、人文环境等众多因素以及政府作为责任主体建设和改善多元社会环境的主体视角，因此，可以用来作为评价人才发展环境质量的依据。

云南财经大学的钱音对2018年全国31个地区营商环境评价分析的数据显示，河北省营商环境指数为52.55（北京市81.61，天津市67.39），排第12位；河北省市场化指数为6.42（北京市9.14，天津市9.78），排第20位。[①]

---

[①] 钱音：《中国31个地区营商环境评价及影响因素分析——基于充分降维方法》，硕士学位论文，云南财经大学，2021。

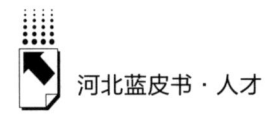

这两项数据表明，河北省人才发展环境总体质量还不够理想，尤其是在市场化程度方面存在比较严重的问题。

### （五）存在人才流失现象

相关数据说明，2015~2019年，河北省在总人口持续增加的同时，参与研发的R&D人员并没有相应增加，甚至在2018年减少了1.67万人，2019年虽有所回升，但依然没有达到2017年的数量（见表4）。这说明河北省存在比较严重的人才流失问题，其中R&D人员的流失问题突出。在全国"抢人才"大战如火如荼之际，存在人才流失问题值得高度警觉。一方面需要耗费巨大的人力物力去吸引人才进来，另一方面却不能够通过有效的激励措施留住人才，用好人才，造成了引人、用人的双重浪费，致使人才管理的效果受到严重影响。

表4 2015~2019年河北省人才数量变动

单位：万人

| 年份 | 2015 | 2016 | 2017 | 2018 | 2019 |
| --- | --- | --- | --- | --- | --- |
| 年末总人口 | 7425 | 7470 | 7520 | 7556 | 7592 |
| R&D人员 | 16.40 | 17.56 | 18.57 | 16.90 | 18.32 |

资料来源：2016~2020年《中国统计年鉴》。

人才流失问题表明在人才使用过程中，人才感受到的激励程度不够，甚至是存在负向感受。激励本质上是一个通过激发人的心理动机进而触发其积极行为的人才管理过程。显然，在人才流失现象中，人才的心理状态已经不仅仅是能否充分发挥其工作潜能的问题了，而是出现了非常不满意的心理状态。激励理论中的"激励—保健"双因素理论说明，造成人才流失问题的根本原因是激励过程中的保健因素不够充分，人才心理不满意程度高。因此，解决人才流失问题的关键是首先要针对保健因素采取有效措施，消除人才不满意心理。激励的保健因素通常是指人才对工作收入、工作条件、工作环境等物质待遇方面的需求，河北省应进一步加大对人才的物质激励。

## 三 河北省深化人才激励体制改革的对策建议

### (一) 充分发挥人才工作领导小组作用，完善人才激励机制

在现有人才激励体制基础上，继续坚持党委领导人才工作的基本原则，健全人才工作组织机构，完善人才工作运行机制，充分发挥人才工作领导小组的战略规划、统筹协调、督导实施作用；利用先进的数字技术，在已有的人才信息系统的基础上，建立人才管理系统平台，及时采集人才工作中的各种数据，定期测评分析人才满意度水平，分析测算人才成本、人才政策效能等指标数据，跟踪监测、分析评价、干预改善人才激励效果，实现人才激励的动态化、数据化管理，提升人才激励数据化水平。

### (二) 建立河北省人才激励比较优势

河北省环接京津两地，在人才发展方面总体上一直处于劣势地位，但随着京津冀协同发展战略的实施，河北省人才发展迎来重大机遇，河北省应该抓住机遇，精准定位，建立与京津两地错位发展、优势互补的人才激励比较优势。

#### 1. 河北省人才发展的比较优势

与京津两地相比，河北省的人才发展存在一定的劣势和障碍，主要表现为：河北省在经济、科技、文化等方面的发展水平与京津两地存在较大差距；河北省的工资水平和福利待遇远低于京津两地，导致河北省整体上人才激励中最基础的物质激励水平严重不足；京津冀三地的人才管理体制、人才的服务保障体系存在差异，且河北省处于不利位置，致使三地人才合理的有序流动、人才互动共享机制的建立受到阻碍。

尽管河北省人才发展存在如上所述的相对劣势，但河北省同时存在人才发展的比较优势，主要表现为：河北省人才总量丰富，尤其是一般层次的人才资源存量较大；河北省各层次水平的技能人才无论从数量上还是从质量上都有比较大的优势。

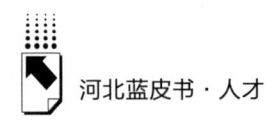

**2.建立河北省人才激励比较优势的对策**

关注人才发展差异性，建立河北人才激励比较优势。京津冀三地经济发展程度和发展重点领域不同，人才需求和人才存量结构也存在差异性。

从产业发展对人才需求的差异性来看，三地经济发展对人才的需求存在着明确的地区差异。河北省人才激励的重点应该与本省经济发展需要相匹配，应制定有河北特色的引人用人政策，而不是与京津两地展开趋同化人才竞争。根据《京津冀三地中长期人才发展规划纲要（2010—2020年）》，北京对人才资本的需求主要集中在教育、科技、文化、艺术等领域，天津重点发展的是电子信息、现代医药等先进制造业以及临港重化工业；河北省对人才的需求主要集中在钢铁、装备制造、石油、医药、电子信息、生物制药、新能源新材料、交通运输等领域。从人才存量结构上看，河北省人才资源最为丰富的是一般人才和技能人才。河北省应该尽量避免与京津两地采用趋同的人才激励措施，根据河北人才需求和存量特征，建立完善具有河北特色的人才激励体制，加大对一般人才和技能人才的激励力度，充分激活存量人才的创新创造活力。

**（三）加大对一般人才的激励力度**

一般人才是河北省人才存量中占比最大的人才，又是河北省激励不够充分的人才。在不断加强对高层次人才激励的同时，河北省应进一步加大对一般人才的激励力度。

一是大力加大物质激励的力度。双因素激励理论认为，物质激励通常属于激励中的保健因素，物质激励不充分，受激励者会产生不满意的心理状态，难以产生激励效应，甚至即使再同时使用其他的激励措施也很难作用于激励对象。长期以来，河北省的人均收入水平一直处于全国平均水平之下，更低于京津两地，这是河北省人才激励上明显的痛点，也是人才流失的最直接原因。河北省应尽力提高各层次人才的工资及福利待遇，不断加大对人才的物质激励力度。

二是加大人才的培养激励。人才不断成长、取得成就的需要也是激励的重要因素，能够获得奖励、成为标杆的人才毕竟是少数，而在工作中不断成长是每个人才的追求。河北省人才结构中高层次人才稀缺，一般人才存量大，不能仅仅依靠加大人才吸引力度去外部寻找人才，需要加大培养力度，使更多的一般人才快速成长为高层次人才。一方面通过正式的学校培养，另一方面通过工作中的项目、人才合作等多渠道多平台培养，为人才提供更多的成长机会和更大的成长空间，使得现有人才在不断成长中获得激励，在不断取得成就中获得满足。为此，河北省需要进一步大力提高省内高校的办学质量、扩大办学规模，为人才培养提供基本保障。同时，要继续加强与省外尤其是京津两地的高校和科研机构的人才培养、项目合作，为河北省人才培养提供更多机会。

三是提高人才考评质量，改善人才考评和选拔晋升的激励效果。打破"唯论文、唯帽子、唯职称、唯学历、唯奖项"等樊篱，回归人才评价本质，建立以工作业绩、能力为导向的人才考评制度，继续深化职称评聘、职业技能等级认定等制度的改革，为人才的考核、评价、选拔、晋升提供客观公正的比较基准，使人才的考核、评价、选拔、晋升成为选人用人过程中有效的激励手段。

四是加大服务保障激励力度。服务保障因素也是人才激励中的重要因素，是否能够满足人才及其家人在居住、交通、子女入学等方面的需要，是人才激励中必须关注的重要内容，甚至河北省高考难度已经成为许多人才在决定去留时的重要考量因素。河北省应进一步深化服务意识，在住房、家属安置、子女入学等方面给予人才更多的便利，解决人才的后顾之忧，提升人才的满意度。

### （四）进一步提升人才发展环境质量

一是进一步优化营商环境。河北省应进一步加大简政放权力度，提高人才管理服务的社会化、市场化程度。在坚持"简政放权、总量控制、灵活高效、竞争择优"基本原则的基础上，建立灵活的用人机制，落实和扩大用人单位的用人自主权，充分调动用人单位作为激励主体的积极性和能动性。

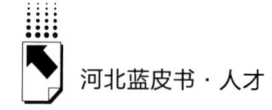

二是抓住京津冀协同发展战略机遇，为河北省人才发展创造有利环境。以京津冀协调发展战略的实施为契机，大力推进已初步建立的京津冀人才协同发展机制在河北省的落地运行，包括人才合作协调机制、人才共引共育机制、高层次人才共享共用机制和以政府为主导的人才交流机制等，为河北省人才发展创造更为有利的环境。

三是营造尊重知识、尊重人才的社会环境。尊重知识、尊重人才从深化政府部门的"放管服"改革开始，不断增强对人才的服务保障意识，并利用现代媒体技术，采取多种形式大力宣传人才激励政策，彰显人才对社会的巨大贡献，提高人才的荣誉感，在全社会形成尊重人才、追星人才的社会氛围，激励人们向人才学习，向成为人才而努力。

**参考文献**

王建强：《河北人才政策体系现状及创新对策》，《经济论坛》2009年第21期。

林泽炎：《以提高人才效能为重点开发人才》，《中国组织人事报》2014年7月21日。

王明帆：《基于京津冀一体化的河北省人才资本有效开发途径研究》，硕士学位论文，天津大学，2017。

和丽芬、梁书娟：《河北省人才流失现状、根源及突破路径研究——基于京津冀协同发展》，《现代商贸工业》2019年第25期。

邸晓星、徐中：《京津冀区域人才协同发展机制研究》，《天津师范大学学报》（社会科学版）2016年第1期。

# B.16
# 河北省劳动年龄人口现状分析及未来变动趋势研究

赵 萌[*]

**摘 要：** 国民经济的稳定运行受劳动资源的数量、素质及结构影响。目前，河北省正处于爬坡过坎、转型升级的攻坚时期，省委、省政府提出汇聚正能量，走绿色崛起之路。本报告利用七次全国人口普查数据，描述河北省劳动年龄人口的变动特征，并探讨了产生相关变化的原因，以及未来变化趋势，并提出改善河北省人口结构的政策建议。研究显示，河北省劳动年龄人口规模和比重呈下降趋势；劳动年龄人口文化素质持续提高，但增速放缓；劳动年龄人口负担加剧；劳动年龄人口数量地区分布不均。在当前社会环境下，常住人口规模、人口结构变化、政策及人口环境均会影响河北省劳动年龄人口规模。结合当前经济形势及人口政策，本报告认为未来河北省劳动年龄人口供给总量矛盾将有所减缓、文化素质水平将持续提高。在以上背景下，提出了加大生育政策配套措施调整力度、全面加强教育事业、尽快启动延迟退休政策部分试点并有效挖掘老年人口资源四方面的对策建议。

**关键词：** 劳动年龄人口　人口结构　河北省

---

[*] 赵萌，河北省社会科学院人力资源与劳动经济研究所研究实习员，主要研究方向为劳动经济。

河北省环绕京津，是全国重要的交通枢纽省份。借力京津，河北省逐渐成为我国北方最大的城市化区域的重要组成部分，吸引着大量的劳动年龄人口前来就业和学习，对全国的经济发展起着至关重要的作用。2020年河北省常住人口总数居全国第六位。作为人口大省，河北省为推动高质量发展，始终以实现全省更充分更高质量的就业作为重要举措。然而，在人口老龄化背景下和新冠肺炎疫情的冲击下，人口年龄结构变化已经成为全世界各国普遍面临的问题。党的第十九届中央委员会第六次全体会议审议通过的《中共中央关于党的百年奋斗重大成就和历史经验的决议》中指出，要实施就业优先政策，推动实现更加充分、更高质量的就业。研究河北省劳动年龄人口结构以及未来变化趋势，对河北省实现高质量就业和经济可持续发展具有重要的意义。

## 一 河北省劳动年龄人口结构现状及趋势分析

### （一）劳动年龄人口规模和比重呈下降趋势

河北省第七次全国人口普查数据显示，截至2020年11月1日零时，河北省全省常住人口为74610235人，和2010年11月的第六次全国人口普查数据相比，河北省常住人口总量增长了3.84%。然而，河北省常住人口的年平均增长率从第四次全国人口普查开始即逐次下降，2020年河北省第七次全国人口普查的年平均增长率较第四次全国人口普查年平均增长率减少了1.41%。总的来说，河北省常住人口数量增速放缓，处于缓慢增长态势（见图1）。

本报告依照国际规则，将15~64岁的人口视为劳动年龄人口。综合历次全国人口普查数据，河北省劳动年龄人口数量在2010年达到峰值，为5384.14万人。前六次人口普查数据显示，河北省劳动年龄人口数量逐渐增加，但2020年河北省劳动年龄人口数量较2010年减少了470.81万人。通过分析历次全国人口普查中河北省劳动年龄人口数的变化情况发现，在

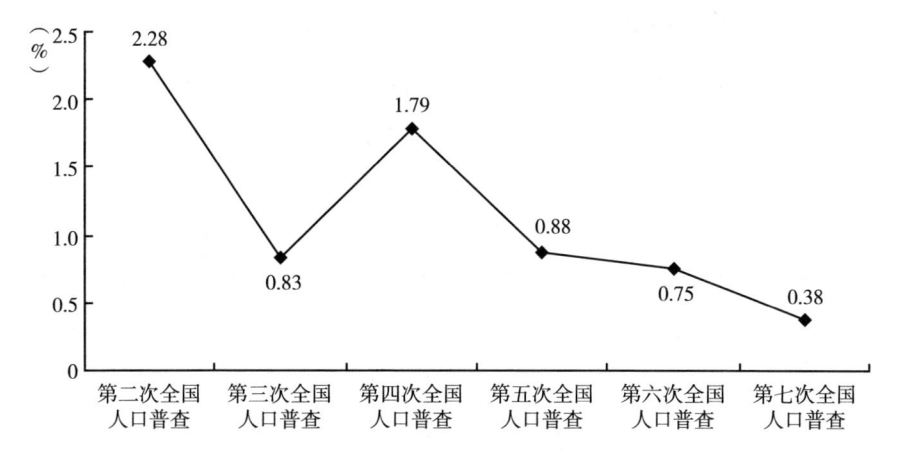

# 河北省劳动年龄人口现状分析及未来变动趋势研究

图1 2020年河北省常住人口年平均增长率

资料来源：历次全国人口普查。

1982年的第三次全国人口普查中，河北省劳动年龄人口较第二次全国人口普查有了大幅度增长，增长率为56.92%，但从2000年第五次全国人口普查起，河北省劳动年龄人口增长率呈下降趋势，在2020年第七次全国人口普查中劳动年龄人口数为负增长，增长率为-8.74%（见图2）。

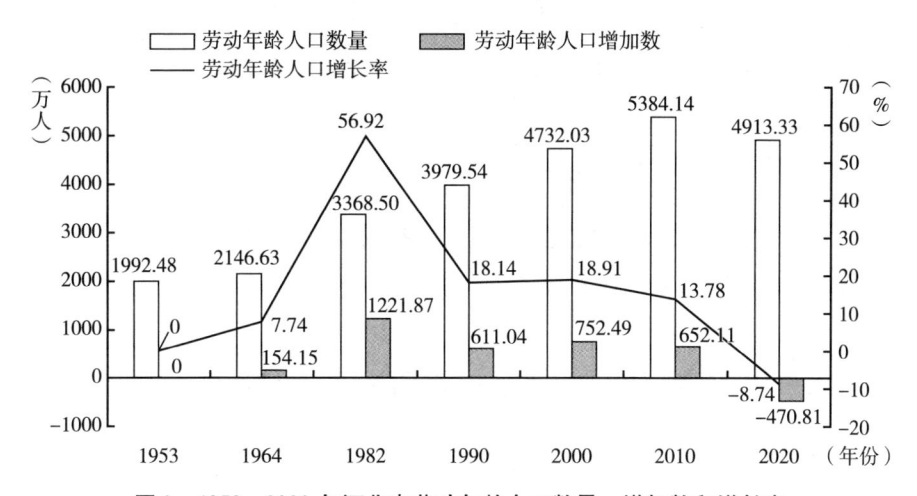

图2 1953~2020年河北省劳动年龄人口数量、增加数和增长率

资料来源：历次全国人口普查。

通过对河北省历年常住人口数量的分析，发现1953～2010年，河北省劳动年龄人口数量和常住人口数量处于同步增长态势，2010～2020年，河北省劳动年龄人口数量与常住人口数量变化趋势相反，常住人口数量增加了275.60万人，劳动年龄人口数量减少了470.81万人。

当区域内的劳动年龄人口占常住人口比重较高时，当地的人口活力较强，会直接促进地区经济快速发展，释放人口红利。1953～2010年，随着河北省常住人口的增加，其劳动年龄人口数量也在不断增加，其比重也在1964～2010年逐渐增加，为河北省带来较大的人口红利。但2020年第七次全国人口普查数据显示，河北省劳动年龄人口占常住人口比重出现了下降趋势（见图3），这预示着河北省的人口红利正在逐渐消失。

**图3 1953～2020年河北省常住人口总量、劳动年龄人口数量及比重**

资料来源：历次全国人口普查。

### （二）劳动年龄人口文化素质持续提高，但增速放缓

根据劳动年龄人口的受教育情况可以判断其整体质量水平，一般情况下，二者成正相关关系，也就是说，劳动年龄人口的整体质量水平随着其受教育程度的增高而增高，一般情况下，其对经济和社会的贡献也越大。我国选择16～59岁年龄段的劳动力受教育年限代表劳动年龄人口平均受教育年

限,该指标能够客观反映我国劳动年龄人口的素质情况,其中教育类型囊括普通教育和成人学历教育,但是非学历培训不包括在其中。

由于所得数据有限,本报告结合河北省历次全国人口普查数据、《河北省教育事业发展"十四五"规划》和《河北省人口发展规划(2018—2035年)》中劳动年龄人口的平均受教育年限数据分析河北省劳动年龄人口的文化素质程度变化趋势。

2020年第七次全国人口普查数据显示,全国31个省(区、市)中,15岁及以上人口的平均受教育年限大于10年的省(区、市)有13个,9~10年的有14个,小于9年的有4个。河北省15岁及以上人口的平均受教育年限2010年为9.12年,2020年提高至9.84年,全国排名从2010年的第16名变为2020年的第17名。河北省16~59岁劳动年龄人口平均受教育年限2010年为9.64年,2020年提高至10.62年。《河北省人口发展规划(2018—2035年)》显示,2017年河北省16~59岁劳动年龄人口平均受教育年限为10.40年(见图4)。2020年河北省劳动年龄人口平均受教育年限比2010年增长10.17%,比2017年增长2.12%,年平均增速由1.09%降低为0.97%。《河北省人口发展规划(2018—2035年)》显示,2018年河北省15~59岁及以上人口平均受

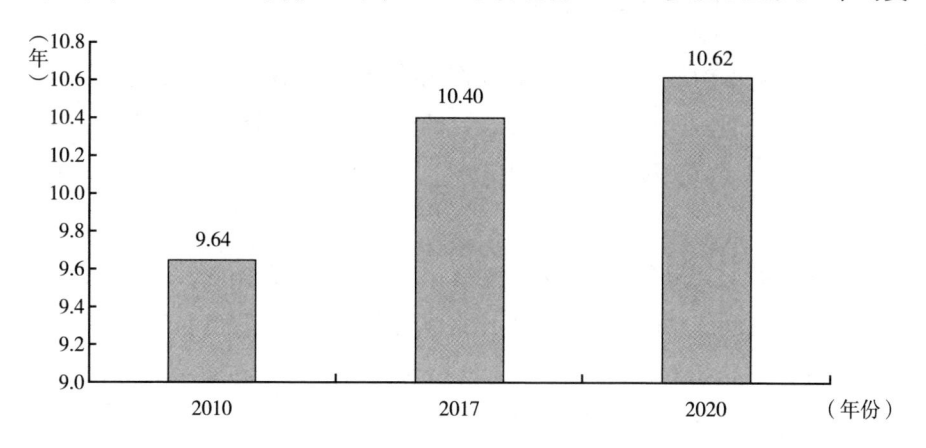

**图4 河北省2010年、2017年、2020年16~59岁劳动年龄人口平均受教育年限**

资料来源:第七次全国人口普查、《河北省人口发展规划(2018—2035年)》。

教育年限分别比2000年和2010年提高37.84%和8.51%（见图5）。《河北省教育事业发展"十四五"规划》中表明，到2025年，河北省劳动年龄人口平均受教育年限将达到11.3年。可见河北省16~59岁劳动年龄人口平均受教育年限处于缓慢增长阶段。

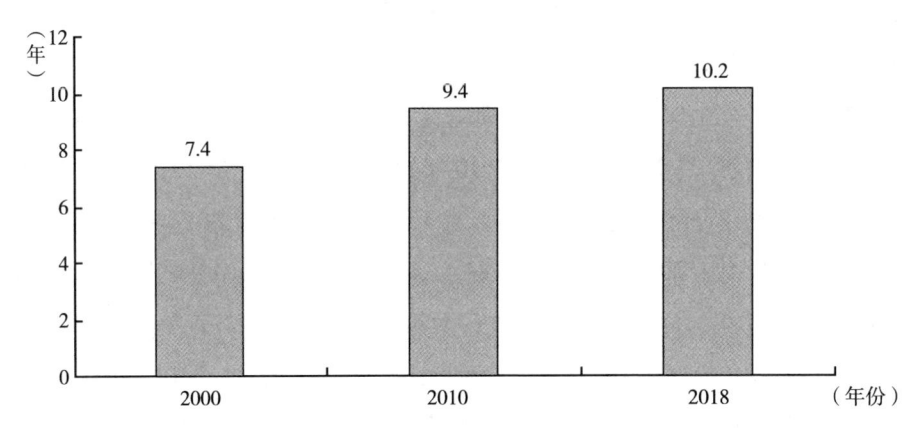

**图5 河北省2000年、2010年、2018年15~59岁及以上人口平均受教育年限**

资料来源：《河北省人口发展规划（2018—2035年）》。

### （三）劳动年龄人口负担加剧

人口年龄结构的改变是一个长期作用的结果，也是一个动态过程，主要决定于一段时期内少儿人口和老年人口的数量。劳动年龄人口的负担，一是来自少儿人口（可用少儿抚养比表示），二是来自老年人口（可用老年抚养比表示）。

老年抚养比是指在一个国家或地区中，某一时间范围内，老年人口与劳动年龄人口之间的比值，老年抚养比是体现人口老龄化程度和劳动力状况的综合指标。少儿抚养比也称为少儿负担系数，指的是在某一时间范围内，0~14岁人口占15~64岁劳动年龄人口的比例。

结合历次全国人口普查数据，可以得到河北省第五次全国人口普查至第七次全国人口普查的老年抚养比和少儿抚养比（见图6）。

2000~2010年，河北省总抚养比呈下降趋势，从42.51%下降至

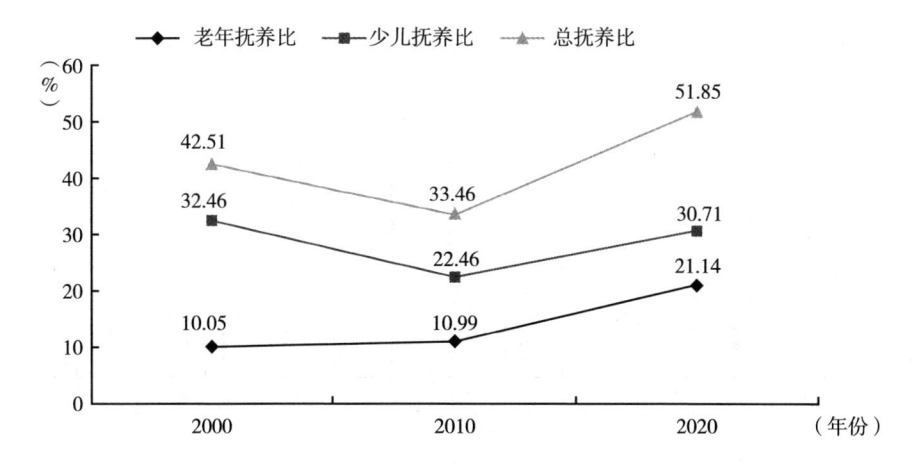

图6 2000~2020年河北省老年抚养比、少儿抚养比和总抚养比

资料来源：第五次至第七次全国人口普查。

33.46%，相当于每100名劳动年龄人口大致要负担33.46名非劳动年龄人口，其中少儿抚养比从32.46%下降至22.46%，老年抚养比从10.05%上升至10.99%。2010~2020年，河北省总抚养比呈上升趋势，从33.46%上升至51.85%，相当于每100名劳动年龄人口大致要负担51.85名非劳动年龄人口，其中，少儿抚养比从22.46%提高到30.71%，老年抚养比从10.99%上升至21.14%。可见，河北省劳动年龄人口负担呈加剧态势。

### （四）劳动年龄人口数量地区分布不均

结合第七次全国人口普查数据和计算公式，可得河北省14个地区的劳动年龄人口占常住人口的比重（见图7）。

其中，2020年14个地区的劳动年龄人口全部超过本地区常住人口的60.00%，9个地区的比重超过当地常住人口的65.00%，石家庄劳动年龄人口比重最高，为70.00%，其次为秦皇岛（69.05%）、邯郸（68.59%）、廊坊（68.50%）和承德（68.20%）。劳动年龄人口占常住人口比重最低的地区为邢台，为62.93%，较比重最高的石家庄低7.07个百分点，河北省劳动年龄人口占常住人口比重存在地区差距。

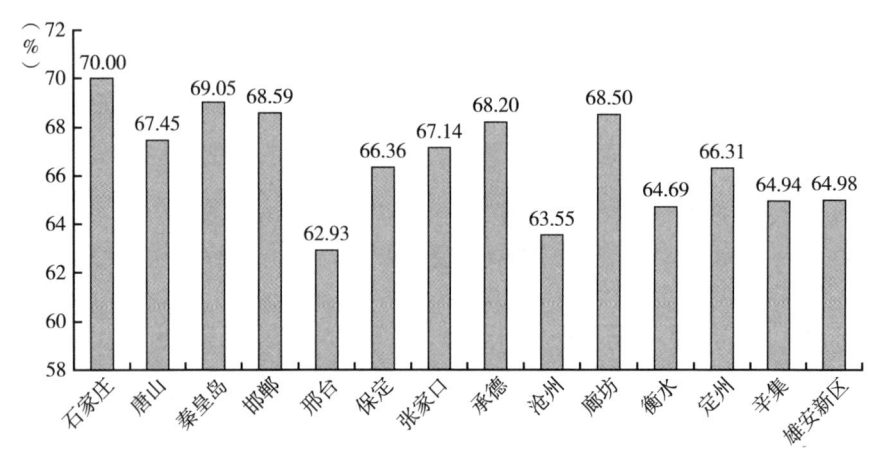

图 7 2020年河北省劳动年龄人口占常住人口比重

注：石家庄市不含辛集市数据，保定市不含定州市、雄安新区数据。
资料来源：第七次全国人口普查。

## 二 影响河北省劳动年龄人口变动的因素分析

河北省环绕天津和北京，北临辽宁和内蒙古，西临山西，南临河南和山东，东临渤海，劳动年龄人口的流动率很高。本报告从人口规模、人口转移、人口迁移流动和劳动参与率等方面探讨了河北省劳动年龄人口的变化。

### （一）常住人口的变动对劳动年龄人口的影响

常住人口是劳动年龄人口的基础，劳动年龄人口数量受常住人口数量的影响。河北省七次全国人口普查数据显示，河北省常住人口和劳动年龄人口数量变化趋势大致相同（见图8）。

1953年河北省的常住人口为3307.57万人，到2020年常住人口达到7461.02万人，增长了125.57%，平均每年增加61.99万人左右。1953～2020年，河北省劳动年龄人口数量从1992.48万人增加到4913.33万人，涨幅达到了146.59%，平均每年增加43.59万人。可见二者变化趋势基本相同，河北省劳动年龄人口规模受常住人口规模变化的影响。

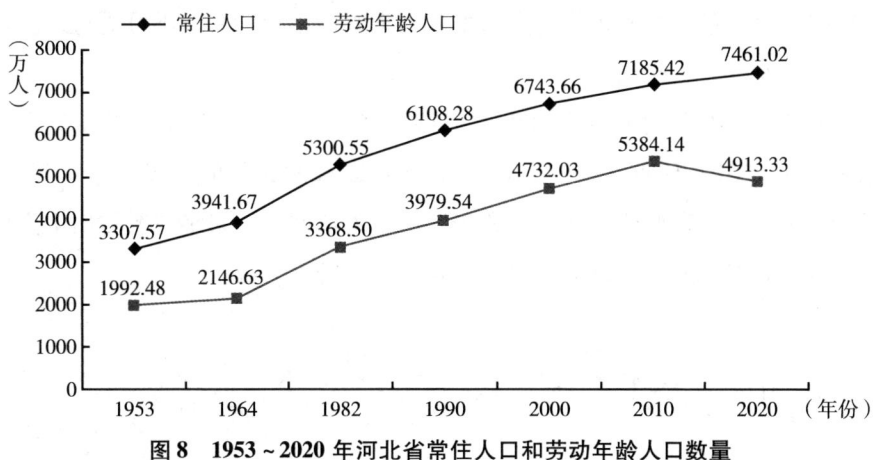

图8 1953~2020年河北省常住人口和劳动年龄人口数量

资料来源：历次全国人口普查。

## （二）人口结构变化对劳动年龄人口的影响

法国学者 A. Landry 曾在《人口革命》中提出人口年龄转变的发展过程，系统概括了人口发展的三阶段理论。[①] 第一阶段是原始阶段，在工业革命之前，其生产力发展水平较低，科技不发达，人口结构呈现高出生率、高死亡率、低增长率特征；第二阶段是中期阶段，工业革命的到来使得生产力水平大幅度提升，人们的生产和生活方式发生了较大的变化，为了提高生活水平，晚婚晚育较为普遍，人口结构呈现低生育率、低增长率特征；第三阶段是现代阶段，伴随着技术革命，经济社会蓬勃发展，社会保障制度逐渐完善，医疗卫生条件大幅度提高，人口结构呈现低死亡率、低生育率、低自然增长率的"三低"状态。根据 A. Landry 的理论，结合河北省人口结构发展现状，河北省人口结构正处于现代阶段的"三低"状态。

**1. 出生人口影响劳动年龄人口数**

出生人口的规模对劳动年龄人口会产生影响。0~14岁人口的规模表示

---

① 王渊明：《现代化与人口转变理论》，《东方论坛》1995年第1期。

未来进入劳动年龄组的人数。当出生队列进入劳动年龄时,不可避免地会对劳动年龄人口产生连锁反应。

2017~2019年河北省人口出生率持续降低,这意味着河北省新生人口持续减少。2019年河北省出生率达到19年以来的最低值(见图9)。假如河北省人口出生率继续下降,就意味着出生人口减少,未来新增的出生人口转化为劳动年龄人口,将会影响河北省劳动年龄人口数。

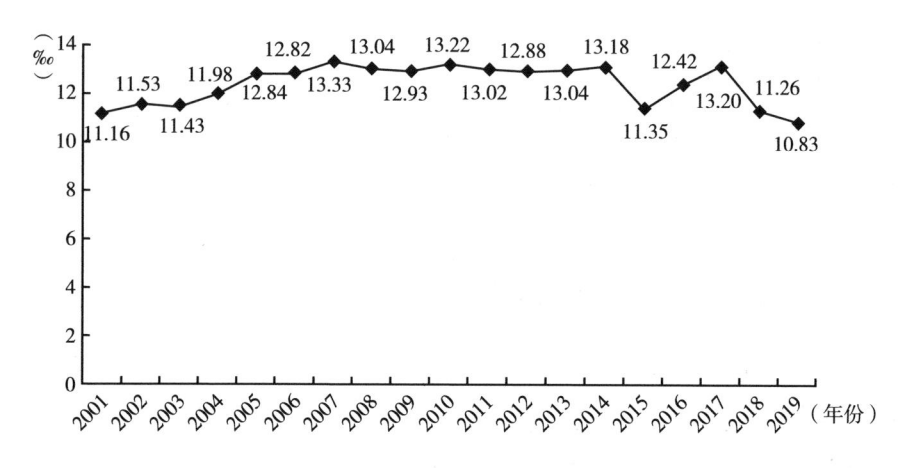

**图9 2001~2019年河北省人口出生率**

资料来源:国家统计局,https://data.stats.gov.cn/easyquery.htm?cn=E0103。

### 2. 人口自然增长率影响劳动年龄人口数

2000年河北省劳动年龄人口为4732.03万人,占常住人口的70.17%;2010年河北省劳动年龄人口为5384.14万人,占常住人口的74.93%;2020年河北省劳动年龄人口为4913.33万人,占常住人口的65.85%。2000~2010年,河北省劳动年龄人口增加652.11万人,增幅为13.78%;2010~2020年,河北省劳动年龄人口减少470.81万人,降幅为8.74%。

分析可得,河北省2000~2020年劳动年龄人口数量先增加后减少,而河北省人口自然增长率2000~2010年总体呈增长态势,2010~2019年波动降低(见图10),两者变化趋势基本相符。故本报告认为,河北省的劳动年龄人口数量的变动和本省人口的自然增长率成正相关关系。

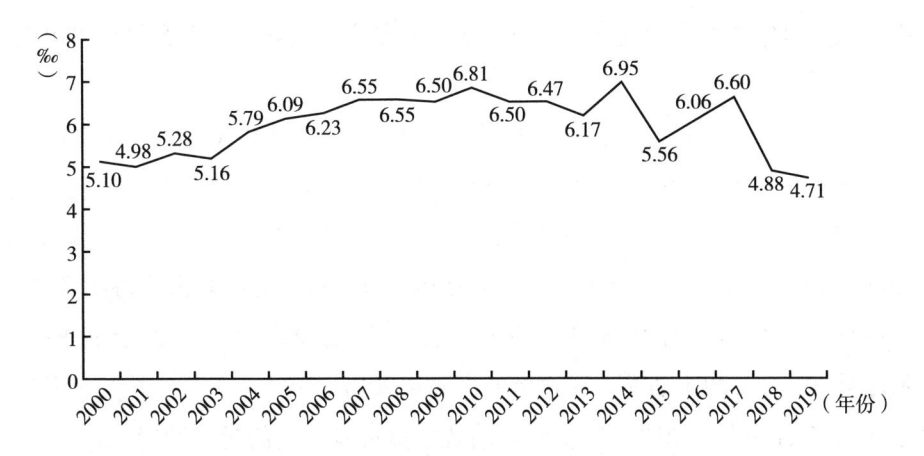

图10 2000~2019年河北省人口自然增长率

资料来源：河北省统计局，http://hebei.hebnews.cn/2016~03/02/content_5369651.htm。

#### 3.户籍人口迁移流动

《中华人民共和国户籍登记条例》规定，户籍人口是指在其常住户口的户籍管理机关登记为常住户口的公民。无论他们是否外出，这类人口都是在某个地方登记为永久居民，并在该地区登记居住。据测算，京津地区是全国范围内吸纳人口最多的地区之一，[①] 河北省临近京津地区，社会经济发展受发达地区补给及影响，迁移人口作为扰乱因素会影响劳动年龄人口的变化。

### （三）政策及人口环境对劳动年龄人口的影响

#### 1.劳动力资源后备充足

人口年龄结构的变化影响经济社会发展。人口年龄结构又称人口年龄构成，主要是指各年龄组在总人口中所占的比例。劳动年龄人口占比较大，则劳动力供应充足。如果老年人口占比较大，劳动力供应就会减少。可以理解为，总人口中，0~14岁人口占比较大，则意味着该国家或地区未来潜在劳动力人口规模较大，劳动力资源储备充足，此国家或地区人口年龄结构属于年轻型，劳动力供给将出现持续增长的态势。如果65岁及以上人口占比大，

---

① 路琪、周洪霞：《人口流动视角下的城镇化分析》，《宏观经济研究》2014年第12期。

则表示人口年龄结构趋向于老年型,劳动年龄人口衰减,劳动力供给将出现减少的态势。

2016年1月1日,我国全面放开"二孩政策"。根据2016~2019年河北省抽样调查数据,2016~2017年,河北省0~14岁人口占抽样人口比重下降了0.50个百分点,2017~2019年占比逐年上升,2019年0~14岁人口占比比2017年增长0.87个百分点。2017~2019年,河北省少儿人口占比持续升高,这说明"二孩政策"的实施对河北省生育率的提高起到了一定的激励作用。但综合2016~2019年数据,该群体的占比在2016~2017年呈下降趋势,下降了0.50个百分点,说明政策实施后的效果显现有一定的延迟性(见图11)。再加上河北省少儿人口占常住人口比重在历次全国人口普查中均高于老年人口比重,故本报告认为河北省劳动力资源后备充足。

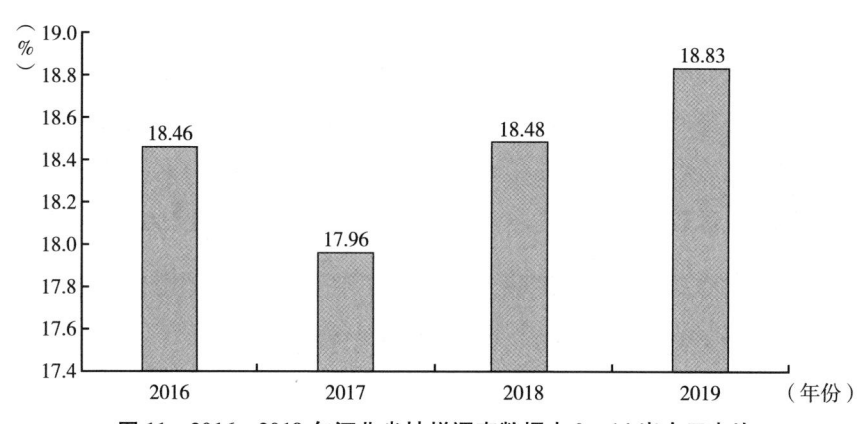

图11 2016~2019年河北省抽样调查数据中0~14岁人口占比

资料来源:国家统计局,https://data.stats.gov.cn/easyquery.htm?cn=E0103。

**2. 人口老龄化现象严峻**

人口老龄化问题作为现代化进程中人与社会关系发展到一定程度后的新矛盾、新表现,不仅将对中国社会产生一系列深远影响,作为普遍性问题更是世界各国乃至人类社会发展的重大瓶颈。

从全国范围看,2010~2020年,60岁及以上人口占比上升了5.44个百分点,65岁及以上老年人口占比达到了13.5%,全国范围内老龄化加剧,其规模和程度前所未有。据预测，2022年我国将会进入深度老龄化社会，2033年会进入超级老龄化社会。[1] 人口老龄化是现代化的必然结果，而现代化进程中社会内部形态的变化才是造成人口老龄化的原因。[2]

综合分析发现，河北省0~14岁人口在1953~1990年稳定增长，在1990~2010年大幅度下降，减少了564.54万人；河北省65岁及以上人口在2010年前总体稳步增加，2010~2020年，年均增速提高、增长幅度变大（见图12）。根据1956年联合国《人口老龄化及其社会经济后果》确定的划分标准，当一个国家或地区65岁及以上人口占常住人口比例超过7%时，则意味着这个国家或地区进入老龄化。而2020年，河北省65岁及以上人口达到了1038.79万人，占常住人口的13.92%，几乎达到标准比例的两倍，可见河北省的人口老龄化现象严峻。河北省2020年65岁及以上人口占比高达13.92%，比全国65岁及以上人口占比高0.42个百分点，可见全国范围内，河北省属于老龄化程度较深的省份。

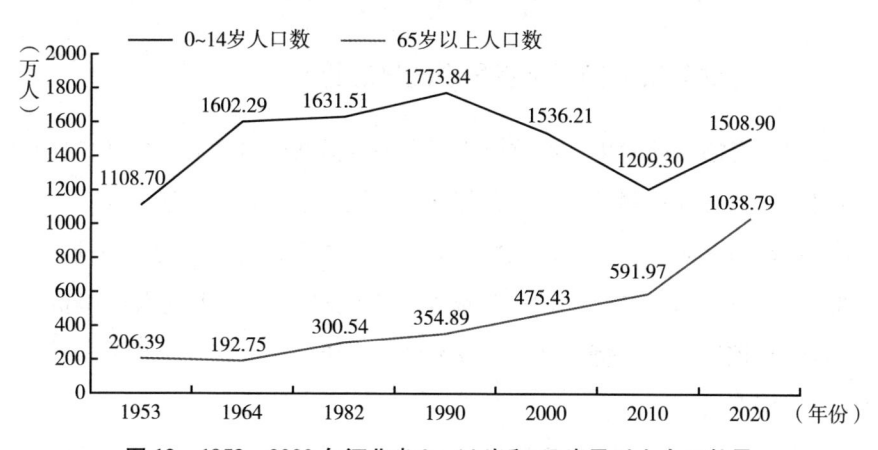

图12　1953~2020年河北省0~14岁和65岁及以上人口数量

资料来源：历次全国人口普查。

---

[1] 《中国总会计师》编辑部：《中国的人口现状和走势》，《中国总会计师》2021年第5期。
[2] 朱翠明：《中国现代化进程中的人口老龄化问题与应对研究》，博士学位论文，吉林大学，2021。

Keyfitz 提出的人口惯性理论指出，当净人口再生率为 1 时，人口年龄结构变化趋向于平衡状态，不易发生改变。① 人口发展惯性使得人口年龄结构的变化成为必然趋势，人口老龄化往往发生在人口转变之后，因为在人口惯性理论下，人口年龄结构加快转变使得老龄化趋势日益显著。经济学家汤普逊提出人口的转变理论指出，人口结构发展可划分为三个阶段，分别是高出生率与高死亡率并存、死亡率下降同时出生率较高以及出生率与死亡率同时下降。老年阶段作为生命周期的最后一段，随着死亡率的下降，老年人口将不断增加。② 结合上述理论分析，人口老龄化是人口转变的趋势，是一种人口转变带来的现实危机。对于劳动年龄人口而言，老龄化带来的养老压力在增加，而未来自然的补给却又略显弱势，如果没有适当的流动人口作为补充力量，势必会影响河北省经济发展的红利。

## 三 河北省劳动年龄人口未来变化趋势分析

### （一）劳动年龄人口供给将呈现向好态势

新冠肺炎疫情的发生，严重影响了人民生活和经济发展。然而，在我们党及时决策的有效控制下，我国大部分地区恢复了正常的生活秩序，进入了疫情防控常态化阶段。受疫情影响，经济增速放缓，人口流动较困难，河北省 2020 年劳动年龄人口较 2010 年减少了 470.81 万人，但随着严格执行常态化疫情防控措施，经济社会生活逐渐恢复生机，预计河北省劳动年龄人口供给情况将有所好转。

2020 年，河北省常住人口数为 7461.02 万人，较 2010 年增加 275.60 万人，年均增长率为 0.38%；2020 年河北省劳动年龄人口数为 4913.33 万人，较 2010 年减少 470.81 万人，年均增长率为 -0.87%，虽然劳动年龄人口数呈负增长，

---

① Keyfitz, N., "Introduction to the Mathematics of Population: With Revisions," *Journal of the American Statistical Association* 331 (1970).
② 武赛:《我国人口老龄化对经济增长的影响》,《河北企业》2019 年第 11 期。

但是常住人口数年均增长率为正数。常住人口数量是劳动年龄人口数量的基础，河北省常住人口数量增加，劳动年龄人口供给状况将呈现向好态势。

### （二）劳动年龄人口文化素质将持续提高

首先，国家统计局数据显示，2015~2020年，河北省普通高校数量稳步增长，由118所增加到125所，且在"2020中国大学排名100强"中，有3所河北省高校入围，可见河北省高校的数量和质量都在稳步提高。

其次，河北省"十四五"规划强调实施创新人才推进计划，大力引进河北省急需的"高精尖缺"高层次人才和创新创业团队。实施"名校英才入冀""春晖人才"等重大引智计划，实施科技卓越人才国际培养计划等人才引进交流计划，聚拢一批具有国际影响力的科技领军人才和优秀研究群体。搭建人才集聚平台，打造区域人才集聚高地，与国内知名大学、科研院所共同打造一批产业研发中心，创新人才招引机制，设立"京津籍人才'冀漂'日"，多渠道引进京津高端智力资源。以上举措将有效提高河北省劳动年龄人口整体素质水平。

## 四　实现高质量劳动年龄人口结构的对策建议

### （一）进一步加大生育政策配套措施调整力度

长期以来，我国实行计划生育政策，但随着"单独二孩政策"和"全面二孩政策"相继在全国范围内正式实施，生育政策得到了实质性放松。河北省2001~2019年的人口出生率较为稳定，生育政策的效果显现不大，这是因为在家庭资源有限的情况下，家庭对子女的人力资本投入很有可能存在"数量质量权衡"，即生育政策的放松对我国人力资本积累形成了新的挑战。据统计，"二孩政策"在效果上遇冷，低生育和少子化会造成年轻人口储备不足，人口生态失衡会成为一个新的人口问题。[1]

---

[1] 穆光宗：《优化生育：低生育人口问题的源头治理》，《中国浦东干部学院学报》2019年第3期。

本报告认为，在传统生育观念背景下，应从提高女性社会地位和解决女性就业歧视入手，改变重男轻女、传宗接代的生育理念，避免职场生育歧视，减少劳动年龄女性的后顾之忧，优化生育，提高劳动年龄人口的整体素质水平，通过对生育行为的适度调控达到使人口适应社会生产力发展水平的目的。另外，积极开展适龄单身男女的交友活动，将会是避免部分适龄婚育人口晚婚晚育的有效举措。加大河北省生育政策的调整力度，有效促进新生人口数量增加，对提高河北省劳动年龄人口后备储蓄力量具有重要的意义。

## （二）全面加强教育事业

教育是百年计划的基础。《河北省教育发展"十四五"规划》提出，到2025年，河北省劳动年龄人口平均受教育年限将提升为11.3年。但数据显示，发达国家劳动年龄人口平均受教育年限早已经达到12年以上，其中美国为13.4年，英国为14.0年。[1] 以我国当前的水平来看，虽然人力资本已经得到了迅速发展，但是教育和健康人力资本依然有较大的提升空间，特别是与发达国家之间的差距还很明显。要改善我国整体的人力资本水平，增加人力资本积累，关键在于提高对儿童和青少年的人力资本投入。[2]

2011~2019年的数据显示，河北省高校数量呈波浪式上升趋势，远超过北京市和天津市的高校数量（见图13），但是2019年河北省122所高校中，本科61所、专科61所，教育部发布的"双一流"大学只有河北工业大学1所，且坐落在天津市，而北京市"双一流"大学有34所，天津有5所。可见，和发达地区相比，河北省普通高等学校的建设质量还存在一定差距，这直接影响了河北省育才、引才的能力，且容易造成劳动年龄人口流失。

---

[1] 李东阳：《人口结构变动对区域产业结构升级差异的影响研究》，博士学位论文，辽宁大学，2021。

[2] 周颖：《二孩政策与城镇家庭人力资本投资》，博士学位论文，西南财经大学，2019。

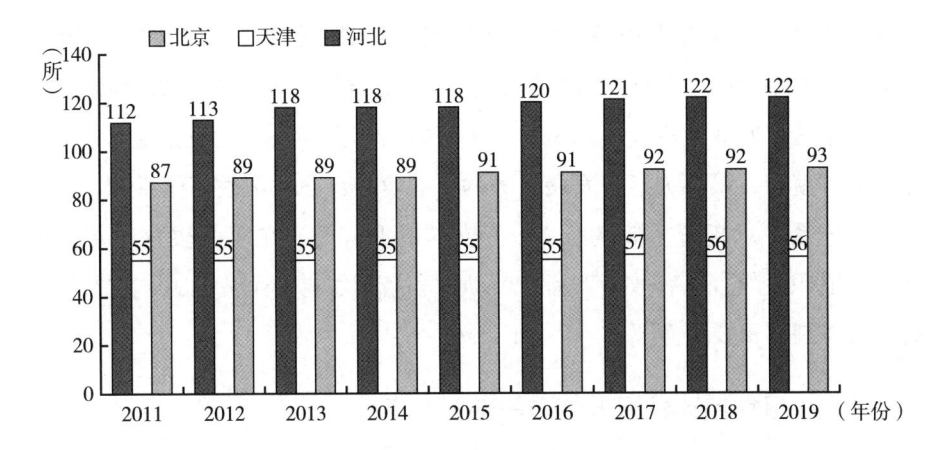

图 13　2011～2019 年河北省、北京市、天津市普通高等学校数

资料来源：国家统计局，https：//data.stats.gov.cn/easyquery.htm?cn=E0103。

在产业转型升级和经济结构调整的大背景下，我国对专业技能人才的需求逐渐加大，2019 年国务院发布了《国家职业教育改革实施方案》，开始了全国范围内的职业教育改革。该方案提出，首先，要转变政府在其中的作用，即从主导地位转变为统筹管理地位。其次，针对职业教育办学较为单一的现状，要丰富其办学内容，形成多元化教学体系，并且在改革过程中要着重注意其办学质量。最后，企业和社会在职业教育改革中也要奉献一份力量，承担应尽的责任，大幅提高职业教育的现代化水平，为促进经济社会发展和提高国家竞争力提供优质人力资源支持。[①] 我国职业教育发展总体可以概况为三个阶段，一是 1949～1977 年新中国成立至改革开放前阶段，二是 1978～2019 年改革开放至新中国成立 70 周年阶段，三是 2019 年至今的职业教育改革阶段。但其中第一阶段又可详细划分为三个小阶段，分别是 1949～1956 年过渡阶段、1957～1966 年社会主义建设阶段和 1966～1977 年的"文革"阶段；第二阶段可详细划分成五个小阶段，一是 1978～1989 年内在需求型阶段，二是 1990～1998 年巩固提高型阶段，三是 1999～2009 年

---

① 《国务院关于印发国家职业教育改革实施方案的通知》，中国政府网，2019 年 2 月 13 日，http：//www.gov.cn/zhengce/content/2019-02/13/content_5365341.htm。

深化改革型阶段，四是2010～2016年内涵提升型阶段，五是2017～2019年高质量发展型阶段。我国职业教育在各个历史时期均具有不同的发展目标，但宏观来看，职业教育发展均是为了为国家培养更多人才、培养专业技能人才、促进就业，最终为经济发展服务的。职业教育在我国教育体系和人力资源培养体系中承担着重要的任务。① 故本报告认为，在职业教育改革背景下，发展职业教育将有效培养新生劳动力和培训农村剩余劳动力，这对河北省经济发展有重要的意义。

### （三）尽快启动延迟退休政策部分试点

我国的退休政策可分为五个阶段：一是1949～1965年，实现了从新中国成立前旧的劳动制度向计划体制下新型社会主义劳动制度的转变；二是1957～1965年政策初步定型时期，放宽了退休的工龄要求，降低了退休费标准；三是1966～1977年为政策停滞阶段；四是1978～1992年的政策恢复和改革起步阶段，社会主义市场经济制度逐渐建立；五是1992～2015年适应市场经济要求的改革和完善阶段，大胆和彻底改革不适应市场经济发展要求的劳动就业制度和退休养老制度。② 我国退休政策的发展可谓一波三折，直至今日，我国仍然采用1978年的退休年龄方案，即国家规定的企业职工法定退休年龄为男性职工60周岁以上，女性职工50周岁以上，女性干部55周岁以上，部分特殊行业退休年龄为男工人年满50周岁，女工人年满45周岁。该退休年龄方案显然已经不能适应现今的形势发展变化，必须要进行与时俱进的改革。

劳动年龄人口指的是15～64岁的人口，其中15～24岁的人口群体被视为青年劳动力，25～44岁的人口为中年劳动力，45～64岁的人口为老年劳动力。老年劳动力在劳动力市场中积累了多年的工作经验，尤其是有一技之长、科学文化知识或领导经验的老年劳动力，对经济社会的发展至关重要，

---

① 程宇：《中国职业教育与经济发展互动效应研究》，博士学位论文，吉林大学，2020。
② 和俊民：《基于政策分析视角的中国退休政策改革研究》，博士学位论文，华中科技大学，2018。

落实延迟退休的政策既有紧迫的现实意义,也有维护社会稳定的长远意义。

然而,目前综合研究关于延迟退休政策的民意后发现,由于职业的特殊性、性别差异、劳动年龄人口受教育年限提高以至参加工作时间较晚等原因,个体对延迟退休政策的反应尚未达成一致。本报告认为,在政策出台前应提高民众的参与度,[①] 坚持"小步调整、弹性实施、分类推进、统筹兼顾"[②] 16 字原则,尽快启动延迟退休政策部分试点。

### (四)有效挖掘老年人口资源

如上文所述,河北省目前已经进入了老龄化社会,人口老龄化加剧将增加劳动年龄人口的负担。2020 年,河北省 65 岁及以上的老年人口总数超过 1038 万人,占全省常住人口的 13.92%。若老年人口的占比持续提高,社会的老龄化程度将持续加深,总抚养将比持续走高,人口将呈现"两头承压"状态。在"两头承压"状态下,青年人口的负担加重,晚婚晚育问题将难以得到有效缓解。本报告认为,在当前人口走向态势下,有效挖掘老年人口资源不失为一项缓解劳动年龄人口经济压力和生活负担的有效措施。

《中国城乡老年人生活状况调查报告(2018)》显示,我国低龄老年人(60~69 岁)再就业的意愿较强。[③] 但由于种种原因,我国退休老年人的再就业率不高。[④] 从全球范围来看,日本、德国等发达国家均已进入老龄化阶段。为应对人口老龄化现象,日本率先出台了老年人就业的相关法律,切实保护了退休老年人再就业的权利;德国则是实行弹性退休制度,给老年人根据自己的实际情况做出选择的自由。退休老年人再就业,不仅可以为家庭获

---

① 武俊伟:《延迟退休何以"延迟"?——基于多源流框架的决策议程分析》,《西南大学学报》(社会科学版)2021 年第 3 期。
② 《中共中央关于制定国民经济和社会发展第十四个五年规划和二〇三五年远景目标的建议》,中国政府网,2020 年 10 月 29 日,http://www.gov.cn/zhengce/2020~11/03/content_5556991.htm。
③ 党俊武主编《中国城乡老年人生活状况调查报告(2018)》,社会科学文献出版社,2018。
④ 李光、李红霞:《积极老龄化视域下老年人力资源开发的策略》,《中国成人教育》2020 年第 8 期。

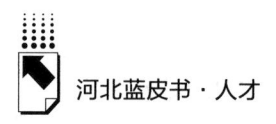

得经济收入，减轻劳动年龄人口的养老负担，也是老年人口实现自我价值、发挥余热的有效手段。开发老年人口资源不仅能有效缓解养老金压力和消除公共安全隐患，而且对于缓解劳动市场供需矛盾有重要的意义。挖掘老年人口资源，是应对老龄化的有效措施。

# B.17 河北省劳动年龄人口变化对经济发展的影响研究

王彦君*

**摘　要：** 第七次全国人口普查数据显示，我国人口总量呈上升趋势，但是劳动年龄人口占比呈下降趋势，人口老龄化速度加快且程度加深。河北省老年群体（65岁及以上人口）的占比高达14%，显然已经进入中度老龄化社会。人口老龄化会导致河北省的城乡收入差距加大、整体劳动生产率下降、社会负担效应加大、"空心村"现象加剧等问题。为了更好地应对人口老龄化趋势带来的影响，本报告从乡村振兴助力劳动年龄人口回流，重视老龄化引起的消费结构变化，促进产业内部优化升级、加大人力资本投入，探索养老新模式，社会保障制度可持续发展，完善生育相关配套措施六个方面提出切实可行的对策，助力河北省更好地应对人口老龄化对经济的不利影响，使得经济健康可持续发展。

**关键词：** 劳动年龄人口　老龄化　河北省

劳动年龄人口变化对经济社会的影响始终是全国乃至全世界面临的具有长期性和复杂性的问题。回顾改革开放初期，经济社会之所以能够快速发

---

\* 王彦君，河北省社会科学院人力资源与劳动经济研究所研究实习员，主要研究方向为人力资源管理。

展,主要是因为劳动年龄人口以平均1.8%的速度增长,大量劳动密集型产业得到飞跃式发展,人口红利优势得到最大限度的展现。然而,第六次全国人口普查和第七次全国人口普查数据显示,河北省2010年劳动年龄人口是老年群体的9.10倍,2020年急速下降到4.73倍,劳动年龄人口数量持续减少,人口结构整体已趋于老龄化。劳动年龄人口减少对经济的冲击是十分明显的。劳动年龄人口变化是影响经济社会发展的关键,为应对劳动年龄人口变化,《中共中央关于制定国民经济和社会发展第十四个五年规划和二〇三五年远景目标的建议》明确提出制定人口长期发展战略、推动产业变革、推动养老事业和养老产业协同发展、培育养老新业态等一系列举措。《河北省养老服务"十四五"规划（2021—2025年）》提出,通过强化人才、资金、法治、医疗、科技五项社会保障要素,满足人口多样化需求。准确把握河北省劳动年龄人口变化趋势。因此,分析劳动年龄人口变化对经济社会发展带来的机会与挑战具有十分重要的现实意义。

## 一　河北省劳动年龄人口供给现状和趋势

第七次全国人口普查中河北省劳动年龄人口在规模、受教育程度、城乡构成三方面呈现以下特征和趋势。

### （一）劳动年龄人口占比下降且下降趋快

**1. 劳动年龄人口总量降低**

2010~2020年,随着河北省人口总量的持续增长,劳动年龄人口的规模却在不断减缩。2020年第七次全国人口普查数据显示,河北省总人口为7461.02万人,劳动年龄人口人数为4913.33万人,占总人口的比重为65.85%。与2010年第六次全国人口普查的数据相比,劳动年龄人口总量减少470.81万人,占总人口的比重降低了9.08个百分点（见表1）。由此可见,河北省劳动年龄人口占比大幅下降。

表1  河北省第五次、第六次、第七次全国人口普查劳动年龄人口情况

单位：万人，%

| 普查年份 | 总人口 | 劳动年龄人口 | 劳动年龄人口占比 |
| --- | --- | --- | --- |
| 2000 | 6743.66 | 4732.02 | 70.17 |
| 2010 | 7185.42 | 5384.14 | 74.93 |
| 2020 | 7461.02 | 4913.33 | 65.85 |

资料来源：第五次、第六次和第七次全国人口普查。

**2. 劳动年龄人口增速首次出现负数**

2000~2010年和2011~2020年，劳动年龄人口年均增长率分别为1.29%和-0.91%，增速降低并出现负数。与同期总人口0.64%和0.38%的年均增长速度相比，分别高0.65个百分点和低1.29个百分点。第七次全国人口普查数据显示，当前河北省劳动年龄人口的增速慢于同期总人口的增长速度，这也说明劳动年龄人口开始出现不充足的现象，河北省劳动年龄人口结构趋于"老龄化"。

虽然2021年5月《关于优化生育政策促进人口长期均衡发展的决定》宣布实施"三孩政策"，并给予相应的支持保障，进一步优化生育政策，以缓解人口老龄化趋势，但受生活、工作、观念等多种因素的影响，目前年轻人选择生三个孩子的概率较小且这种现象较为普遍。因此，未来河北省劳动年龄人口占比将持续下降。老龄化进程越来越快且少儿人口成长进程缓慢，主要劳动年龄人口的家庭抚养负担加重，对河北省未来的经济发展会造成很大的负面影响。

**（二）劳动年龄人口受教育程度显著提高，人力资源开发水平持续升高**

自从21世纪初我国大力实施九年义务教育之后，河北省文盲率大幅下降；同时期，我国加入WTO，面对经济全球化和综合国力的竞争，我国制定并发布了《2002—2005年全国人才队伍建设规划纲要》，首次提出"实施人才强国战略"，对人才队伍建设提出新要求。全国各地更加注重人才的培养，家庭和个人也十分重视教育质量，且加大对自身资本的投入。2020年

河北省劳动年龄人口受教育程度明显提高。2010年、2020年河北省不同受教育程度劳动年龄人口占比及变化情况见表2。

表2 2010年、2020年河北省不同受教育程度劳动年龄人口占比及变化情况

单位：%，个百分点

|  | 2010年 | 2020年 | 2020年比2010年 |
| --- | --- | --- | --- |
| 总计 | 100.00 | 100.00 |  |
| 大学（大专）及以上 | 8.88 | 12.42 | 3.54 |
| 高中（含中专） | 15.04 | 13.86 | -1.18 |
| 初中 | 50.90 | 39.95 | -10.95 |
| 小学 | 21.72 | 24.66 | 2.94 |
| 未上过学 | 3.46 | 9.11 | 5.65 |

资料来源：第六次和第七次全国人口普查。

第七次全国人口普查数据显示，河北省2020年文盲人口（15岁及以上不识字的人）为112.84万人，与2010年相比，文盲人口减少74.90万人，文盲率由2.61%下降至1.51%，下降了1.10个百分点。并且，与2010年相比，全省15岁及以上人口的平均受教育年限由9.12年提升到9.84年。

《河北省国民经济和社会发展第十四个五年规划和二〇三五年远景目标纲要》和《中共河北省委贯彻落实〈中共中央关于党的百年奋斗重大成就和历史经验的决议〉的意见》都表明，河北省未来将继续注重经济实力、科技实力的大幅提升，并致力于打造文化强省、教育强省和人才强省等。通过改善教育模式、加强青少年体育美育工作、推进新时代大中小学劳动教育、强化家庭教育、加强新时代语言文字工作、推进学前教育高质量发展、推进义务教育优质均衡发展、推进普通高中健康快速发展、健全完善新时代职业教育体系和推进高等教育提质创新发展等措施，不断扩大教育范围、提升教育深度。结合《关于进一步减轻义务教育阶段学生作业负担和校外培训负担的实施方案的通知》，提高课程和作业设计质量，杜绝一切机械化和重复性的作业，减轻学生额外的课业负担，鼓励学生德智体美全面发展。此外，针对职业教育改革，《河北省深化"双师双证"推进职业教育改革创新工作方案》强调，按照河北省高质量发展要求，坚持从市场、需求、服务

和就业的角度出发,关注人们对高质量职业教育的要求,进一步促进职业教育体制机制改革,为河北省培养一批具有高素质、高技能的新型人才,不断壮大优质人才资源库。由此可见,未来河北省劳动年龄人口受教育水平和质量将继续得到提高,人力资本不断提升。

### (三)城乡劳动年龄人口占比差距拉大,农村劳动年龄人口向城镇转移仍将持续

2020年城镇人口所占比重超过乡村人口所占比重且差距达近20个百分点(见表3)。近年来,河北省积极融入京津冀协同发展大局,围绕建设京津冀世界级城市群,加快推进新型城镇化与城乡统筹示范区建设,深化人口户籍制度改革,积极推动农业转移人口市民化。这些政策顺应了劳动年龄人口的流动意向,人口流动活跃性增强,且向城镇地区集聚的趋势十分明显,导致城乡劳动年龄人口数量差距拉大。

表3 2010年、2020年河北省人口城乡构成情况

单位:万人,%

| 地区 | 2010年 | | 2020年 | |
|---|---|---|---|---|
| | 人数 | 比重 | 人数 | 比重 |
| 总计 | 7185.42 | 100.00 | 7461.02 | 100.00 |
| 城镇 | 3157.53 | 43.94 | 4481.65 | 60.07 |
| 乡村 | 4027.89 | 56.06 | 2979.37 | 39.93 |

资料来源:第六次和第七次全国人口普查。

2020年河北省城镇化率首次突破60%,城乡劳动年龄人口结构发生巨大变革。其一,产业结构变革,就业机会增加促进劳动年龄人口流动。2021年河北省政府工作报告提出,要持续调整产业结构和加强新旧动能转换,并以供给侧结构性改革为主,进一步实施产业创新和工业转型升级等计划,减少消耗体力的劳动量。其二,深入推进新型城镇化建设,促进劳动年龄人口流动。各国经验表明,城镇化率与经济社会发展水平密切相关,城镇已成为

承载居民和经济的主要平台。新型城镇化也是坚持以人为核心的理念，通过深化户籍制度改革全面落实居住证制度，并且保障农业转移人口与城镇居民在各个领域（教育、医疗、就业等方面）享有同等权利。此外，河北省实施特色产业振兴计划（例如，石家庄、秦皇岛、衡水等康复辅助器具产业聚集区建设，超前布局区块链、网络智能、量子通信等未来产业链等）。特色产业收入增长，重点领域产业有新的突破且要进一步实施创新主体倍增计划，支持高新技术企业和创新平台，对城镇化进一步推进起到正面、积极的作用。其三，城镇空间布局和结构体系的不断完善促进劳动年龄人口流向城镇。以城市群落和都市圈为中心，沿着主要交通干线（石衡、张京、雄横、京保等）构建多层次和多节点的网络城镇布局，从而加快劳动年龄人口向城镇流动。可见未来，河北省城乡劳动年龄人口数量差距将越来越大，出现城乡新发展格局。

## 二 劳动年龄人口发展趋势对河北省经济发展的影响

未来河北省人口数量、质量和结构将发生关键变化，人口数量持续增长而老龄化会继续加剧，同时，目前阶段城乡享受的医疗、教育、环境、文化等保障有明显差异，城镇化进程短期内会持续加剧从而导致城乡收入持续拉开差距。此外，人们的消费结构会随着人口结构的变化而发生改变，同时消费结构的变化会对河北省产业结构产生相应的影响，消费结构和产业结构均会对经济产生影响。

### （一）对经济发展的积极影响

河北省经济发展的新格局已成形，第三产业以压倒性优势超过第二和第一产业，呈现"三二一"的产业结构。三次产业比例由2019年的10.0∶38.7∶51.3调整为2020年的10.7∶37.6∶51.7，第三产业对经济增长的贡献率达到43.5%。由此可见，第三产业真正成为拉动全省经济增长的第一引擎。产业结构变化对经济发展的积极作用体现在以下两方面。

1. 老龄化将引爆"银发经济"带来的巨大潜力

有关数据显示，2020年河北省第一产业和第二产业投资下降幅度均超过5%，而第三产业投资增长10.7%。其一，"老有所居"产业。智能、舒心、便捷的居住环境建设大受欢迎，吸引了众多房地产企业参与投资。其二，"老有所医"产业。当前，注重健康、养生的群体不断壮大，"医养结合"这种人性化的方式十分符合人们的生活需求，并且吸引了大量的保险金融机构参与投资。同时，医疗器械企业也将迎来发展的"春天"，要加大力度促进其转型升级，实现可持续发展。随着经济的发展和健康生活方式的普及，营养餐、药膳、专业护理等行业也会有很多的商机。在"老有所乐"产业中，2019年河北省在教育业、娱乐业、社会保障等领域的投资合计增长55.1%，在未来这些领域将吸引更多企业和资本参与。

2. 养老金融和理财市场迎来大发展

《河北省2020年国民经济和社会发展统计公报》显示，全部金融机构人民币各项存款余额达80895.2亿元，比年初增加8010.7亿元；原保险收入（2088.6亿元）比上年增长5.0%。由此证明人们偏向于存更多的钱以备不时之需，促进金融业和保险业中养老基金、健康保险、国债等形式的资金储存成为新的热点，或将供不应求。此外，关于老年群体理财咨询、资金规划的机构迎来向好发展的机会。从长期来看，河北省劳动年龄人口老龄化趋势将促进金融产业向精细化、智能化和多样化方向发展。

（二）对经济发展的挑战

河北省老龄化趋势对经济的影响除了以上对第三产业服务、娱乐、金融理财等行业的积极影响之外，还对河北省城乡收入、消费结构、劳动力供给和医疗保障等方面产生了一定的消极影响。

1. 城乡人均收入差距拉大

从图1中可以观察出2010年、2015年、2019年、2020年河北省城乡居民人均可支配收入的倍差分别为2.73、2.37、2.32、2.26，逐渐缩小，说明农村居民人均可支配收入增速快于城镇居民,虽然两者绝对金额有扩大的趋势,但是长期来看,城乡居民人均可支配收入差距逐渐缩小。省政府召开的2020年河北省国民经济形势新闻发布会中提到,河北省民生保障持续加强。河北省城镇化率在2020年创下新高,这意味着人口趋于向城镇集聚、城镇规模不断扩大。当农村劳动年龄人口不断流入城市时,其在城市中赚取的收入会远高于在农村的整体收入;然而当城市劳动人口供给与需求趋于饱和时,过多涌入的劳动力人口会给城市带来压力,导致城市竞争加大,从而降低城市居民的收入水平,并且一部分农村劳动年龄人口还会选择返回农村,将从城市中学到的本领应用于农村,增加农村劳动年龄人口,缓解农村老龄化进程并在一定程度上缩减城乡居民人均可支配收入差距。但是当前人口普查的结果显示,河北省城镇人均可支配收入远远高于农村,且近20年来金额差距越来越大。

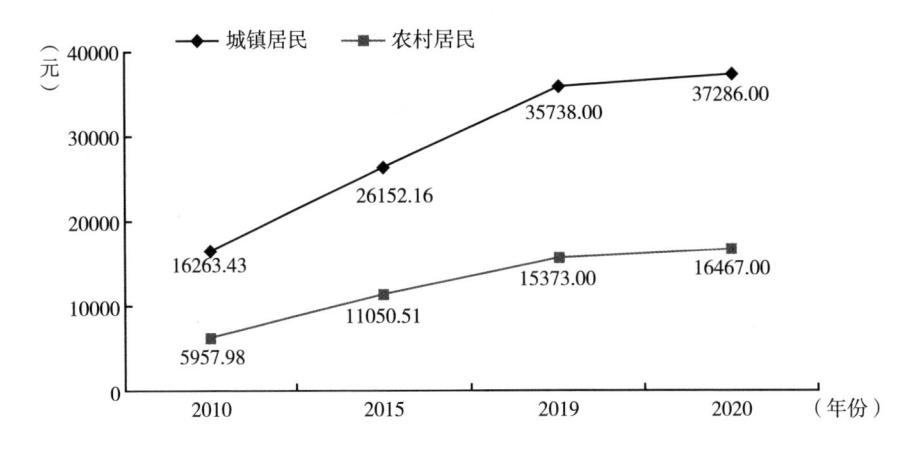

**图1 2010～2020年河北省城乡居民人均可支配收入**

资料来源:历年《河北经济年鉴》。

影响城乡人均可支配收入差距的因素是多种多样的,如农业支出、教育支出、经济发展水平等。在老龄化趋势下,老年群体缺少获取收益的途径,而当前农村中老年人口占比较大且收入减少,导致地区间收入差距不断扩大。另外,随着城镇化建设的逐步推进、村镇基础设施的不断完善、贫困地区经济增长点的开发，乡村转型为实现经济发展、缩小地区间收入差距注入了新的动力。同时，城镇化发展加快，能实现农村向城镇的转型，保障各年龄层次人口的就业，用城市的发展带动农村经济迸发出新的增长动力，综合利用资源，实现规模经营，缩小城乡收入差距。所以从长远来看，城乡差距会慢慢缩小，但是短期来看，农村的消耗会很大，处于转型低潮期，城乡差距会继续拉大。

**2. 消费结构重塑**

河北省人口老龄化趋势对社会总消费产生较大影响。居民的需求拉动向消费为主转变，消费升级呈现新变化，人们对质量的要求提升。根据《河北经济年鉴》，消费支出可分为八大类：衣着、食品烟酒、居住、交通通信、生活用品及服务、教育文化娱乐、医疗保健、其他用品及服务。从图2、图3可以看出2000年、2010年、2019年河北省城镇居民和农村居民的消费支出结构。

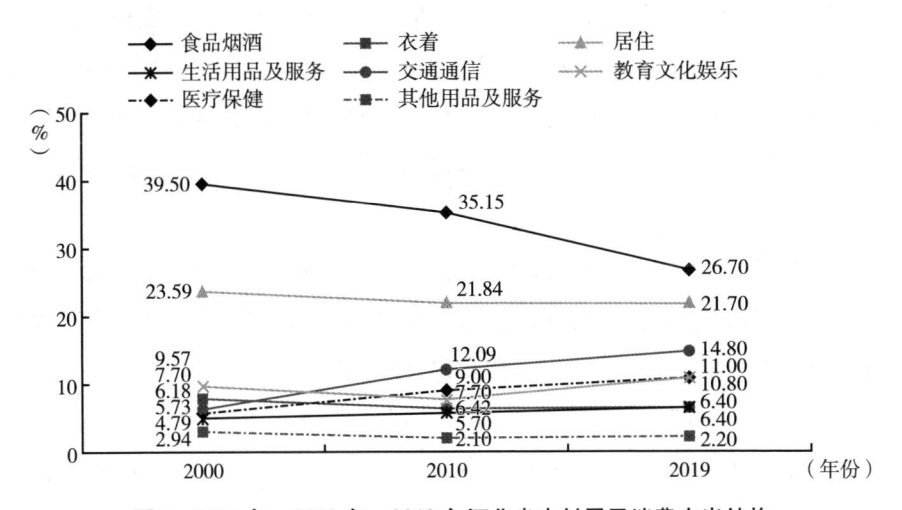

**图2　2000年、2010年、2019年河北省农村居民消费支出结构**

资料来源：历年《河北经济年鉴》。

从图2和图3中可以看出，城乡食品烟酒消费占比有明显的下降趋势；两者医疗保健、交通通信消费占比有明显的上升；两者教育文化娱乐消费占

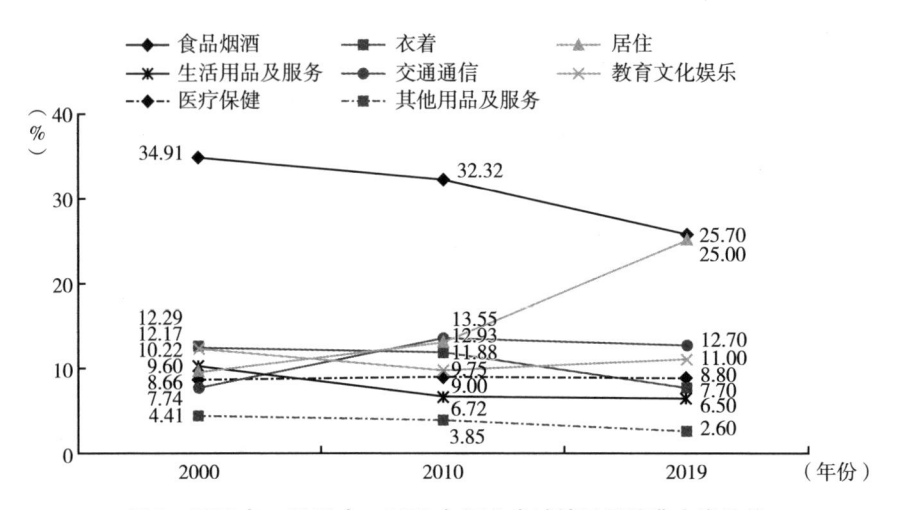

图3 2000年、2010年、2019年河北省城镇居民消费支出结构

资料来源：历年《河北经济年鉴》。

比先下降后上升，说明近十年河北省居民对教育文化娱乐的需求增加；城镇生活用品及服务、其他用品及服务消费占比有轻微的下降，而农村居民生活用品及服务消费占比有上升趋势，其他用品及服务消费占比下降；两者衣着消费占比轻微下降；农村居民居住消费占比有轻微下降，城镇居民居住消费占比2000~2010年上升缓慢，2010~2020年急速上升，与食品烟酒消费占比持平。

通过对居民消费结构和老龄化趋势进行分析可知，人口老龄化趋势会加大对医疗保健、教育文化娱乐、居住条件的需求，进而带动整体消费结构向高层次、高质量、个性化、多元化方向发展。

其一，医疗保健消费持续升高。《河北经济年鉴》数据显示，截至2019年底，河北省基本医疗保险参保人数达6937.7万人，比2018年底增加23.4万人，全省共认定慢性病患者48万人，且60岁及以上人口发病率明显提高，人均有两种或三种慢性疾病，对医疗保健方面的消费会大大增加，这对河北省医疗保健的供给带来巨大挑战。

其二，教育文化娱乐、交通通信消费占比上升。河北省近年对文化事业、文化产业以及旅游业做了整体的革新。其中，文旅交通融合发展获得创新突破，极大地方便了人们的出行活动。在省内重点打造了一批旅游景点，如张家口草原天路、滹沱河生态走廊、太行山旅游高速等。同时加大旅游文化宣传。另外，河北省对教育体制机制进行深化改革，修订《河北省老年教育三年行动计划（2020—2022 年）》《河北省职业教育改革发展实施方案》，响应国家"双减"政策等。政策的出台与当前阶段人口的需求是双向影响的，可见人们当前更加懂得享受生活，任何年龄阶段都更加注重自身素质的提升，而老年群体的观念发生改变，更愿意花时间和金钱去旅行、上网娱乐、去老年大学结交好友等。以抖音为例，2019~2020 年 50 岁及以上中老年对各类健康视频的偏好度均大幅提升且健康长期护理相关内容受到重视和认可。

其三，居住消费占比明显上升，食品烟酒、衣着、其他用品及服务需求降低。老年群体消化能力减弱且健康意识不断增强，更趋向于购买健康绿色的食品，饮食结构相对单一。其次，人们生活水平得到改善，对住房的要求有所提高，再加上河北省城镇化效果明显，农村居民大多省吃俭用在城镇买房，大大增加了城镇的住房需求。而城镇居民也会选择通过减少生活用品及服务和其他用品及服务提升居住条件。越来越多的人想要到城市生活，享受城市带来的福利，这会加剧河北省"空心村"现象。

3. 劳动力供给不足

河北省目前未富先老的人口结构特征对产业的转型升级有阻碍作用。2020 年河北省 65 岁及以上人口约为 1038.79 万人，比 2010 年增加 446.82 万人，占总人口的 13.92%，比上年增加了 5.68 个百分点。可见老年人口规模不断扩大，占总人数的比重不断上升，出现劳动力供给不足的现象。低劳动力成本的优势随着人口老龄化进程的加快逐渐消失，出现"招工难""用工荒"现象，实体经济尤其是制造业首当其冲。数据显示，2020 年劳动力短缺最严重的 100 个职业中有 19 个职业与制造业直接相关，对河北省由制造大省向制造强省的跨越是一大挑战。另外，中老年人口普遍比中青年群体对新技能和知识的掌握能力和速度低且缺乏创新性和灵活性。如果要对其进行知识技术密集型产业方面的培训，成本较大且效果会打折扣，即中老年群体很难适应未来的职业要求,对这部分群体能力再利用存在"困难",新资源又接续不上,会产生结构性失业和就业不足,导致总体劳动率降低,阻碍产业转型升级。

4. 社会负担效应变大

从家庭角度分析,逐渐形成2个青年人照顾4个老年人和1个或者2个甚至3个孩子的情况。有专家认为,人口老龄化导致以家庭为单位的养老负担增加,家庭支出分配在人力资本投入方面的比例会相对减少,长期来看,对劳动力供给质量的提高有一定的消极作用。从社会角度分析,社会保障的加强加大了政府财政支出。以2019年为例,河北省社会保障和就业支出为1227.95亿元,占14.78%,比2018年提高了0.05个百分点,比2015年提高了1.22个百分点。《关于2021年调整退休人员基本养老金有关问题的通知》中明确提出要为退休职工增加养老金金额,根据年龄所增加的养老金金额不等。这是河北省养老金第16年连续上涨,未来为了保障民生,养老金会继续上涨。从个人和企业角度分析,政府财政支出变大导致税收(企业税收和劳动年龄人口应缴税收)增加,造成成本支出增加,不利于消费结构、政府人资投资和企业技术升级的良性发展,不利于工作积极性的提高。

## 三 对策建议

### (一)乡村振兴助力劳动年龄人口回流农村

河北省"十四五"规划指出,要按照产业兴旺、生态宜居、乡风文明、治理有效、生活富裕总要求,全力推进乡村振兴,构建互补互促新型工农城乡关系,优化农业结构,推进农业高质量发展,促进农业现代化、智能化示范区的建设,不断提升农业生产效益和农产品竞争力。统筹推进农业科技发展,大力发展高端设备农业、精品农业,推进"互联网+农业"发展,打造一批优良产品供应基地和农业示范带,加快农业农村现代化。与此同时,加快推动农村一二三产业融合发展,引进机械化工具代替人工劳动,培育扶持农产品加工企业,鼓励农产品本地加工,拓宽农村收入渠道。培育特色主导产业、领头企业,发展农村新业态,扩大盈利空间。此外,加强农村基础设施(水、电、气、路、通信、物流、供暖等)建设,深化农业农村改革(集体产权制度改革等),吸引中青年群体回家乡发展。

(二)重视老龄化引起的消费结构变化

其一,要大力培育与人口老龄化趋势相适应的消费市场。根据不同年龄划分不同的目标人群,研究人们的消费心理、消费习惯和消费行为,细分产品市场,满足人们便捷化、舒适化、实惠化、实用化、智能化的消费要求。大力支持第三产业中如营养食品、服装、旅游、文化娱乐、教育、医疗器械、住房等领域相关产业的发展。同时,注重城乡居民的需求差异,尤其是乡村居住环境要提升,满足城乡居民物质上和精神上的多样化需求,刺激居民扩大消费,带动经济增长。此外,河北省也要注重技术密集型产业的快速发展,毕竟第三产业的繁荣发展会提高就业率但是无法大幅度促进附加值增长。其二,重视政府的引导和促进作用。政府应积极制定产业相关的政策,吸引社会资金投入,建立专业化、多层次的产业发展模式。同时,完善相关的法规体系,提升政府监管水平。要呼吁居民更新消费观念,以健康文明的观念对待产业的多样化发展,建立起适应人口老龄化与经济持续发展的产业发展观念。

(三)促进产业内部优化升级,加大人力资本投入

河北省应加快中小企业的机械化、智能化转型,同时加大力度扶持技术密集型产业,发挥其对全省经济发展的支撑拉动作用,在新一代信息技术、高端制造设备、新材料等重点领域建立一批产业示范基地,形成有各地特色的产业集群。为保障产业结构转型顺利实现,政府要积极推动产业内部技术升级和更新换代,鼓励企业加大人力资本投入,对年轻群体加大再教育力度,提升其职业技能。此外,还要重视职业教育改革对劳动力转

化速度的重要性。"职教高考"探索培养各领域高端技术人才，通过校企合作、产教深度融合等方式提高企业招聘成功率，降低培养适岗人才的成本，加大合适劳动力供给。另外，要积极应对老龄化带来的普遍影响，以年龄为标准的退休制度已不再适应当前经济与社会的发展，部分领域可以返聘有能力的已退休人员，适当缓解人口老龄化带来的劳动力减少的压力，发挥有劳动能力和有劳动意向的老年群体的余热。

### （四）积极探索养老新模式

河北省要通过引入社会投资积极探索构建并推行新型养老模式。如"医养结合""社区养老"通过互联网连接共享形成"互联网+养老"的模式，方便信息的传递与获取，解决健康管理、生活娱乐以及老年学习等供需不均衡的问题。首先，要以老年人的养老需求为导向进行充分调研。其次，以社区为单位搭建养老平台，推行适合他们的应用软件，提供护理看护、康复照料、紧急呼叫等服务，提高服务质量。再次，还要加强养老服务人才队伍建设，其中包括平台维护、产品创新等方面的人才。最后，要做好普及推广工作，转变群众老式养老理念。

### （五）社会保障制度可持续发展

党的十八大以来，河北省为响应国家政策，出台了一系列关于人口老龄化的政策（涵盖养老服务、医疗保险、养老保险等），为积极实施人口老龄化战略奠定了基础。但是，在严峻的人口形势下，在养老、护理、医疗等方面还面临着许多挑战。其一，政府要建立多层次养老保障体系，整合社会上的多种资源，形成合理的格局，形成经济保障、服务保障以及精神保障相结合的体系。做到"四要"，要尽力而为，要量力而行，要厘清养老服务责任的边界，要重视对老年群体的健康保障，建设完善老年健康支持体系。其二，加快建立可以覆盖城乡的长期护理保险制度，在此之前可以通过护理津贴作为过渡，但要考虑到本省的财政负担。另外，为满足人们对医疗保健的多样化需求，在完善城乡基本医疗保险制度的基础上，注重大病、重病的医疗保障,给予人们最大的报销力度。其三,对于医疗保障资源相对缺乏的农村,要大力推进新型农村合作医疗制度建设,从基本卫生保障到精准医疗施救,层层落实保障服务工作,满足乡村居民的基本需求,致力于缩小城乡社会保障体系的差距。《河北省医疗保障"十四五"规划》中明确提出,到2035年,河北省多层次医疗保障体系成熟高效,基本医疗保险筹资机制更加合理,待遇保障更加公平适度,医药价格形成机制更加科学实用,医保、医疗、医药、医价联动改革和协同治理更加高效,支付效率显著提升,全面建成全省统一医疗保障服务体系,在医疗社保领域实现治理体系和治理能力现代化。

## (六)完善生育相关配套措施

目前"三孩政策"的出台引起广大人民群众的关注,各地相关配套措施有待完善。想要让政策达到目的,要考察人们不想生育的原因,从而对症下药让政策真正落实。首先,凝聚社会共识,形成良好的生育环境。根据规定,女生23周岁结婚已经属于晚婚,但是当今社会对人们的学历要求越来越高,硕士甚至博士毕业就已经远远超越23岁。再加上就业的竞争压力越来越大,未婚女性担忧在职场受到歧视,已婚未育女性会担心生育孩子对自己的事业发展造成影响且会有生了养不起这种想法。各单位应该落实好《女职工劳动保护条例》,并呼吁社会对女性宽容,尤其是多孩的妈妈。其次,要降低养育孩子的成本。很多人不敢多生甚至不生孩子是考虑到养育一个孩子的成本相当之高,从基本的产检到去月子中心或请月嫂再到孩子的日常花销,所花费的金钱和精力都是巨大的,很多父母感到"压力山大"。因此,要打政策组合拳,从多个社会参与主体的角度出发形成经济社会更好地支持生育的政策导向,保障教育、医疗、住房等民生领域的基础公共服务,降低生育成本。只有这样才能从根本上解决劳动年龄人口占比减少的问题。

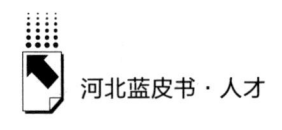

## 参考文献

《中共中央关于制定国民经济和社会发展第十四个五年规划和二〇三五年远景目标的建议》，中国政府网，2020年11月3日，http：//www.gov.cn/zhengce/2020-11/03/content_5556991.htm。

《河北省2020年国民经济和社会发展统计公报》，河北省统计局网站，2021年2月25日，http：//tjj.hebei.gov.cn/hetj/tjgbtg/101611739068561.html。

《河北产业结构"三二一"态势进一步增强》，中国政府网，2020年1月26日，http：//www.gov.cn/shuju/2020-01/26/content_5472227.htm。

《河北经济年鉴》，中国统计出版社，http：//www.hetj.gov.cn/res/nj2016/indexch.htm。

《河北到2035年将进入重度老龄化社会》，新浪网，2020年10月23日，https：//news.sina.cn/2020-10-23/detail-iiznctkc7303506.d.html。

《河北省第六次全国人口普查主要数据公报》，国家统计局网站，2012年2月28日，http：//www.stats.gov.cn/tjsj/tjgb/rkpcgb/dfrkpcgb/201202/t20120228_30388.html。

《河北省医疗保障"十四五"规划》，河北省卫生健康委员会网站，2021年11月19日，http：//wsjkw.hebei.gov.cn/zcjd/384048.jhtml。

**权威报告·连续出版·独家资源**

# 皮书数据库
## ANNUAL REPORT(YEARBOOK) DATABASE

**分析解读当下中国发展变迁的高端智库平台**

### 所获荣誉

- 2020年，入选全国新闻出版深度融合发展创新案例
- 2019年，入选国家新闻出版署数字出版精品遴选推荐计划
- 2016年，入选"十三五"国家重点电子出版物出版规划骨干工程
- 2013年，荣获"中国出版政府奖·网络出版物奖"提名奖
- 连续多年荣获中国数字出版博览会"数字出版·优秀品牌"奖

皮书数据库　　"社科数托邦"微信公众号

### 成为会员

登录网址www.pishu.com.cn访问皮书数据库网站或下载皮书数据库APP，通过手机号码验证或邮箱验证即可成为皮书数据库会员。

### 会员福利

- 已注册用户购书后可免费获赠100元皮书数据库充值卡。刮开充值卡涂层获取充值密码，登录并进入"会员中心"—"在线充值"—"充值卡充值"，充值成功即可购买和查看数据库内容。
- 会员福利最终解释权归社会科学文献出版社所有。

数据库服务热线：400-008-6695
数据库服务QQ：2475522410
数据库服务邮箱：database@ssap.cn
图书销售热线：010-59367070/7028
图书服务QQ：1265056568
图书服务邮箱：duzhe@ssap.cn

社会科学文献出版社　皮书系列
卡号：331832114835
密码：

# S 基本子库
# SUB DATABASE

## 中国社会发展数据库（下设12个专题子库）

紧扣人口、政治、外交、法律、教育、医疗卫生、资源环境等12个社会发展领域的前沿和热点，全面整合专业著作、智库报告、学术资讯、调研数据等类型资源，帮助用户追踪中国社会发展动态、研究社会发展战略与政策、了解社会热点问题、分析社会发展趋势。

## 中国经济发展数据库（下设12专题子库）

内容涵盖宏观经济、产业经济、工业经济、农业经济、财政金融、房地产经济、城市经济、商业贸易等12个重点经济领域，为把握经济运行态势、洞察经济发展规律、研判经济发展趋势、进行经济调控决策提供参考和依据。

## 中国行业发展数据库（下设17个专题子库）

以中国国民经济行业分类为依据，覆盖金融业、旅游业、交通运输业、能源矿产业、制造业等100多个行业，跟踪分析国民经济相关行业市场运行状况和政策导向，汇集行业发展前沿资讯，为投资、从业及各种经济决策提供理论支撑和实践指导。

## 中国区域发展数据库（下设4个专题子库）

对中国特定区域内的经济、社会、文化等领域现状与发展情况进行深度分析和预测，涉及省级行政区、城市群、城市、农村等不同维度，研究层级至县及县以下行政区，为学者研究地方经济社会宏观态势、经验模式、发展案例提供支撑，为地方政府决策提供参考。

## 中国文化传媒数据库（下设18个专题子库）

内容覆盖文化产业、新闻传播、电影娱乐、文学艺术、群众文化、图书情报等18个重点研究领域，聚焦文化传媒领域发展前沿、热点话题、行业实践，服务用户的教学科研、文化投资、企业规划等需要。

## 世界经济与国际关系数据库（下设6个专题子库）

整合世界经济、国际政治、世界文化与科技、全球性问题、国际组织与国际法、区域研究6大领域研究成果，对世界经济形势、国际形势进行连续性深度分析，对年度热点问题进行专题解读，为研判全球发展趋势提供事实和数据支持。

# 法律声明

"皮书系列"(含蓝皮书、绿皮书、黄皮书)之品牌由社会科学文献出版社最早使用并持续至今,现已被中国图书行业所熟知。"皮书系列"的相关商标已在国家商标管理部门商标局注册,包括但不限于LOGO( )、皮书、Pishu、经济蓝皮书、社会蓝皮书等。"皮书系列"图书的注册商标专用权及封面设计、版式设计的著作权均为社会科学文献出版社所有。未经社会科学文献出版社书面授权许可,任何使用与"皮书系列"图书注册商标、封面设计、版式设计相同或者近似的文字、图形或其组合的行为均系侵权行为。

经作者授权,本书的专有出版权及信息网络传播权等为社会科学文献出版社享有。未经社会科学文献出版社书面授权许可,任何就本书内容的复制、发行或以数字形式进行网络传播的行为均系侵权行为。

社会科学文献出版社将通过法律途径追究上述侵权行为的法律责任,维护自身合法权益。

欢迎社会各界人士对侵犯社会科学文献出版社上述权利的侵权行为进行举报。电话:010-59367121,电子邮箱:fawubu@ssap.cn。

社会科学文献出版社